JN436917

통일 연구자의 눈에 비친

사회주의 베트남의 역사와 정치

서울대학교 통일평화연구원 탈사회주의 연구총서 2

통일 연구자의 눈에 비친

사회주의 베트남의 역사와 정치

초판 1쇄 인쇄 2019년 6월 20일
초판 1쇄 발행 2019년 6월 25일

지은이 채수홍·김병로·김성철·백지운·서보혁
이찬수·정동준·조동준·천경효·최규빈
펴낸이 오세정
펴낸곳 서울대학교출판문화원

출판등록 제15-3호

주소 08826 서울 관악구 관악로 1
대표전화 02-880-5252 | 팩스 02-889-0785
도서 주문 02-889-4424, 02-880-7995
이메일 snubook@snu.ac.kr
홈페이지 www.snupress.com

ISBN 978-89-521-2832-4 (94340)
978-89-521-2022-9 (세트)

이 저서는 2010년 정부(교육과학기술부)의 재원으로 한국연구재단의 지원을 받아 수행된 연구임(NRF-2010-361-A00017).

서울대학교 통일평화연구원
탈사회주의 연구총서 2

통일 연구자의 눈에 비친

사회주의 베트남의 역사와 정치

채수홍 · 김병로 · 김성철 · 백지운 · 서보혁
이찬수 · 정동준 · 조동준 · 천경효 · 최규빈

서울대학교출판문화원

발간사

2017년은 러시아 혁명(1917) 100주년이 된 해였다. 약 100년 전 러시아 제국은 아래로부터의 혁명에 의해 무너졌고, 사회주의의 이념에 입각한 소비에트 사회주의 공화국 연방이 수립되었다. 제2차 세계대전에서 소련이 연합국의 일원으로 승전국이 되면서, 사회주의의 영향력은 더욱 확대되어 동유럽과 아시아, 아프리카와 중동, 남미에 이르기까지 사회주의를 지배 이념으로 채택한 국가들이 크게 증가했다. 한반도의 북쪽에도 사회주의 국가가 성립했다.

하지만 지금으로부터 약 30년 전인 1989~1990년부터 동유럽에서는 구 소련체제 혹은 사회주의권에 속해 있던 10여 개의 유럽 국가들이 탈사회주의(정치적 독립과 민주화, 자본주의 시장경제의 도입과 개방, 사회 문화적 개방과 변화)로의 체제 이행을 경험했다. 동유럽의 폴란드, 동독, 러시아 등지에서 시작된 역사적 전환이 발생한 지 벌써 약 30년의 세월이 경과했다. 그동안 이러한 역사적 전환은 전 세계적으로 30여 개국에서 발생하여 약 4억 명의 사람들이 경험한 세계사적 사건이자 과정이 되었다.

따라서 이 역사적 경험에 대해 그동안 비교정치학자들을 비롯해 수많은 사회과학적 연구들이 이루어졌고, 그 연구의 결과 바람직한 체제전환의 방향이 무엇인지, 사회별로 정치, 경제, 외교, 사회, 문화 영역에서 어떤 변화가 발생했는지에 대해 많은 분석과 토론이 이루어졌다. 체제전환에 대한 연구는 그동안 사회과학 연구에서 진행되어 온 국가형성, 경제발전, 정치적 민주화, 전 지구화와 같은 거시적 사회변동을 수많은 국가를 비교하며 분석할 수 있게 해 주었기 때문에, 그동안 발전된 이론들이 다시 검증되고, 정교해지고, 추가로 일반이론들이 더 발전할 수 있게 해 준 연구 분야(Research Field)가 되었다.

지금까지 경험적으로 관찰한 바에 따르면 체제전환의 경로나 속도는 상당히 다르다. 특히 정치적 민주주의와 시장경제라는 두 차원에서 유럽과 아시아는 큰 차이를 보인다. 동유럽형 탈사회주의는 대체로 서유럽에서 발전한 의회 민주주의를 받아들여 다원정당체제로 전환했고, 경제적으로는 시장경제를 수용하여 경제성장과 유럽으로의 시장통합을 지향했다. 반면, 아시아에서는 상황이 달랐다. 아시아형 탈사회주의는 정치적으로는 사회주의 이념하에 당-국가 지배체제가 유지되면서 점진적으로 시장경제를 수용하는 양상을 보였다. 다원정당체제를 받아들였다고 하더라도 실질적으로는 기존의 일당체제가 유지되는 경향이 나타났다. 2017년 현재까지 마르크스-레닌주의적 사회주의를 공식 정치이념으로 삼아 정치체제를 유지하고 있는 국가는 중국, 쿠바, 라오스, 베트남 4개국이고, 독자적인 사회주의 이념을 공식 정치이념으로 보유하고 있는 국가로는 방글라데시, 네팔, 포르투갈, 인도, 스리랑카, 그리고 북한이 있다.

아시아의 사회주의 국가들이 점진적인 경제적 개혁, 개방을 추구하기 시작한 것은 1970년대 말부터라고 할 수 있다. 중국은 덩샤오핑의 주도로 1979년부터 체제 개혁 및 개방 정책을 추진하여, 40여 년이 지난 지금은 세계의 공장으로서 최대의 경제규모를 가진 경제 대국이 되었고, 베트남도 1986년 '도이머이(Doi Moi, 쇄신)'라는 슬로건을 내걸고 30년간 개혁 개방 정책을 취해 오늘날은 아시아의 다국적 기업들과 협력하며 국가 경제의 상당부분을 수출에 의존하는 국가로 변모했다.

과연 북한도 체제를 전환하고 개혁 개방을 추진할 수 있을 것인가? 북한에서도 시장경제적 요소가 형성되기 시작했지만, 세계적 맥락에서 보면 북한은 여전히 가장 폐쇄적이고 고립적인 정책을 취하는 국가로 남아 있다. 그러나 언젠가는 체제전환이 이루어지지 않을 수 없다. 북한이 변화한다면 어떤 경로를 따라 어떤 유형으로 변화할 것인가? 북한의 미래 변화를 위한 조건과, 그 변화 과정에서 대면하게 될 여러 문제는 무엇일까? 그런 변화가 파괴적 결과와 갈등, 혼란과 피해를 초래하지 않고, 평화를 유지하면서 진행될 수 있는 조건은 무엇일까?

탈사회주의 연구총서는 이런 질문과 고민들에 대한 하나의 응답으로 기획되었다. 일반적으로 매우 특이하고 이해하기 어려운 것으로 여겨지는 북한의 사례를 포함할 경우, 글로벌한 관점에서의 비교사회주의, 비교 체제전환 연구는 아마도 일반화 가능성과 특수한 예외사례의 설명 불가능성의 극한을 실험하는 도전이 될 것이다. 한국 학계에서도 이러한 문제의식에서 2000년대 이후 다양한 연구들이 출간되었다.

서울대학교 통일평화연구원은 그동안 단지 개별 국가별로, 지역별로 진행되어 온 탈사회주의 체제전환 연구를 유럽과 아시아 비교, 아시아 사회주의 국가들 간의 비교, 주제별 분석 등을 통해 더욱 심화한 '탈사회주의 연구총서'를 기획했다. 이를 통해 사회주의 역사 100년, 탈사회주의의 역사 30년을 지구적 차원에서 조망하면서, 북한의 미래와 한반도의 평화를 증진하기 위한 지혜를 도출하기 위한 학문적 여정을 시작하려고 한다.

2018년 2월
서울대학교 통일평화연구원장

머리말

이 책은 서울대학교 통일평화연구원에서 추진하고 있는 '탈사회주의 연구'의 일환으로 기획되었다. 탈사회주의 연구 시리즈는 현재도 사회주의 체제를 고수하고 있는 국가나 이미 탈사회주의화된 국가의 사회주의 경험을 연구함으로써 궁극적으로 북한의 체제를 보다 심층적으로 이해하려는 데 목표가 있다. 이 책은 이러한 장기적 안목을 가지고 베트남의 경험을 다각적으로 조명하려는 시도의 일환이다.

베트남은 중국과 함께 소위 '아시아 사회주의'라고 명명할 수 있는 특수성을 지니고 있다. 정치적으로는 일당독재의 사회주의 체제를 유지하고 있으면서도 경제적으로는 세계경제체제에 통합되어 시장 중심의 자본주의의 길을 걷고 있다. 이러한 기이한 동거에 대해 아시아 사회주의 국가는 보다 완벽한 사회주의를 성취하기 위한 과도기라는 공식적인 해석을 내놓고 있다. 하지만 현실 속에서는 자본주의가 겪고 있는 도시의 불균등, 사회경제적 불평등, 국가 이념과 현실의 괴리 등을 적나라하게 경험하고 있다. 이와 같은 아시아 사회주의의 현실은 향후 북한이 개혁개방정책을 실시할 때 어떤 체제적 모순에 직면하게 될 것인지, 이 과정에서 북한만의 특수성이 작동할 것인지에 대해 성찰할 기회를 제공하고 있다.

이 책은 이와 같은 문제의식을 드러내기 위해 서론에 해당하는 제1부에 두 개의 논문을 위치시켜 놓았다. 우선, 개혁개방정책을 실행하고 있는 베트남의 정치경제적 현실이 낳은 성과와 한계를 개괄하고, 이로 인해 베트남 사회가 경험하고 있는 여러 모순을 축약하여 제시하고자 하였다(1장). 이어 베트남의 길이 다른 아시아 사회주의 국가인 중국과 비교하여 어떻게 다른지에 대해서까지 논의를 확장시키면서 한반도의 통일문제와 연결시켜 생각해 볼 여지를 남기고자 하였다(2장).

기존의 연구와 비교하여 이 책은 세 가지 점에서 장점이 있다. 첫 번째는 사회주의 베트남의 정치경제적 그리고 사회문화적 특성을 이해하기 위해 과거, 현재, 그리고 미래를 탐색하고 있다는 점이다. 예를 들어 제2부에서는 '남베트남공화국(월남)'의 몰락 과정(3장)과 패망 이후 난민 문제로 상징되는 전후 베트남의 사회상(4장)을 조명하고, 중월전쟁과 이에 대한 기억의 정치(5장)를 살펴보고 있다. 이런 주제들을 하나의 파트로 묶어 전쟁으로 점철된 베트남의 과거가 현재적으로 갖는 의미를 조명하고자 하였다.

이어 현재의 베트남이 과거에서 벗어나 미래로 나아가기 위해 대외관계를 어떻게 헤쳐 나가고 있는지를 제3부에서 집중적으로 다루고 있다. 베트남이 중국의 경제지원을 받던 과거(6장)와 영토분쟁을 하면서 동시에 긴밀한 경제적 관계를 맺고 있는 현재(8장)에 베트남이 취하고 있는 대중국 전략을 충실하게 분석하고 있다. 또한 이와 연계하여 베트남이 중국을 견제하기 위해 미국과의 관계를 정상화해 온 과정과 함의(7장)도 함께 다루고 있다.

현재 시점에서 베트남 사회의 정치적 현실을 보여 주면서 민주적 역량을 가늠해 보기 위해 마지막 제4부에서는 소수민족과 시민사회를 연구대상으로 삼았다. 베트남은 '도이머이(Doi Moi)', 즉 개혁개방정책을 실행한 이후 어느 정도 아래로부터 그리고 소수자를 위한 정치적 역량을 축적해 왔을까? 이 질문에 답하기 위해 이 파트에서는 베트남에서 소수민족이 재현(representation)되는 방식을 분석하고(9장), 시민사회의 발전 정도를 기존의 양적 모델을 활용하여 측정하고 그 의미를 해석해 보고 있다(10장). 이러한 연구를 통해 시장경제의 도입에도 불구하고 국가의 통제가 강하게 작동하고 있는 베트남 사회에서 향후 정치적 균열이 발생할 가능성을 추정해 보고자 하였다.

두 번째 장점이자 의의는 베트남의 정치경제적 역사와 미래를 다루기 위해 학제간(interdisciplinary) 연구를 실시했다는 점이다. 저자 가운데 두 명은 인류학자로서, 베트남의 노동정치와 문화를 다루어 온 채수홍 교수가 전체 책을 기획하고 편집했으며, 천경효 교수가 한국에서 거의 다루어지지 않은 소수민족의 재현 문제를 다루었다. 이 외에도 종교학을 전공한 학자(이찬수 교수)가 남베트남공화국(월남)의 멸망을 식민주의적 민족주의나 서구적 종교 편향과 관련해서 흥미롭게 분석하고 있으며, 중국문학을 전공한 학자(백지운 교수)가 중국과 베트남의 전쟁이 문학 속에서 어떻게 기억되고 망각되고 있는지를 설득력 있게 제시하고 있다. 이처럼 이 책은 베트남의 개혁개방의 역사를 문화와 연결시켜 다루고 있다는 점에서 독특하다.

물론 이 책을 위해 국제정치와 대외관계의 전문가도 다수 저자로 참여하였다. 베트남의 개혁개방 배경과 과정을 내부의 동학에만 초점을 맞추어서는 온전히 이해할 수 없기 때문이다. 중국과 북한 등의 아시아 사회주의 발전을 비교연구하는 학자(김병로 교수), 미국과 베트남의 외교관계에 정통한 학자(조동준 교수), 동아시아의 국제정치를 오랫동안 연구해 온 학자(최규빈 교수), 남북한 관계의 연구에 심혈을 기울이고 있는 학자(서보혁 교수), 대외관계와 관련하여 통일정책을 수립하는 작업을 해 온 학자(김성철 교수), 탈공산주의 체제전환과 동유럽 정치를 선거와 시민사회와 관련하여 분석해 온 학자(정동준 교수)가 이 책이 본래의 목적을 향해 달려가도록 균형을 잡아 주었다.

마지막으로 공동현지연구의 결과물이라는 장점이 있다. 이 책을 기획한 후에 저자들은 공동으로 현지조사를 하면서 현장답사를 하고 각 주제와 관련한 베트남의 최고 전문가를 만나 여러 차례 세미나를 열었다. 그 결과 이 주제를 다룬 다른 학술서와 비교할 때 현장성이 묻어나고 있다. 학술적인 의의를 충분히 담고 있으면서도 동시에 일반인도 흥미를 가지고 읽어 낼 수 있을 것이라는 자신감이 드는 이유가 여기에 있다.

『통일 연구자의 눈에 비친 사회주의 베트남의 역사와 정치』의 출판은 몇 가지 의의가 있다. 첫째, 학술적으로 중국이나 북한을 다룬 저서는 많이 있지만 베트남의 사회주의를 통일 연구자의 시각과 관심사와 연계시켜 면밀하게 다룬 저서는 거의 없다고 해도 과언이 아니다. 서구에도 동유럽, 중국, 러시아 등을 다룬 저서가 많이 있고 오롯이 베트남을 다룬 역사서도 존재한다. 하지만 이 책처럼 베트남 사회주의의 과거-현재-미래를 통일 연구자의 관심사를 중심으로 다각적으로 다룬 사례는 매우 드물다.

둘째, 베트남 (탈)사회주의의 현실을 분석하면서 아시아 사회주의, 한반도의 통일문제, 북한사회의 이해라는 목적의식을 명확히 인식하면서 서술되어 새롭게 떠오르고 있는 이 연구 분야에 신선한 문제를 제기할 수 있을 것으로 믿는다. 따라서 (탈)사회주의 연구자, 체제간 경쟁과 연계된 국제정치의 연구자, 문화와 정치의 관계에 관한 연구자, 한반도 통일 연구자들이 이 책에서 시사점을 얻을 수 있을 것이다.

셋째, 이 책은 단순히 학계 연구자만을 염두에 두고 기획되고 집필된 것이 아니다. 저자들은 여러 번의 회의를 통해 흥미로운 주제를 중심으로, 현장성을 최대한 살려, 가능한 한 쉬운 용어와 기술 방식을 취하려고 노력하였다. 이는 이 책이 학자만이 아니라 '아시아 사회주의', 베트남, 한반도의 통일문제에 관심이 있는 많은 일반인에게도 읽

혀야 한다는 문제의식을 공유하고 있었기 때문이다. 따라서 학술서로서뿐 아니라 대중서로서의 성격을 가진 이 책이 다양한 독자에게 베트남의 경험과 한반도의 통일을 연결시켜 생각해 볼 기회를 제공할 것임을 기대해 본다.

2019년 6월 10일

저자들을 대표하여 채수홍 씀

차례

제2부 사회주의 베트남의 전쟁, 난민, 그리고 재현

제3장 '베트남공화국'의 몰락: 지엠 정권의 '식민지적 민족주의', '서구적 종교 편향', '하향적 반공주의'를 중심으로 • 이찬수

제4장 월남전쟁과 월남인의 미국 이주 • 조동준

제5장 독백과 망각의 전쟁: 중월전쟁과 아시아 냉전의 역설성 • 백지운

제3부 사회주의 베트남의 대외관계 변화

제6장 베트남에 대한 중국의 경제지원과 경제제재, 1960~1978 • 최규빈

제7장 베트남과 미국의 관계정상화 과정, 그 요인과 함의 • 서보혁

제8장 베트남의 대중국 정책:
남중국해 이슈를 중심으로 • 김성철

제4부 사회주의 베트남의 통제와 시민사회

제9장 통제된 다양성:
베트남의 소수민족과 민족학박물관 • 천경효

제10장 도이머이 개혁 이후 베트남의 시민사회 • 정동준

제1부

사회주의 베트남의 정치경제적 변화와 미래

제1장

베트남 탈-사회주의화의 정치경제와 미래

채수홍
(서울대학교 인류학과 교수)

1
서론: 사회주의 베트남은 어디로 가고 있는가?

2019년 초 베트남을 방문했을 때 필자가 목도한 가장 인상적인 장면은 연일 호찌민과 하노이의 길거리를 가득 메운 인파가 오토바이 경적을 울리며 베트남 국기를 흔들어대던 순간들이었다. 베트남 축구팀이 23세 이하 아시아 축구대회에서 사상 처음으로 4강에 합류하더니, 결승까지 올라가자 온 나라가 축제에 휩싸였다. 인파와 함성으로 장관을 이룬 길거리를 어렵게 헤쳐 나가면서 필자는 여러 상념에 휩싸였다.

일견 보기에 광기에 가까운 베트남의 축구 열기는 한국의 2002년 월드컵 열기처럼 많은 나라에서 볼 수 있는 스포츠 민족주의 현상으로 해석할 수 있을 것이다. 수상과 12개 부처 장관이 하노이의 미딩(My Dinh) 경기장에 모여 대중과 함께 결승전을 관람하는 장면을 연출하는 것을 보면서, 약간 더 비판적인 관점에서, 흔히 정치권력이 정치경제적 문제를 덮기 위해 대중의 시선을 돌리는 소위 3S 정책의 일환으로 의구심을 가져볼 수도 있을 것이다. 하지만 베트남 공장노동자의 정치를 연구하고 있는 필자로서는 이번 현상이 이런 일반적인 추론 이상의 의미가 있다는 생각을 지울 수가 없었다.

사회주의 베트남의 다수를 차지하는 노동계층은 사회경제적 분화와 불평등을 심화시키고 있는 개혁개방정책의 과실에서 소외되고 있으며, 그 결과 이들의 불만도 빠른 속도로 축적되고 있다. 그럼에도 베트남에서는 회사를 대상으로 하는 파업을 제외하고는 특별한 대중

* 이 글은 정부(교육부)의 재원으로 한국연구재단의 지원을 받아 수행된 연구이다(NRF-2017S1A2A3055559).

적이고 집단적인 저항이 일어나지 않고 있다.[1] 이런 점에서 비록 스포츠 축제라는 외양을 쓰고 있어 공권력의 통제에서 상대적으로 자유로웠지만, 베트남 인민에게 이런 식의 공개적인 집단행동은 매우 특별한 경험이라는 생각이 들었다.

자국팀의 승리를 축하하는 대중의 행렬처럼 막상 다수의 노동계층이 거리로 쏟아져 나와 축적된 정치경제적 불만에 대한 저항을 표시한다면 어떤 일이 벌어질까? 이런 식의 합법적인 광기 표출을 향후 베트남 인민에게 이런 저항의 가능성을 인식시키는 경험이 될 수 있다고 생각하는 것은 지나친 확대해석일까? 필자가 이런 "상상력"을 동원할 수밖에 없는 것은 개혁개방 이후 사회주의 베트남이 걸어온 기이한 경로와 여러 형태의 모순에 대해 항상 궁금증과 의구심을 가지고 있기 때문일 것이다.

오늘날 사회주의 베트남은 세계자본주의의 시장경제로 급속하게 편입되고 있다. 이제 멈추면 넘어지는 외발자전거처럼 자본주의적 하부구조를 완성하기 위해 계속 달릴 수밖에 없는 상황에 처해 있다. 이런 자본주의화에 대해서는 두 가지 상반된 평가가 있다. 한편으로, 베트남 정부가 '도이머이(Doi Moi, 개혁개방정책)' 이전에 사회주의화를 시도하면서 상실했던 통치력을 자본주의화를 통해 회복하고 있다는 시각이 있다.[2] 자본주의화를 통해 부를 증대시킴으로써 사회주의 정부가 오히려 인민의 지지를 받는 역설이 발생하고 있다는 것이다.[3] 다른

1 채수홍, "베트남 살쾡이 파업의 양상과 원인: 남부 빈즈엉(Binh Duong)을 중심으로", 『동남아시아연구』 제23권 3호(2013), 1-48쪽.

2 Adam Fforde and Stephan De Vylder, *From Plan to Market: The Economic Transition in Vietnam*(Boulder Co: Westview Press, 1996).

3 Khac Vien Nguyen and Huu Ngoc, eds., *From Saigon to Ho Chi Minh City: A Path of 300 Years*(Ho Chi Minh City: The Gioi Publishers, 1998), p. 191.

한편으로, 미국의 역사학자 콜코[4]처럼 베트남의 독립과 사회주의적 이상을 위해 희생한 사람들이 지하에서 통곡할 만한 상황이 전개되고 있다고 비판하는 학자도 있다. 대외종속성, 불균등, 불평등과 같은 자본주의의 모순이 나날이 심화되고 있다는 것이다.

베트남은 "혁명적인 열정"으로 사회주의화를 위해 시도했던 '강성개혁'이 경제적 비효율성과 인민의 저항으로 실패하면서[5] 이를 극복하고자 대내적으로는 응우옌반린(Nguyen Van Linh)의 영도하에 1986년 '도이머이'를 선언하고, 1987년 토지법과 외국인 투자법을 제정하고, 2000년 사영화와 주식시장의 형성에 맞게 법을 개정하는 등 일련의 개혁을 단행하였다. 대외적으로는 1995년 아세안과 2007년 국제무역기구(WTO)에 가입했으며, 여러 국가와 무역협정을 맺으며 외국인직접투자(FDI), 정부개발원조(ODA), 해외동포(Viet Kieu)와 이주노동자의 송금을 토대로 세계 시장경제에 점진적으로 통합되어 갔다.

이와 같은 일련의 계기를 통한 자본주의로의 이행은 1990년대 이후 지속되고 있는 높은 경제성장률이 시사하고 있듯이 도시화, 산업화, 소비시장의 성장을 촉진시키며, 빈곤층을 감소시키고 중산층을 증가시키고 있다. 하지만 이 과정에서 빈부 격차의 악화, 노동시간의 증가, 실질임금의 하락 등으로 고통을 겪는 인구가 늘고 있다. 이와 더불어 베트남의 세계경제로의 통합은 1997년 아시아 경제위기, 2008년 리먼 브러더스 사태, 2011년 유럽의 경제위기 등이 발생할 때마다 몸살을 앓고 미국, 중국, 유럽의 정책 변동에 따라 요동치는 등 베트남 경제의 대외 의존성을 심화시키고 있다.

---

4 Gabriel Kolko, *Vietnam: Anatomy of a Peace*(New York: Routledge, 1997).

5 Melanie Beresford, "Issues in Economic Unification: Overcoming the Legacy of Separation in Postwar Vietnam", in D. G. Marr and C. P. White, eds., *Dilemmas in Socialist Vietnam*(Ithaca: Cornell University Southeast Asian Program, 1988), pp. 77-90.

이러한 상황에서 베트남은 일련의 공산당대회 때마다 당내 민주주의의 결여와 관료주의의 폐해에 대해 지적하고 이후 점진적 정치개혁을 수행해 왔다. 이런 노력에도 불구하고 베트남은 정치적으로는 여전히 공산당 일당 지배를 견지하면서 사회주의 체제의 이념을 고수하고 있다. 동시에 국내외에서 요구하는 개방성, 투명성, 자율성 등을 개선하여 정치경제적 영역에서 변화를 점진적으로 진행하려고 노력하고 있다. 이런 현실을 고려할 때 베트남 정치경제는 정치적 영역에서 표방되고 있는 사회주의적 이상과 경제적 영역에서 실천되고 있는 자본주의화 사이에서 갖가지 모순을 겪으며 지탱되고 있다.

이 책의 서론으로서의 성격을 가지고 있는 이 장은 이런 모순을 만들어 온 사회주의 베트남의 개혁개방 역사를 개괄하는 데 목적이 있다. 개혁개방정책이 어떤 역사적 배경에서 실행되게 되었으며, 그 결과 어떤 모순들을 축적하게 되었는지에 대해 지적하고자 하는 것이다. 이를 위해 개혁개방의 초기와 현재의 정치경제적 상황을 기술하면서 사회주의 베트남이 얻은 것과 잃은 것, 그리고 이로 인한 불확실성을 보여 주고자 한다. 그 결과 이런 불확실한 정치경제적 상황이 베트남 인민의 정치적 저항으로 연결될 수 있을지 그리고 사회주의 베트남의 정치적 미래는 결국 어떤 요인에 달려 있는지에 대한 성찰을 시도해 보고자 한다.

2 개혁정책의 역사적 과정

1) 베트남전쟁 이후 사회주의 건설 과정

오늘날 베트남의 개혁개방정책은 베트남전쟁과 이후 급진적인 사회주의 이행 정책의 실패로 인한 필연적인 선택이었다. 개혁정책은 이런 역사적 과정에서 상처 입은 베트남 사회를 치유해 보고자 하는 목적에서 시작되었다. 여기에 더하여 베트남 사회주의 건설을 도왔던 사회주의 국가, 특히 러시아와 동유럽이 급속한 개혁개방의 소용돌이에 빠져들면서 대외적 환경도 개혁개방정책으로의 전환을 불가피하게 만들었다는 점을 기억해야 할 것이다. 1976년 모택동의 서거, 1990년 독일의 통일, 1986년 고르바초프의 블라디보스토크 선언 등과 함께 베트남도 새로운 사회주의의 길을 선택해야 할 수밖에 없는 상황이었다.

베트남 사회주의의 이행 과정은 학자에 따라 단계 구분의 명칭과 시기가 조금씩 다르다. 이 시기 역사에 정통한 포르데와 빌더[6]는 강성개혁(1978~1980년), 연성개혁(1980~1990년), 개혁개방(1991년 이후) 등으로 나누고 있다. 반면 랑글레와 떰[7]은 베트남 현대사를 크게 '낙관주의 속의 환상과 실망(1975~1980년)', '사회주의 발전의 험난한 길(1980년대)', 그리고 '새로운 용의 비상(1990년대 이후)'으로 구분하고 있다. 이들의 시대 구분에서 찾을 수 있는 공통의 사실은 베트남의 현대사가 베트남전쟁의 깊은 상처로부터 시작했으며, 1980년대의 사회주의화 정책의 실패로 시장경제 도입과 개방정책을 실행에 착수했으며, 1990년대부터 그 양적 성과와 폐해가 동시에 가시화되었다는 점이다.

사회주의 베트남은 베트남전쟁의 파괴적인 상흔 위에서 시작되었다. 몇 가지 통계만 보아도 전후 베트남이 얼마나 참혹하고 끔찍했을지를 떠올려 볼 수 있을 것이다. 1964~1972년 사이에만 제2차 세계대전 중 유럽과 아시아에 투하된 전체 폭약의 두 배가 넘는 1천 500만

6 Adam Fforde and Stephan De Vylder, *From Plan to Market: The Economic Transition in Vietnam*.

7 필립 랑글레 · 콰익 타인 떰, 『베트남 현대사: 통일에서 신공산주의로 1975-2001』, 윤대영 역(서울: 진인진, 2017).

톤의 폭약이 이 작은 나라에 퍼부어졌다.[8] 그 결과 1천만 명의 피난민, 100만 명의 과부, 88만 명의 고아, 25만 명의 마약중독자, 30만 명의 창녀가 생겨났다.[9] 사회를 재생산할 수 있는 경제적인 기반과 조직적인 토대가 상당 부분 망가져 있었던 것이다.

특히 전쟁 동안 남부의 인구가 생계와 안전 때문에 집중되어 있던 호찌민시를 필두로 주요 남부 도시의 후유증은 심각하였다. 가장 큰 문제는 전쟁 동안 남부의 경제를 지탱시키던 서구(특히 미국)의 원조 경제가 순식간에 사라진 것이었다. 전쟁 당시만 해도 '상업수입제도(Commercial Import System)'를 통해 공급되어 온 외국 상품과 미군(GI)의 지출에 의존하여 운영되던 남부의 경제는 순식간에 뿌리째 흔들렸다. 그 결과 통일이 되었을 때 남부의 도시에 남아 있는 것은 '화(Hoa)'로 통칭되는 중국계 베트남인이 운영하던 일부 산업/상업시설뿐이었다. 그렇다고 비생산적이고 과밀한 남부의 도시인구를 분산시키고자 해도 이들이 고향에 돌아가서 생계를 유지할 만한 수단도 마땅치 않았다. 이로 인해 통일정부가 전쟁이 끝나자마자 많은 사람을 고향으로 돌려보냈지만, 베트남인의 30.5%가 여전히 다낭(Da Nang)과 사이공(현 호찌민시) 같은 대도시에 집중되어 있는 상태였다.[10]

이처럼 어려운 사회경제적 상황에도 불구하고 공산당이 이끄는 통일 베트남의 정부는 전후 상황에 대해 낙관하고 사회주의화를 위한 강성개혁을 서둘렀다. 남부와 북부가 오랫동안 떨어져 살아왔지만 하나의 민족으로서 양 지역의 장점을 통일하면 이상적인 사회주의 사회

8 Gabriel Kolko, *Vietnam: Anatomy of a Peace*, p. 2.

9 David G. Marr and Christine P. White, eds., *Postwar Vietnam: Dilemmas in Socialist Development*(Ithaca: Cornell Southeast Asia Program, 1988), p. 3.

10 Melanie Beresford, "Issues in Economic Unification: Overcoming the Legacy of Separation in Postwar Vietnam", pp. 95-110.

를 성취할 수 있을 것으로 의심치 않았다. 랑글레와 떰[11]에 따르면 이런 낙관주의는 미국이라는 대국과의 전쟁을 승리로 이끈 자부심과 자신감, 호찌민 민족주의 사상과 철학의 유산, 그리고 프랑스 식민지하에서 경험한 근대화의 경험 등에 토대를 두고 있었다.

이와 같은 낙관론을 가지고 베트남 정부는 북부의 사회주의화를 완수하고 남부를 이 모델에 기초해서 새롭게 개조하는 작업에 착수하였다. 베트남전쟁 직후의 경제 사정을 고려하여 단계적 안착을 시도하지 않고 급진적인 사회주의로의 강성개혁을 밀어붙인 것이다. 가장 먼저 취한 조치는 과밀한 도시인구의 분산이었다. 인구조정의 주요 대상이었던 남부에서는 치열한 전투지역이었던 메콩델타로 원주민을 돌려보냈다. 이와 더불어 남부와 북부 모두에서 생계가 불투명한 사람들을 모아서 '사회주의 건설'의 기치 아래 중부 산악지역의 미개발 지역으로 이주시켰다. '신경제지대(New Economic Zone)'라고 명명된 이 지역은 전기, 수도, 도로 등의 사회기반시설이 취약해 살기 어려운 곳이었지만, 당성(黨性)이 충만한 젊은 공산당원이 소위 출신 성분이 좋지 않은 사람들을 이끌고 험악한 황무지에 농지와 거주지를 개척하는 임무를 맡았다.

인구조정과 동시에 착수한 주요한 과업은 산업시설을 포함한 사유 재산의 국유화와 산업의 집산화(collectivization)였다. 이미 식민지 해방 이후 사회주의화를 진행해 온 북부와 달리 남부의 경우 산업시설의 국유화와 집단농장의 건설이 특히 중요한 정치경제적 과제였다. 그 결과 공산당과 함께 사회주의 건설의 주축을 이루는 조직이었던 노동조합이 앞장선 산업 부문에서는 1,500개의 사영기업이 13만 명을 고

11 필립 랑글레 · 꽈익 타인 떰, 『베트남 현대사: 통일에서 신공산주의로 1975-2001』, 15-27쪽.

용한 650개의 국영기업(State Owned Enterprises 또는 SOE)으로 재편되었다.[12] 농업 부문에서도 100만 이상의 가구가 1977년 11월까지, 비록 대부분이 초급 단계였지만, 합작사로 변신했으며 메콩델타에서는 기존 플랜테이션을 50개의 정부 직영농장으로 전환하였다.[13] 이와 같은 국유화와 집산화를 통해 상품의 유통 형태를 사회주의식으로 전환하는 변화를 차질 없이 진행할 수 있을 것으로 낙관하였다.

하지만 통일 이후의 정치경제적 현실은 베트남 사회주의 정부가 생각하는 것보다 훨씬 복잡했고, 난제로 가득하였다. 무엇보다 인구의 증가속도를 주식인 쌀의 생산력이 뒷받침할 수 없었다. 이와 함께 전쟁으로 사회기반시설이 대부분 파괴되었고, 근대화도 군사기지를 중심으로 한 것이었다. 식량, 물, 전기 등 생존의 기본 요건마저 충족되지 않는 조건에서 경제 상황은 예상만큼 빠르게 개선될 조짐을 보이지 않았다. 이런 문제를 정치적으로 풀어 보기 위해 자본주의 문화를 말살하기 위한 사상교육, 사회주의 사상에 적합한 인물이나 사건으로 거리 이름 바꾸기, 북부 중심의 소비에트형의 교육체계 확립, 종교와 전통 문화에 대한 제한된 관용 등을 실행했지만, 당시 세계적인 이슈가 된 보트피플의 집단 탈출을 막기에는 역부족이었다.[14]

해외로 탈출하려는 생각이 없는 남부인도 특히 농민을 중심으로 강제적인 국유화와 집산화에 완강하게 저항을 시도하였다. 이들이 집단농장을 건설하는 데 협조하지 않거나 생산물의 징수에 대해 격렬하

---

12 Khac Vien Nguyen and Huu Ngoc, eds., *From Saigon to Ho Chi Minh City: A Path of 300 Years*, p. 7.

13 필립 랑글레 · 꽈익 타인 떰, 『베트남 현대사: 통일에서 신공산주의로 1975-2001』, 63-64쪽.

14 위의 책, 36-39쪽; David G. Marr, "Church and State in Vietnam", *Indochina Issues*, Vol. 74, No. 4(1987).

게 대응하면서 농업생산성이 급락하고 그 결과 식품의 부족으로 인플레이션이 횡횡하였다. 이런 상황에서 대부분의 공산당 당원들도 전후 어렵게 생계를 유지했지만 일부 "수완이 좋은" 공산당 간부와 도시의 부유한 상인이 결탁하여 암시장에 식량을 팔아 폭리를 챙기기도 하였다.[15] 이와는 대조적으로 권력이 없는 대다수 인민은 숨겨둔 금이나 귀중품으로 암시장에서 식량을 추가로 구입해야 했으며, 이로 인해 새로 건설하고 있던 사회주의의 노동계급의 경제적 상황은 나날이 악화되어 갔다. 통일 이후 약 5년 동안 어떤 식으로든 획기적인 조치, 특히 경제적 어려움을 해결하기 위한 새로운 방안이 마련되어야만 하는 상황이 지속되고 있었던 것이다.

2) 개혁정책의 배경과 초기 효과

사회주의 베트남 정부를 당혹하게 한 것은 무엇보다 농업과 경공업 분야에서 생산이 부진하여 인민의 일상생활 재생산이 원활하게 되지 않는다는 점이었다. 사회주의적 생산관계의 도입이 오히려 생산력을 저하시키는 질곡으로 작용하고 있다는 사실을 확인하게 된 것이다. 무엇보다 최소한 보장되어야 하는 생계문제가 농업 생산력의 감소와 북부와 남부 농민의 격렬한 저항으로 해결될 기미가 보이지 않았다.

생산물을 국가가 가져가는 중앙집권적 경제에 대한 농민의 저항은 집단농장이 오래전에 도입된 북부 일부에서도 발생했지만, 특히 베트남의 최대 농산물 생산지인 남부의 메콩델타 지역에서 강렬하였다. 농민들은 국가가 자신의 생산물을 징수하는 데 대한 반발로 농산물의 수확을 거부하거나 가축의 사료로 사용해 버렸다. 여기에 가축을 도살

15 Melanie Beresford, "Issues in Economic Unification: Overcoming the Legacy of Separation in Postwar Vietnam", p. 107.

하고 경작지를 황폐하게 방치하는 등의 저항을 통해 불만을 공개적으로 표명하였다.[16] 이런 저항이 발생한 것은 전후 사회주의 정부가 비현실적으로 높게 할당을 하고 낮은 가격에 수매를 강행했기 때문이었다. 베트남 사회주의 정부로서도 이런 문제를 인식하고 있었지만 식량 부족 문제를 해결하기 위해 다른 방도가 없었으며, 상태는 나날이 악화되어 갔다.

통일 이후 강성개혁으로 사회주의경제를 건설하려고 했던 베트남 정부의 의도는 산업 부문에서도 난관에 직면하였다. 산업 부문에서 공장노동자에 대한 정치적·경제적 대우는 다른 직업군에 비해 후했으며, 그 결과 농민과 달리 이들의 저항은 거의 찾아볼 수 없었다. 하지만 2차 산업의 생산력 문제는 1차 산업 못지않게 심각하였다. 국영화한 대부분의 산업 부문은 원자재, 부품, 연료 부족은 물론 경영기술의 낙후로 30~50%의 가동률만 보이고 있었다.[17] 이로 인해 러시아나 동유럽에서 원자재가 공급되어 들어올 때까지 기다렸다가 '몰아치기 생산(storming production)'[18]을 해야만 하는 노동과정이 일상화되어 버렸다. 이런 생산방식으로는 베트남 인민에게 일상용품을 충분히 공급하기에는 역부족임이 분명하였다.

이처럼 농수산업과 2차 산업이 모두 생산력 부족에 어려움을 겪음에 따라 농민과 노동자는 물론이고 지위가 높은 공산당원과 공무원

---

16 Nhan Tri Vo, *Vietnam's Economic Policy Since 1975*(Singapore: Institute of Southeast Asian Studies, 1990), pp. 72-85.

17 Nhan Tri Vo, "Party Policies and Economics Performance: The Second and Third Five Year Plans Examined", in D. G. Marr and C. P. White, eds., *Dilemmas in Socialist Vietnam*(Ithaca: Cornell University Southeast Asia Program, 1988), p. 82; 필립 랑글레·꽈익 타인 떰, 『베트남 현대사: 통일에서 신공산주의로 1975-2001』, 87쪽.

18 Ken Jovitt, *New World Disorder: The Leninist Extinction*(Berkeley: University of California Press, 1992).

까지 식량을 포함한 소비재 부족으로 고통을 받았다. 필자가 만난 당시 정부의 고위 공무원은 식량을 확보하기 위해서 비좁은 아파트 베란다에 닭을 키웠으며, 새벽에 사이공 강가에서 죽은 새우를 주워 닭 모이를 구했다고 한다. 친인척이 방문할 때 배급받은 식량을 직접 들고 오지 않으면 식사를 제공하는 것이 난감했던 시절이었다. 그 결과 대부분의 베트남인은 소비재 부족의 고통을 겪으면서 국가가 금지한 뒷거래를 통해 생존을 도모해야만 하였다.

베트남 정부가 1980년대에 들어서서 일련의 개혁정책을 내놓을 수밖에 없었던 것은 이와 같이 통일 이후 5년 동안 실행한 강성개혁이 경제 상황을 극도로 악화시켰고 최소한의 생계경제를 위협하고 있었기 때문이다. 이로 인해 실제로는 생산물의 3분의 1 정도만 국가가 통제할 수 있었고 암시장의 확산이 불가피하였다.[19] 이런 혼란스러운 과정은 사회주의화의 강행과 변화를 둘러싸고 두 가지 정책 노선의 충돌을 만들어 내었다. 한편으로는, 사회주의 행정조직의 성공적 이식, 민족적 공산주의에 대한 신념, 합작사의 확산 등에 고무되어 소수의 엘리트가 강성개혁의 가속화를 주장하였다. 다른 한편으로는, 경제문제의 심각성과 중국의 인민공사 붕괴 등을 거론하며 새로운 개혁노선을 주창하는 세력이 대두되기 시작하였다.[20]

이 두 노선이 1982년 제5차 공산당 전당대회를 기다리며 충돌하고 있는 가운데 국내의 상황은 개혁을 지지하는 세력에 유리하게 돌아가고 있었다. 국내적으로는 경제적 난관의 타개가 시급했고, 국제적으로는 베트남 경제가 의존하고 있는 코메콘 국가가 유사한 사회주의

19 필립 랑글레·퐈익 타인 떰, 『베트남 현대사: 통일에서 신공산주의로 1975-2001』, 76쪽.

20 위의 책.

경제의 문제를 타개하기 위해 일련의 개혁을 시도하고 있었기 때문이다. 이와 같은 국내외의 환경변화에 조응하여 '제6차 공산당 중앙위원회'가 "혁명적인 열정보다 (현실의) 객관적인 법칙을 인정"[21]한다는 역사적인 선언을 하게 된다. 이 선언으로 사실상 시작을 알린 '연성개혁(soft reform)'은 몇 가지 단계적 조치를 통해 실행된다.

그 첫 단계는 1982년 '제5대 의회(the Fifth Congress)'에서 가족경제와 개인의 잉여생산물 전유를 인정한 조치이다. 공식적으로는 가족경제의 허용 조건으로 정부와의 사전협상을 명시하고 이 점을 들어 가족경제가 사회주의 생산관계의 하나라고 주장했지만, 사실상 개인의 이윤추구 활동을 다시 인정한 것이다. 두 번째 단계로는 가족경제를 필두로 한 사적 이윤의 허용이 농업 부문을 필두로 생산력의 증대를 가져오자 명분을 얻은 개혁파가 본격적인 경제개혁에 착수한 것이다.

이 과정에서 일어난 가장 상징적인 사건은 개혁파의 지도자였던 '응우옌반린(Nguyen Van Linh)'이 1986년 '제6차 공산당대회(the 6th Party Congress)'에서 사회주의 정책의 쇄신을 천명한 '도이머이(Doi Moi)' 선언이다. 이를 계기로 1차적으로는 중앙집권적 계획경제, 국가의 가격통제, 집산화, 평준화된 임금체계 등에 대한 전면적인 재검토가 이루어지게 된다. 2차적으로는 1985년 후반부터 민간기업의 허용, 소자본의 경제활동 허용에 이어 1988년 마침내 외국인 투자법이 실시되어 본격적인 시장경제의 허용과 경제개방을 실행하게 된다.

사적 이윤추구, 시장경제, 대외자본의 투자 등의 허용을 근간으로 한 일련의 개혁은 1980년대 후반부터 베트남 경제, 특히 호찌민을 중심으로 한 남부경제에 생기를 불어넣었다. 식량의 잉여가 실현되고

---

21 David G. Marr and Christine P. White, eds., *Postwar Vietnam: Dilemmas in Socialist Development*, p. 4.

지역시장을 중심으로 생필품의 공급이 원활하게 이루어짐에 따라 인민의 불만과 저항이 잦아들게 되었다. 그러나 1980년대 말 베트남 경제는 아직 불안한 과도기를 지나고 있는 것에 불과하였다. 산업분야의 여전히 낮은 생산성, 공급된 생활용품의 낮은 질, 그리고 무엇보다 1985~1986년 700%, 1988년 300% 등을 기록한 살인적인 인플레이션 등의 심각한 문제를 안고 있었다.[22] 연성개혁과 도이머이로 상징되는 개혁개방정책이 베트남 인민의 생활수준을 가시적으로 변화시키기 위해서는 외국 자본이 본격적으로 진출하기 시작한 1990년대까지 기다려야 하였다.

3
1990년대 베트남 개혁정책의 효과와 부작용

베트남의 개혁개방정책이 탄력을 받고 "성공적인" 경제발전을 견인하고 있는 핵심은 지속적이고 방대한 외국 자본의 투자이다. 외국 자본은 개혁정책의 진정성이 어느 정도 확인된 1990년대 초부터 본격적으로 베트남에 진출하기 시작하였다. 1990년대에는 매년 50억~60억 달러의 외국 자본이 베트남으로 들어왔으며, 그 규모가 점차 늘어갔다. 이때 쏟아져 들어온 외국 자본의 투자에는 몇 가지 지리적 · 산업적 특성이 있다.

첫째, 적어도 개혁개방의 초기에는 역사적 경험으로 인해 시장경제를 위한 인적 · 물적 · 문화적 기반이 상대적으로 나았던 남부의 호찌

22 *Ibid.*, p. 5; 필립 랑글레 · 꽈익 타인 땀, 『베트남 현대사: 통일에서 신공산주의로 1975-2001』, 86-90쪽.

민시, 동나이(Dong Nai) 성, 빈즈엉(Binh Duong) 성, 바지아-붕따우(Ba Ria-Vung Tau) 성에 집중적인 투자가 이루어졌다. 외국 자본이 정치적 결정의 중심지임에도 불구하고 사회주의의 전통이 강한 북부보다는 시장경제에 대한 이해가 잘 되어 있고 인프라가 상대적으로 발전한 남부를 선호한 것이다. 둘째, 외국 자본은 베트남의 젊은 노동력을 활용하고자 하는 노동집약적 산업에 집중적인 투자가 이루어졌다. 지금도 남부에 섬유, 의류, 신발을 중심으로 중소규모의 노동집약적 산업이 많은 역사적 맥락이 여기에 있다. 셋째, 외국 자본의 진출에 힘입어 호찌민과 하노이와 같은 대도시의 도심을 중심으로 대규모 건설이 이루어지고 각종 상업 활동이 활발해지기 시작하였다.

양적으로 외국 자본의 유입은 1990년대에 매년 평균 10%에 육박하는 높은 경제성장률을 견인했으며, 최빈국이었던 베트남 대도시의 1인당 연소득을 1천 달러대로 높여 놓았다. 이를 바탕으로 소비시장이 만개하기 시작했으며, 더는 소비물품의 기근에 시달리지 않게 만들어 주었다. 이런 변화는 1990년대에 하노이와 호찌민의 도시 외양을 송두리째 바꾸어 놓으며 베트남 개혁의 성공을 가시화시켰다. 그 결과 베트남에서 시장경제로의 개혁의 정당성은 더는 논란거리가 되지 않는 듯하였다.

하지만 베트남의 양적 성장과 이에 기초한 사회경제적 변화는 사회주의를 지향했던 베트남의 이념적 이상에 비추어 볼 때 여러 가지 불편한 진실을 은폐하고 있었다. 우선, 1990년대의 발전은 외국 자본의 요구에 맞추어 이루어짐에 따라 도시와 농촌, 그리고 도시 내부에 심각한 불균등을 발생시켰다. 외국 자본이 집중적으로 발전시킨 지역은 상업지역과 외국인을 위한 거주시설이 위치한 대도시의 중심부와 노동집약적 공장을 수용한 도시 외곽의 산업지대로 양분되었다. 이로 인해 외국 자본의 유입을 촉진하기 위한 사무용 대형 건물, 호텔, 쇼핑

시설 등이 도시와 농촌에 산재한 농업지역으로 이루어진 외곽에 둘러싸여 급속히 팽창하기 시작하였다.

반면, 베트남의 일반 시민을 위한 교통, 통신, 정보 등의 인프라는 상대적으로 느린 속도로 개선되고 있었다. 1990년대 말까지만 해도 대도시의 간선도로나 하수시설 등도 전쟁 이전에 비해 크게 나아진 것이 없어 우기가 되면 도로가 물에 잠겨 끔찍한 교통난을 일으키곤 하였다. 게다가 시내버스와 같은 기본적인 대중교통 수단이 미비하여 베트남인들이 자전거, 시클로(xich lo), 오토바이 등에 의존하면서 교통사고율이 세계에서 가장 높은 오명을 쓰기도 하였다.[23] 통신시설의 경우에도 1990년대 말까지 집에 전화를 신청하면 1년 이상이 걸렸다. 이런 상황에서 외국 자본과 연결되어 축재가 가능했던 소수의 베트남 특권층만이 고급주택, 자동차, 이동전화기 등을 향유했으며, 경제발전이 일반 시민의 생활수준을 향상시키는 결과로 이어지지 못하였다.

외국 자본의 유입으로 이루어진 베트남 도심 외곽의 급격한 산업화는 베트남 사회에 또 다른 성격의 명암을 드리웠다. 1990년대 베트남의 산업화는 하노이와 호찌민의 외곽의 건설된 산업공단에 한국, 대만, 싱가포르, 홍콩, 일본이 투자함으로써 이루어졌다. 이들 국가의 자본은 대부분 저임금을 활용하기 위해 노동집약적 생산시설을 베트남으로 옮겨 왔다. 기존의 생산시설을 이용하고, 본사에서 원자재를 수입해 온 다음 오직 베트남 노동자의 저임금 노동을 활용하여 제품을 가공하여 수출하는 형태로 이윤을 창출하고 있었다.

물론 이런 외국 자본의 투자로 베트남 측도 고용을 늘리고, 여러 혜택을 얻고 재정 확충을 위한 세금도 거둘 수 있었을 것이다. 하지만

---

23 채수홍, “호치민 시의 개혁과정에 대한 정치경제학적 연구”, 『비교문화연구』 제9집 1호(2003), 83쪽.

장기적으로 볼 때 외자 유치를 위해 저임금 기조를 계속 유지할 수밖에 없어 베트남 노동자의 생활이 실질적으로 향상되었는지에 대해서는 논란의 여지가 있었다. 또한 외국 자본으로부터 기술과 정보를 이전받아 장기적으로라도 자율적인 산업축적을 할 수 있는 여지도 많지 않았다. 이로 인해 자주적인 사회주의 국가와 대다수 인민을 위한 경제발전인가에 대한 의문이 싹트기 시작하였다.

주지하다시피 베트남의 근대사는 외국의 지배에 대항하고 계급적 평등을 실현하기 위해 수많은 희생을 감내하는 과정으로 점철되어 왔으며, 통일 이후의 사회주의화 역시 이런 역사적 경험을 내세운 지배 이념에 토대를 두고 있었다. 베트남 사회주의의 정당성은 외국 자본의 식민주의적 성격을 강조하고 정치경제적 특권을 지닌 집단을 비판하면서 확보될 수 있었다. 하지만 베트남 정부가 시장경제를 통한 사회주의 건설을 내세우며 시장경제를 도입하고 개방정책을 실시하면서 이런 지배 이념과 상응하지 않는 현상을 옹호해야 하는 곤혹스러움이 발생하기 시작한 것이다.

실제로 1990년대 시장경제가 제동장치가 없는 외발자전거처럼 달려가면서 경제발전의 근간인 외국 자본의 유치를 위해서는 자본의 국적과 성격을 따지지 않게 됨으로써 강성개혁 기간에는 상상할 수 없던 여러 역설적 현상이 나타나게 된 것이다. 자본의 유치를 위해 노동자의 임금과 노동조건의 열악함을 허용하는 것은 물론 이전에는 '반동' 혹은 '매판'이라는 단어를 사용하여 비난해 왔던 특정 집단의 자본 유입도 마다치 않게 되었다.

이러한 역설을 극명하게 보여 주는 것이 베트남 정부가 1990년대 들어 '비엣끼우(Viet Kieu)'라고 부르는 재외동포 자본의 유치에 열을 올린 것이다. 랑글레와 떰(2017)에 따르면 1989년 말 베트남을 떠난 난민은 150만 명이었고 이들은 대부분 사회주의 베트남을 등진 사람들이었다.[24] 또한 베트남 현지 언론에 따르면 1999년 현재 260만 '비엣뀨(Viet Kieu, 재외동포)'가 75국에 살고 있었다. 이 가운데 45만~50만 명은 소위 '보트피플(boat people)'이며, 40만 명은 미국과 베트남의 협정(the Orderly Departure Program)에 의해 출국할 수 있었던 사람들이다.

1990년대의 베트남 정부는 비엣뀨를 비판하는 대신 이들이 한 해에 200억 달러 이상을 벌어들이고 있고, 이 가운데 일부만 베트남에 투자되어도 경제발전에 큰 힘이 될 것이라는 점을 강조하기 시작하였다. 이런 환대에 부응하여 비엣뀨는 개혁 초기에 매년 7억 달러가 넘는 돈을 합법적으로 또는 불법적으로 투자하거나 베트남에 남아 있는 친인척에게 송금하였다. 실제로 베트남 최고의 명절인 '뗏(Tet, 음력설)'이 다가오면 재외동포의 방문으로 특히 남부의 도시들이 호황을 누렸다.

이처럼 개혁개방정책은 베트남 사회주의의 성격을 근본적으로 바꾸어 놓았으며, 그 결과 지배 이념의 모순을 극명하게 노출시켰다. 동시에 베트남 사회주의가 대부분 자본주의 개발도상국이 경험하고 있는 다양한 문제를 직면하지 않을 수 없게 만들었다. 특권층의 성장과 불평등의 심화, 부패, 이농과 도시화, 도시의 비공식 부문의 비대화, 환경의 악화 등이 이러한 대표적인 문제이다. 이 가운데 모두가 가난했던 강성개혁 시기에는 두드러지지 않았던 빈부 격차의 급속한 확대는 사회주의 베트남의 정책이 어디로 향하고 있는지에 대한 심각한 의문을 제기하게 만들었다.

이처럼 연성개혁과 이를 뒤따른 도이머이 정책은 전 지구적(global)이고 초국가적(transnational)인 자본의 유입을 토대로 급속한 경제성장을 이루어 내었다. 베트남을 오랜 빈곤에서 탈출시키며 소비를

---

24 필립 랑글레 · 꽈익 타인 떰, 『베트남 현대사: 통일에서 신공산주의로 1975-2001』, 100쪽.

활성화시키고 화려한 외양을 갖춘 도시와 거대한 산업지대를 창출해 내었다. 다른 한편으로는 사회주의 국가의 지배 이념이 지속적으로 비판해 온 외국 자본과 소상공인 집단의 부활을 허용하면서 지역 간의 불균등과 사회경제적 분화를 촉진하였다. 미국의 좌파 역사학자 가브리엘 콜코(Gabriel Kolko)[25]가 베트남의 독립과 사회주의적 이상을 위해 목숨을 희생한 사람들이 지하에서 울부짖고 있을 것이라고 비판한 이유가 바로 여기에 있다.

1980년대 중반 이후 점진적으로 추진한 개혁개방정책의 공과에 대한 여러 논란에도 불구하고 이후 사회주의 베트남 정부는 이런 정책 기조를 유지할 수밖에 없었다. 그 이유는 첫째, 이미 진행된 시장경제의 도입과 자본주의화의 과정을 되돌릴 수 없기 때문이었다. 시장경제의 토대를 무너뜨릴 방도도 없지만 이런 시도는 정치적으로도 훨씬 위험한 도박이 될 것이 분명했기 때문이다. 둘째, 적어도 1990년대까지 베트남의 개혁개방정책은 여러 문제에도 불구하고 어려웠던 사회주의 개혁 시기를 기억하는 인민에게는 과거보다 나은 선택으로 간주되었다. 절대적 빈곤보다는 상대적 불평등이 낫다는 생각이 개혁개방정책에 대한 지지의 기반이 되었다. 셋째, 베트남공산당 정부는 개혁개방정책의 부작용에도 불구하고 정치적으로 인민을 지배하고 통제할 수 있다는 자신감을 가지고 있었다.

이러한 세 가지 이유에서 개혁개방정책은 2000년대를 넘어 현재까지 지속되면서 위에서 언급한 여러 긍정적 그리고 부정적 효과를 동시에 배가시켜 왔으며, 그 결과 오늘날 사회주의 베트남의 정치경제적 지형을 변화시켜 오고 있다.

---

25 Gabriel Kolko, *Vietnam: Anatomy of a Peace*.

4
순항하는 베트남 경제와 심화되는 모순

사회주의 베트남의 개혁개방정책은 2000년대 들어서도 경제성장의 관점에서만 보면 순항하고 있다고 평가할 수 있다. 베트남 경제에 대한 외부의 전망은 적어도 현재 시점에서는 장밋빛이다. 이런 평가는 "향후 5년 이내에 5대 신흥 물류시장으로 성장", "인도네시아와 함께 미국상공회의소가 뽑은 가장 매력적인 아세안 투자국", 그리고 "포스트 차이나"[26] 등의 화려한 수사에 함축되어 있다. 실제로 베트남 경제는 2000년대 이후에도 5~7%의 성장을 지속하고 있다.

베트남의 지속적인 경제성장의 효과는 여러 수치로 입증되고 있다. 개혁개방정책 이전에 100달러에 불과했던 1인당 GNP가 2014년에는 2,000달러를 넘어섰으며, 2020년이 되면 3,000달러에 다다를 것으로 예상하고 있다. 이와 조응하여 1993년 50.8%에 이르렀던 빈곤율도 2010년대에는 20% 이하로 감소하였다. 이는 제조업(33.3%)과 서비스업(39.75%)의 비율이 증가하고 1차 산업의 비율(17%)이 급감하면서 산업구조가 "선진화"한 덕이다. 그 결과 베트남에는 현재 20여만 개의 기업이 경제를 이끌고 있다.[27]

이러한 경제성장은 변함없이 외국 자본이 주도하고 있다. 또한 여전히 값싼 노동력을 바탕으로 노동집약적 공장에서 저가의 제조품을 생산함으로써 세계시장에서 경쟁력을 유지하고 있다. 베트남의 주요 수출품은 현재도 의류와 신발이며, 2010년대 이후에는 통신 장비가

26 Dun & Bradstreet, "Country Insight Report: Vietnam, December, 2015", pp. 3-17.
27 Dun & Bradstreet, "Country Insight Report: Vietnam, December, 2016", pp. 30-31.

24%로 큰 자리를 차지하고 있다. 이는 삼성전자가 북부 하노이에서 한 시간 거리에 있는 박닌(Bac Ninh) 성과 타이응우옌(Thai Nguyen) 성에 세계 최대의 스마트폰 생산기지를 건설한 결과이다.[28] 베트남 자본도 자원을 활용하여 커피, 쌀, 캐쉬넛 등의 농산물과 석유를 수출하고 있지만 그 비중은 6.7% 정도에 불과하다.

베트남이 이처럼 외국 자본의 이탈을 막고 지속적인 유치를 할 수 있는 비결은 여전히 유사한 발전단계에 있는 국가에 비해 저렴한 인건비를 유지하고 있기 때문이다. 베트남의 임금은 저가품 생산기지로서 경쟁국인 인도네시아보다 낮으며, 중국의 3분의 1에 불과하다. 이런 저임금이 자본유치와 기업경쟁력의 측면에서는 바람직한 것일 수 있지만 베트남 노동자의 입장에서는 불만스러울 수밖에 없을 것이다. 실제로 베트남 노동자의 불만은 2000년대 후반 이후 정부와 기업이 우려할 만한 파업의 증가로 입증되고 있다.[29]

노동자의 불만이 우려할 만한 수준으로 증가하면서 정부가 매년 최저임금을 인상하고 있지만 노동자 가구의 생계는 점차 악화되고 있는 것이 현실이다. 1999년 이후 현재까지 최저임금을 5배 가까이 올렸지만 소비수준과 생활비의 증가를 따라잡지 못하면서 노동자 가구의 시름이 깊어지고 있다. 이런 불만이 노동자의 국가를 표방하는 베트남에서 장기적으로 어떠한 정치적 파장을 몰고 올 것인지 지켜볼 필요가 있을 것이다.

베트남 노동자의 불만이 지니고 있는 정치적 잠재력에 대한 논란은 있지만 아직 베트남 노동시장은 노동집약적 외국 기업에는 매력적

---

28 외교부, 『세계은행(WB) 베트남 경제 보고서(7. 19. 발표) 주요 내용』(서울: 외교부, 2016).
29 채수홍, "베트남 살쾡이 파업의 양상과 원인: 남부 빈즈엉(Binh Duong)을 중심으로", 1-4쪽.

이다. 2016년을 기준으로 9,200만 명의 인구 가운데 35세 미만이 3분의 2를 차지하고 있으며, 평균연령이 28.2세에 불과하여 풍부하고 젊은 경제활동인구를 보유하고 있는 것이다.[30] 또한 노동자의 나라를 표방하고 있음에도 불구하고 노동조합의 활동이 노동총연맹(VGCL)과 정부의 통제를 받고 있고 노동자의 저항 방식이 격렬하지 않다는 점도 외국 자본을 안심시키고 있다. 하지만 정부와 연계되어 있는 노동총연맹 산하의 개별 노동조합을 통하지 않은 파업이 절대다수를 이루고 있고, 노동자들이 여러 경로로 불만을 개진할 조짐을 보이고 있다. 이런 현상도 향후 사회주의 국가의 지배 이념과 현실의 괴리에 대한 노동자의 정치적 의사 표출이 어떻게 전개될지에 대한 궁금증을 자아내고 있다.

사회주의 베트남이 하부구조만 놓고 볼 때 사실상 자본주의의 길을 걷고 있고 이를 통해 성장을 지속하고 있는 점을 고려할 때, 자본주의 국가가 경험한 여러 가지 모순을 반복할 가능성이 크다는 점은 분명한 것 같다. 그럼에도 단기적으로는 베트남의 경제가 세계자본주의 체제에서 고속성장을 지속하는 개발도상국으로 계속 주목받을 것이 확실하다. 2000년대 후반 이후 세계경제가 여러 어려운 여건에 처해 있으며, 경제위기의 주기가 짧아지고 있는 상황에서도 베트남 경제가 고속성장을 하고 있다는 사실이 이런 예견을 가능케 한다.

최근 대부분의 개발도상국은 선진국의 거시경제정책의 불협화음과 금융시장의 불안에 기인한 세계경제의 불확실성에 거세게 흔들리고 있다.[31] 선진국이 경기를 부양하기 위한 여러 정책적 수단을 경쟁

---

30 박지은, 『아세안 Top3 VIM을 가다: 베트남, 인도네시아, 미얀마』(서울: 국제무역연구원, 2016), 3쪽.

31 이재우 · 김영석 · 오경일 · 이윤관 · 김중호, 『2015년 세계경제 이슈 및 전망』(서울: 한국수출입은행, 2015), 10-11쪽.

적으로 동원하면서 개발도상국은 자본유출과 수출시장에서 경쟁력이 저하되어 곤경을 겪고 있다. 이와 더불어 초강대국으로 부상하고 있는 중국이 막강한 경쟁력을 바탕으로 개발도상국 경제의 적소인 세계의 저가 생산품 시장을 점령하고 있다. 반면 거대한 중국시장이 과잉투자와 구조조정으로 침체할 가능성이 제기되면서 세계경제의 저성장 기조가 계속될 위험도 공존하고 존재하고 있다.[32] 이처럼 어려운 경제여건에서 베트남은 상품교역의 둔화나 보호무역의 대두와 같은 거시적 환경에 나름 잘 적응해 나가고 있는 것으로 보인다. 베트남이 2010년대에도 여전히 5~6%의 높은 경제성장률을 기록하고 있는 것이 그 증거이다.

세계경제의 전문가들이 베트남의 단기적 성장을 낙관적으로 보고 있는 또 다른 이유는 국내적 요인의 호조이다. 먼저, 최근 몇 년 동안 물가억제를 적절하게 하고 있어 노동자의 실질임금 하락이 일시적으로나마 멈추고 있다. 이로 인해 노동자의 불만이 잠시나마 진정될 것으로 예견할 수 있다. 또한 경제가 성장함에 따라 1억 명에 가까운 인구를 가진 베트남의 내수시장이 급속하게 커지고 있다. 최근 소비심리가 살아나면서 신용이 매년 10% 이상씩 증가하고 부동산 시장이 활성화되고 있는 것이 이런 주장을 뒷받침하고 있다.[33]

이와 같은 실적의 호조와 외부의 낙관적인 기대를 토대로 베트남 정부는 외자 유치와 교역의 증대를 통한 경제성장에 정책의 최우선 순위를 두고 있다. 이를 위해 신자유주의적 자본주의 경제를 최상의 가치로 삼고 있는 세계경제의 주요 기관의 요구에 적극적으로 부응하면서 세계경제로의 통합에 열을 올리고 있다. 무디스, 피치, S&P

32 위의 글, 25-29쪽.

33 Dun & Bradstreet(2016), p. 14.

등 영향력이 막강한 신용평가 기관이나 세계은행, 국제통화기금, 아시아개발은행 등이 요구하는 불투명한 정보의 개선, 불필요한 규제의 철폐, 자본을 보호하기 위한 법과 제도의 확충 등을 위해 일련의 조처를 하고 있다. 이런 제도적 변화가 사회주의 베트남의 정치적 민주화를 강화하는 효과도 있겠지만, 역으로 신자유주의적 자본주의를 내면화한 제도와 집단을 확대함으로써 사회주의 체제를 위협할 수도 있을 것으로 예측해 볼 수 있다.

다시 말해, 서구의 경제 관련 기구들은 베트남 정치경제의 지속가능성을 자신의 이념에 맞게 평가하고 이에 대해 조처하라고 지속적으로 압력을 넣고 있다. 이들은 주장하는 베트남 경제의 구조적인 문제는 부패, 부정확한 정보, 불투명한 정책 결정 과정, 기업의 불확실성을 높이는 법과 제도 등이다. 실제로 이런 기관들이 제시하고 있는 수치를 보면 공산당과 사회주의 정부가 경제에 막강한 영향력을 행사하면서 법, 제도, 정보의 불투명성과 불확실성을 토대로 이득을 취하고 있다는 점을 상상해 낼 수 있다.

물론 불투명성에 기초를 둔 특권의 제거가 사회주의 베트남의 정의와 평등에도 부합할 수 있다. 하지만 사회주의 베트남 정부가 이런 개혁 조치의 과정에서 노동자의 생계와 권리에 반하여 기업의 자유로운 활동을 보장하고, 신자유주의적 개인주의에 기초한 경제활동을 권장하면서 불평등을 심화시킨다면 어떻게 될 것인가? 베트남 정부를 민주화하고 불평등을 생산하는 특권을 제거하는 일과 신자유주의적 시장경제를 활성화하는 일을 구분하지 못한다면 사회주의 베트남의 정치적 미래는 어디로 갈 것인지 궁금하지 않을 수 없다. 더 나아가 이런 정치경제적 이념과 현실을 가진 체제가 된다면 과연 이를 사회주의라고 부를 근거가 존재할 것인지 의문을 던지게 된다.

필자는 신자유주의적 자본주의를 확산시키고자 하는 세계경제기구들이 들고 있는 베트남 정치경제의 구조적인 문제보다 개혁개방정책을 추진하고 있는 베트남의 미래를 불확실하게 만드는 근본적인 몇 가지 요인이 있는 것 같다. 첫째, 베트남이 '세계체제(World System)'[34]에 편입됨에 따라 현재의 산업구조로 새로운 경제적 단계로의 진입이 가능할지가 불확실하다. 단기적으로는 젊고 저렴한 노동력을 토대로 노동집약적 제조업 중심의 성장이 가능하겠지만 장기적으로 인구의 고령화와 임금상승으로 산업구조의 고도화가 불가피할 것이다. 이를 위해 베트남 정부가 비교적 하이테크 산업인 통신 장비와 R&D센터의 유치에 힘을 쏟고 있지만 아직은 고급기술 인력의 부족으로 여전히 단순한 조립이나 기계조작을 하는 노동력만을 제공하고 있는 실정이다.

이와 같은 상황을 고려할 때 베트남이 노동력 제공을 넘어서서 기술과 정보를 바탕으로 고급 산업을 유치하거나 스스로 산업구조의 고도화를 이루어 낼 수 있을지 매우 불확실하다. 분명한 점은 산업의 고도화를 이루지 못한다면 베트남의 개혁개방정책은 결국 위기를 맞을 것이며, 이런 상황이 도래한다면 시장경제의 도입을 통해 사회주의를 실현하겠다는 공산당 정부의 미래가 어떻게 전개될지 예측하기 힘들 것이라는 사실이다. 베트남 사회주의의 미래는 이처럼 스스로 선택한 세계자본주의 체제에서 생존할 수 있느냐의 여부에 따라 크게 요동칠 것이다.

둘째, 베트남이 선진자본주의가 요구하는 법, 제도, 금융 체계의 개선을 통한 개방 확대와 국영기업의 민영화를 "올바른" 정책으로 간

---

34 Inmanual Wallerstein, *The Modern World System I: Capitalist Agriculture and the Origins of the European World-Economy in the Sixteenth Century*(New York: Academic Press, 1974).

주하고 이를 실행한[35] 결과로 발생할 대외의존성을 어떻게 극복할 수 있을지가 사회주의 체제의 유지를 결정할 중요한 요인이 될 것이다. 베트남의 대외의존성은 현재도 우려할 만한 수준으로 2016년에는 수출에서 외투기업이 차지하는 비율이 70%를 넘어섰다.[36] 최대 투자국인 한국과의 교역도 초기에 비해 70배를 넘어섰고 무역적자도 점차 커지고 있다. 외국 자본에 대한 의존성이 이처럼 심화되면 경제가 외부변수에 의존하는 비율이 커지고 이에 따라 불확실성도 높아질 것이다. 대외의존도가 이처럼 커질 때 베트남 사회주의 정부의 정치경제적 자율성이 보장될 수 있을지 의문의 여지가 있다.

마지막으로, 베트남 경제가 자본주의화의 길을 걸으면서 심화되고 있는 경제적 불평등에 대한 정치적 불만을 어떻게 해결하는지가 사회주의 베트남의 미래를 결정할 수 있을 것이다. 물론 자본주의화를 통한 베트남 경제의 성장은 일부 특권층만을 부자로 만들고 있는 것이 아니라 중산층의 수를 늘리고 절대빈곤을 타파하는 성과를 내고 있다. 하지만 급속한 사회경제적 분화가 일어나면서 빈부 격차가 커지고 있는 부작용이 이런 긍정적 효과를 상쇄하고 있다. 베트남의 소수 특권층은 다른 어느 나라의 부자 못지않게 엄청난 부를 자랑하고 있지만, 대다수 인민은 농촌에서 겨우 생계를 유지하거나 산업지대로 이주하여 노동시장을 포화상태로 만들면서 저임금을 감수하며 노동을 하고 있다. 그 결과 이들의 가구 경제의 재생산은 나날이 힘들어지고 있다.[37] 이로 인해 정부의 촘촘한 정치적 통제에도 불구하고 사회주의

---

35 Dun & Bradstreet(2016), pp. 31-36.

36 Asian Deve lopment Bank, *Asian Development Outlook 2016 Update: Meeting the Carbon Growth Challenge*, Asian Development Bank(2016), p. 163.

37 채수홍, "베트남 살괭이 파업의 양상과 원인: 남부 빈즈엉(Binh Duong)을 중심으로", 14-19쪽.

베트남의 불평등을 비판하는 목소리가 점차 커지고 있다.

베트남 정부는 이런 구조적 문제에 대한 성찰보다는 외국 자본이 요구하는 경영활동의 편의성과 자율성에 임시방편으로 대응하고 있다. 외국 자본의 유치를 위한 각종 제도와 법을 정비하고, 정치적 이유로 망설여 왔던 국영기업의 민영화와 내수시장의 개방 등을 과감하게 시행하고 있다. 시장경제로 급속하게 통합되어 가는 베트남 경제가 자본의 여러 요구를 단호히 거절하는 것은 당분간 기대하기 힘들어 보인다. 하지만 베트남 사회가 장기적으로 사회주의 체제를 유지하려면 필자가 위에서 언급한 구조적인 문제에 대한 성찰이 필요할 것이다. 불확실한 산업구조의 고도화, 대외의존도의 심화, 불평등의 가속화 등의 근본적인 문제들이 효율성, 개방, 민영화, 규제개혁과 같은 신자유주의의 신조와 구호 속에 은폐되어 있는 것이 아닌지 생각해 볼 일이다.

이러한 제반 상황을 고려할 때 베트남 경제는 정치영역에서 표방되고 있는 사회주의적 이상과 경제적 영역에서 실행되고 있는 자본주의화 사이에서 여러 모순을 적나라하게 노출시키며 미래를 맞이할 것으로 보인다. 이는 현재 기이한 형태를 유지하고 있는 사회주의 베트남이 내포하고 있는 모순에 기인하는 필연적인 결과가 아닐까 생각한다.[38]

---

38 Khac Vien Nguyen and Huu Ngoc, eds., *From Saigon to Ho Chi Minh City: A Path of 300 Years*, p. 191.

5
결론:
'사회주의' 베트남의 현재, 저항, 그리고 정치적 미래

베트남은 자본주의로 점차 이행하고 있는 하부구조와 공산당을 중심으로 사회주의를 표방하는 상부구조가 불편한 동거를 무난하게 유지하고 있는 국가이다. 이런 기인한 동거는 사회주의 베트남의 정치경제적 현재와 미래를 평가하는 작업을 난망하게 한다. 기존에 이루어지고 있는 대부분의 평가가 자본주의의 정치경제로의 이행을 당연하고 자연스러운 것으로 간주하면서 이루어지거나, 이와는 대조적으로 마르크스주의의 사회발전 단계에 단순하게 대입하는 방식으로 행해져 왔다. 하지만 오늘날 중국이나 베트남처럼 기존의 시각으로 재단할 수 없는 복합적인 체제를 유지하고 있는 사회의 현재와 미래에 대한 평가는 보다 진전된 성찰과 상상력이 필요하다.[39]

오늘날 사회주의 베트남은 세계자본주의 체제에 안착하면서 아직은 경제가 순항하고 있다. 하지만 대내외 경제 여건, 통제를 벗어나려고 하는 인민의 정치적 욕구, 복잡한 대외관계 등은 베트남의 장단기 미래가 매우 불확실하다는 점을 시사하고 있다. 이런 어려움은 베트남의 지정학적 그리고 경제적 현실에 기초하고 있는 것이기도 하지만 사회주의를 표방하면서 시장경제의 모델을 차용하고 있는 현재의 복합적인 정치경제적 상황에 기인한 것이기도 하다.

39 Adam Fforde, "Vietnam: Economic Strategy and Economic Reality", *Journal of Current Southeast Asian Affairs*, Vol. 35, No. 2(2016), pp. 3-30; Gabriel Kolko, *Vietnam: Anatomy of a Peace*.

베트남에서 이러한 정치경제적 상황이 인민의 동의를 받아온 것은 개혁개방을 통해 사회주의 체제에서 겪었던 빈곤을 극복하고 경제성장의 과실을 공유할 수 있을 것이라는 기대감에 토대를 두고 있다. 이런 기대감 때문에 베트남의 사회의 구성원들은 사회주의와 자본주의의 기이한 동거를 수용하고 이를 유지하려는 정부의 통제에 순응해온 것이다.[40] 하지만 베트남의 세계자본주의로의 통합은 이들에게 극심한 사회경제적 불평등을 비롯한 다양한 모순을 경험하게 하고 있다. 그 결과 다수의 베트남 인민은 빈곤 탈출과 생계경제 유지에 만족하지 못한 채 자본주의적 산업화와 시장경제의 폐해에 대한 불만을 표출할 방법을 모색하고 있다.[41] 아직 강한 물리력과 정보력을 보유하고 있는 사회주의 정부와 공산당에 대항할 만한 조직이 형성되고 있지는 않지만 노동조건, 환경, 인간안보, 민족주의 등과 관련하여 이슈가 생길 때마다 저항의 징후를 보이기 시작하였다.

대중의 집단시위가 사실상 금지되어 있고 엄격한 통제와 처벌이 가해지는 공산당 일당지배 체제하에서 대규모 집회와 시위는 특별한 경험이다. 필자가 주목하고 있는 점은 최근 몇 년 동안 베트남 인민이 이런 경험을 해 오고 있다는 사실이다. 이 가운데 특별히 언급할 만한 가치가 있는 사례는 산업지대에서 일어나고 있는 파업, 반(反)중국 시위, 환경문제에 대한 시위, 그리고 토지수용과 관련된 주민의 저항이다.

필자가 보기에 베트남에서 정치적으로 폭발 잠재력이 가장 큰 이슈는 노동자의 노동조건과 삶에 대한 불만의 축적과 이로 인한 시위이다. 개혁개방정책의 초기만 해도 수십 건에 불과했던 파업이 2000년

---

40 Khac Vien Nguyen and Huu Ngoc, eds., *From Saigon to Ho Chi Minh City: A Path of 300 Years*.

41 이한우 · 채수홍, "베트남 2016: 정치, 경제, 대외관계의 현황과 전망", 『동남아시아연구』 제27권 1호(2017), 181쪽.

대 후반부터 급증하기 시작해서 2011년경에는 거의 1천여 건으로 절정을 이루었으며 현재도 매년 수백 건이 상시로 발생하고 있다.[42] 특히 최근의 파업은 대부분이 국가와 조합주의(corporatism)적 관계를 맺고 있는 상급 혹은 개별 노동조합을 통하지 않는 '살쾡이 파업(wildcat strike)'이라는 특징을 가지고 있다. 노동자가 국가와 제도화된 노동조합을 불신하고 스스로 은밀하게 조직하여 파업을 일으키고 있는 것이다. 오늘날 파업이 일부 예외적인 사례를 제외하면 아직 폭력적인 양상을 보이거나 국가를 직접 겨냥한 시위로 이어지지는 않고 있지만, 노동자의 불만이 축적되고, 국가가 제도화한 정치적 해결 과정을 불신하고, 노동자가 자생적으로 조직하는 능력을 배양하고 있다는 사실은 향후 사회주의 베트남의 정치적 변화를 이끌 수 있는 불씨가 커지고 있다고 해석해 볼 여지가 있다. 특히 베트남공산당이 '노동자의 나라'를 표방해 온 사상적 토대가 있어 정부로서도 노동자의 저항에 강경하게 대처하기 쉽지 않고, 노동자의 저항이 주로 베트남 경제의 근간을 이루고 있는 외국계 기업을 겨냥하고 있다는 점을 고려할 때 파업이 더 공식화되고 조직화된다면 베트남 정치경제의 미래에 상당한 영향을 미칠 것으로 보인다.

이러한 노동자의 불만이 간접적으로 표출되면서 베트남 정부를 당혹하게 한 사례가 2014년 5월에 발생한 반(反)중국 시위이다. 이 대규모 시위는 남중국해의 황사 군도(파라셀 제도)와 쯔엉사 군도(스프래틀리 제도)를 놓고 베트남과 중국 사이에서 벌어지고 있는 해상 영토분쟁의 과정에서 베트남 정부가 관제데모를 조직하기 위해 시위를 촉구하는 대중적 메시지를 보낸 것이 촉매가 되었다. 그 결과 산업지대에서

---

42 채수홍, "베트남 살쾡이 파업의 양상과 원인: 남부 빈즈엉(Binh Duong)을 중심으로", 1쪽.

노동자들이 중국계 공장을 불태우거나 파괴하는 폭력사태가 여러 날에 걸쳐 전개되었다.[43] 이에 당황한 정부가 군까지 동원하여 사태를 진정시켰지만, 베트남의 노동자가 명분이 주어지면 과격한 저항을 할 수 있는 잠재력이 있다는 사실을 정부는 물론이고 노동자 자신도 깨닫는 계기가 되었을 것이다. 물론 민족주의적 감정에 토대를 두었고 정부의 암묵적 용인이 발단되었지만 이처럼 과격한 폭력적 저항의 경험은 사회주의 베트남의 정치적 미래와 관련하여 시사점을 제공하고 있다.

노동자를 중심으로 조직되지는 않았지만, 마찬가지의 이유로 베트남 정부를 당혹시킨 또 하나의 사례는 2016년 4월 환경문제를 이슈로 전국적으로 확산된 시위이다. 대만계 대기업인 포모사(Formosa)가 베트남 북중부의 하띤(Ha Tinh) 성에서 운영하고 있는 철강회사가 폐수를 무단 방류하여 인근 바다가 대규모로 오염되는 사태가 발생한 것이다. 이에 포모사의 철강회사가 5억 달러를 배상하고 정부도 중재에 나섰지만 하띤 성과 인접한 성은 물론이고 전국적으로 대규모 항의가 이어졌고, 천주교의 사제와 신도들이 장기적으로 이를 이슈로 시위를 이어가고 있다. 이 사례는 주민이 사회주의 베트남 정부가 진압할 명분을 찾기 힘든 환경파괴와 같은 이슈를 들고나오면 정치적 대응이 쉽지 않음을 잘 보여 주고 있다. 이 사례 역시 베트남 정부를 직접 겨냥하고 있지는 않지만 정당성을 확보할 경우 대중이 대규모로 동원된 시위가 사회주의 베트남에서도 가능하다는 사실을 일깨워 주었다. 정부가 중남부지역의 닌투언(Ninh Thuan) 성에 철강공장을 건설

---

43 "Behind Vietnam's Anti-China Riots, a Tinderbox of Wider Grievance", *Wall Street Journal*(2014.6.17), http://www.wsj.com/articles (검색일: 2016.10.15); "베트남 반중 시위 가열 … 중국 공장 방화", 『VOA 뉴스』(2014.5.15), https://www.voakorea.com/a/1914441.html (검색일: 2016.10.15)

하려던 호아쎈(Hoa Sen) 그룹의 계획을 중단시키고 사업성과 환경평가를 실시하도록 관할 지방정부에 지시한 것도 이런 맥락에서 정치적 고려를 한 것으로 보인다.[44]

이와 같은 전국적 규모의 대규모 시위는 아니지만, 지역별로 주민의 저항도 심심치 않게 일어나고 있다. 주민이 자신의 경제적 이익을 침해당했을 때 이전과 달리 적극적으로 의사 표현을 하는 것이다. 개발을 위한 정부의 토지수용에 대한 저항이 대표적인 예이다. 최근에는 군부 소유의 대형 통신회사인 비엣텔(Viettel)이 하노이 인근에서 토지를 수용하여 개발하는 과정에서 주민과 부딪혔고, 결국 하노이 시장까지 중재에 나선 끝에 주민의 의견이 관철되기도 하였다. 남부의 띠엔장(Tien Giang) 성과 까이러이(Cai Lay) 지역에서도 주민이 민자 도로의 요금징수를 문제 삼아 수상까지 직접 나선 협상 끝에 이를 잠정 중단시키기도 하였다.[45] 이러한 사례들은 사회주의 베트남에서 인민이 더 이상 자신의 이해관계 침해를 수동적으로 수용하지 않고 있으며, 정부도 이 점을 잘 인식하고 있다는 사실을 말해 주고 있다.

이처럼 주민과 노동자가 축적된 불만에 대한 정치적 저항의 메시지를 보내고 있고 때론 직접 행동에 나서는 사례도 늘고 있지만 아직 베트남공산당과 정부의 통제력에 누수가 일어나고 있다고 말하기에는 이른 감이 있다. 아직 국가에 직접 대항하는 시위는 가시화되고 있지

44 "개발우선 · 환경뒷전은 '그만' … 베트남, 12조 원 철강공장 '제동'", 『연합뉴스』(2017.4.18), http://www.yonhapnews.co.kr/bulletin/2017/04/18/0200000000AKR20170418070200084.HTML?input=1179m (검색일: 2017.4.18); "독극물 해양 방류 1년 … 죽음만 남았다", 『세계일보』(2017.8.15)(2017.8.15), http://www.segye.com/newsView/20170815001767 (검색일: 2018.1.8)

45 "베트남 민자도로 통행료 징수 중단한 사연은", 『연합뉴스』(2017.12.5), http://www.yonhapnews.co.kr/bulletin/2017/12/05/0200000000AKR20171205138600009.HTML?input=1179m (검색일: 2017.12.5)

않으며 국가가 자신의 뜻을 관철시키고 있는 사례가 압도적이기 때문이다.

이러한 통제가 가능한 것은 지역별로 촘촘한 공산당 조직과 민간 감시 체계가 아직은 작동하고 있기 때문이다. 무엇보다 사회주의 베트남 정부가 언론을 철저하고 효율적으로 관리하고 있기 때문이다. 베트남 정부는 지금도 자신의 정책에 비판적인 '매넘(Me Nam)'이라는 블로거를 구속하고, 유튜브와 페이스북의 검열에 힘을 쏟고 있으며, '륵르엉 47(Luc Luong 47, 力量 47)'이라는 인터넷 감시부대를 만들어 체제와 정부에 대한 도전을 사전에 막고 있다.[46] 하지만 서구 자본주의와 자유주의에 일상적으로 노출되고 있고, 정보화가 나날이 발전하고 있는 베트남 사회에서 현재의 감시와 통제 체제가 언제까지 작동할지는 미지수이다.

베트남 사회주의의 현재, 저항, 그리고 정치적 미래를 가늠할 수 있는 진정한 척도는 감시체제의 효율성이 아니라 여러 계층의 인민이 자신의 삶에 어느 정도 만족하고 체제에 대해 어떤 평가를 내리고 있는가 하는 여부일 것이다. 세계사의 수많은 사례가 입증하고 있듯이 억압적 제재는 한계가 있다. 사회주의 베트남의 정치적 미래에 필요한 것은 생활의 향상, 불평등의 감소, 정의감의 충족 등을 기반으로 한 동의의 지속적인 창출이다. 강압보다는 헤게모니를 활용할 때 동의가 생명력을 갖게 되는 것이다.[47]

이러한 점을 고려할 때, 사회주의 베트남의 정치경제적 미래는 단기적으로는 안정적으로 유지되고 발전될 것으로 전망할 수 있지만, 장

46 채수홍 · 이한우, "베트남 2017: 경제, 정치, 대외관계의 현황과 전망", 『동남아시아연구』 제28권 1호(2018), 44쪽.

47 Michale Burawoy, *Manufacturing Consent: Changes in the Labor Process under Monopoly Capitalism*(Chicago: University of Chicago Press, 1979).

기적으로는 많은 숙제를 안고 있다. 잔혹한 전쟁과 사회주의화의 실패를 경험하고 도입한 현재의 개혁개방정책이 그동안의 성과에도 불구하고 여러 모순을 축적해 왔기 때문이다. 축적된 모순이 여러 계기를 통하여 폭발하고 이것이 사회주의와 자본주의의 기이한 동거에 균열을 가져올 때 사회주의 베트남은 새로운 선택의 기로에 설 수 있다.

지금 베트남에서는 "이게 왜 사회주의인가"라는 볼멘소리를 쉽게 접할 수 있다. 이 불만이 사회주의의 회복을 지향하는 것인지 자본주의로의 완전한 전환을 희망하는 것인지는 불분명하다. 분명한 점은 사회주의 베트남이 외형적인 성장과 성공적인 체제 유지에도 불구하고 언젠가는 새로운 전환기를 맞을 수밖에 없을 것이라는 사실이다.

| 참고문헌 |

박지은. 2016.『아세안 Top3 VIM을 가다: 베트남, 인도네시아, 미얀마』. 서울: 국제무역연구원.

외교부. 2016.『세계은행(WB) 베트남 경제 보고서(2016.7.19. 발표) 주요 내용』. 서울: 외교부.

이은미. 2016. "2017년 베트남 경제 전망 및 주요 이슈 점검".『Trade Focus』 제42권, 1-20쪽.

이재우 · 김영석 · 오경일 · 이윤관 · 김중호. 2015.『2015년 세계경제 이슈 및 전망』. 서울: 한국수출입은행.

이한우 · 채수홍. 2017. "베트남 2016: 정치, 경제, 대외관계의 현황과 전망".『동남아시아연구』 제27권 1호, 163-191쪽.

조영복 외. 1997.『현지에서 본 베트남』. 서울: 신우출판사.

채수홍. 2003. "호치민 시의 개혁과정에 대한 정치경제학적 연구".『비교문화연구』 제9집 1호, 75-108쪽.

채수홍. 2013. "베트남 살쾡이 파업의 양상과 원인: 남부 빈즈엉(Binh Duong)을 중심으로".『동남아시아연구』 제23권 3호, 1-48쪽.

채수홍 · 이한우. 2018. "베트남 2017: 경제, 정치, 대외관계의 현황과 전망".『동남아시아연구』 제28권 1호, 21-51쪽.

필립 랑글레 · 꽈익 타인 땀. 2017.『베트남 현대사: 통일에서 신공산주의로 1975-2001』. 윤대영 역. 서울: 진인진.

Asian Development Bank. 2016. *Asian Development Outlook 2016 Update: Meeting the Carbon Growth Challenge*. Asian Development Bank.

Beresford, Melanie. 1988. "Issues in Economic Unification: Overcoming the Legacy of Separation in Postwar Vietnam". In D. G. Marr and C. P. White (eds.). *Dilemmas in Socialist Vietnam*. Ithaca: Cornell University Southeast Asian Program.

Burawoy, Michale. 1979. *Manufacturing Consent: Changes in the Labor Process under*

Monopoly Capitalism. Chicago: University of Chicago Press.

Dubai Exports. 2016. "Vietnam Economic Overview & Trade Analysis".

Dun & Bradstreet. 2015. "Country Insight Report: Vietnam, December, 2015".

Dun & Bradstreet. 2016. "Country Insight Report: Vietnam, December, 2016".

Fforde, Adam. 2016. "Vietnam: Economic Strategy and Economic Reality". *Journal of Current Southeast Asian Affairs*, Vol. 35, No. 2, pp. 3-30.

Fforde, Adam and Stephan De Vylder. 1996. *From Plan to Market: The Economic Transition in Vietnam*. Boulder Co: Westview Press.

Jovitt, Ken. 1992. *New World Disorder: The Leninist Extinction*. Berkeley: University of California Press.

Kolko, Gabriel. 1997. *Vietnam: Anatomy of a Peace*. New York: Routledge.

Marr, David G. 1987. "Church and State in Vietnam". *Indochina Issues*, Vol. 74, No. 4.

Marr, David G. and Christine P. White (eds.). 1988. *Postwar Vietnam: Dilemmas in Socialist Development*. Ithaca: Cornell Southeast Asia Program.

Nguyen, Khac Vien. 1980. *1980 Vietnam Five Years After*. Hanoi: FLPH.

Nguyen, Khac Vien and Huu Ngoc (eds.). 1998. *From Saigon to Ho Chi Minh City: A Path of 300 Years*. Ho Chi Minh City: The Gioi Publishers.

VinaCapital. January 2015. "Vietnam's Economy: A Review of 2014 and Our 2015 Outlook". *VinaCapital Economic Report*.

Vo, Nhan Tri. 1988. "Party Policies and Economics Performance: The Second and Third Five Year Plans Examined". In D. G. Marr and C. P. White (eds.). *Dilemmas in Socialist Vietnam*. Ithaca: Cornell University Southeast Asia Program, pp. 77-90.

Vo, Nhan Tri. 1990. *Vietnam's Economic Policy Since 1975*. Singapore: Institute of Southeast Asian Studies.

Wallerstein, Inmanual. 1974. *The Modern World System I: Capitalist Agriculture and the Origins of the European World-Economy in the Sixteenth Century*. New York: Academic Press.

"개발우선 · 환경뒷전은 '그만' … 베트남, 12조 원 철강공장 '제동'". 『연합뉴스』(2017. 4.18). http://www.yonhapnews.co.kr/bulletin/2017/04/18/0200000000AKR20170418070200084.HTML?input=1179m (검색일: 2017.4.18)

"독극물 해양 방류 1년 … 죽음만 남았다". 『세계일보』(2017.8.15). http://www.segye.com/newsView/20170815001767 (검색일: 2018.1.8)

"베트남 민자도로 통행료 징수 중단한 사연은". 『연합뉴스』(2017.12.5). http://www.

yonhapnews.co.kr/bulletin/2017/12/05/0200000000AKR20171205138600009.HTML?input=1179m (검색일: 2017.12.5)
"베트남 반중 시위 가열 … 중국 공장 방화". 『VOA 뉴스』(2014.5.15). https://www.voakorea.com/a/1914441.html (검색일: 2016.10.15)
"Behind Vietnam's Anti-China Riots, a Tinderbox of Wider Grievance". *Wall Street Journal* (2014.6.17). http://www.wsj.com/articles (검색일: 2016.10.15)

제2장

베트남 사회주의의 발전에 대한 단상

중국 · 북한과의 비교

김병로
(서울대학교 통일평화연구원 HK교수)

1
서론: 속도전

2017년 1월 베트남 사회주의의 발전현황을 둘러보기 위해 서울대학교 통일평화연구원 연구팀이 베트남 여러 곳을 방문하였다. 개인적으로는 20여 년 전인 1996년 10월 베트남 첫 방문길에 베트남의 발전에 큰 감명을 받은 기억이 있다. 1986년 도이머이 정책을 추진한 지 몇 년 안 되어 1989년에는 쌀을 수입하는 나라에서 수출하는 나라로 변신할 만큼 잠재력이 대단하였다. 농업정책을 약간 바꾸었는데 쌀농사에 이처럼 대성공을 거두었으니 산업개발과 성장에 대한 기대는 매우 높았다. 이것이 사회주의 나라가 시장경제를 도입했을 때 얻는 이점이 아닌가 하는 생각이 들었다. 사회주의가 갖고 있는 국가소유제와 계획성이라는 특성을 잘 활용하면 사회간접자본(SOC)을 빠르게 구축할 수 있고, 그 토대 위에 시장적 요소를 접목하면 무한한 고속성장이 가능할 듯 보였다. 농촌까지 도로들이 잘 놓여 있고 그 옆으로 굵은 전선이 설치되어 있는 것을 보면 가느다랗고 빈약한 전선뿐인 북한과는 확실히 달랐다.

하노이는 이제 과거 침울하고 칙칙했던 사회주의 모습이 거의 사라지고 활기 넘치는 공간으로 바뀌었고, 호찌민은 선진적인 도시라는 느낌마저 들었다. 호찌민의 발전은 국민소득에서도 잘 드러난다. 베트남의 1인당 평균 국민소득은 2천 달러이고, 하노이가 3~4천 달러인데 비해 호찌민시는 5천 달러를 넘는다고 한다. 피부로 느껴지는 경제적 격차는 호찌민시가 하노이의 4~5배는 되는 듯 보였다. 구매력지수(PPP)로 평가하면 베트남의 국민소득이 6천 달러라고 하니 이런 기준으로 치면 호찌민시는 1만 달러를 훨씬 넘는 소득수준일 터이니 그럴

법도 하다. 호찌민시에서 보는 베트남은 역시 전도유망한 발전국가라는 생각이 들었다.

국민의 의식상태도 발전 의지가 충만해 보였다. 동남아 국가들에서 대체로 볼 수 있는 한가하게 거리에 앉아 있는 사람들은 거의 볼 수 없고 뭔가 바쁘고 빠르게 움직이는 사람들의 모습을 볼 수 있다. 전쟁의 기억이 아직 살아 있어서인가! 한국 사람들이 빨리빨리 일하는 특징을 갖고 있다고 하지만 베트남 사람들에 비하면 그렇지도 않은 것 같았다. 오토바이를 타고 거리를 누비는 주민들의 행동은 정말 민첩하고 빨랐다. 길거리의 무질서한 풍경과 낙후된 모습에 약간 실망도 했으나 남녀노소를 가릴 것 없이 오토바이를 타고 다니는 사람들의 모습이나 자동차와 함께 섞여 물결을 이루며 다니는 장면에서는 박진감이 넘쳐났다. '전쟁으로 다져진 민첩성'이 곳곳에서 잘 보였다.[1]

사실, 20여 년 전 베트남을 처음 방문했을 때는 베트남이 중국보다 더 빨리 발전하지 않을까 하는 기대도 하였다. 국가소유라는 이점을 활용하여 시장경제를 도입하면 빠른 발전을 구가할 수 있지 않을까 하는 생각을 했던 것이다. 전쟁을 끝낸 지도 얼마 안 되었기 때문에 처절했던 기억이 있어 소위 말하는 헝그리 정신이 살아 있을 것이어서 그러한 역사적 유산이 자산으로 잘만 동원된다면 엄청난 속도로 발전할 수 있을 것이라 기대하였다. 그러나 대체적인 느낌은 아직 중국을 따라잡기에는 부족한 듯 보였다. 2008년 베이징 올림픽 이전의 모습과 비슷한 수준이었다.

필자와 동행한 서강대학교 동아연구소 심주형 교수는 일반적으로 베트남의 사례는 탈사회주의를 경험한 유럽 여러 나라에 비하면

---

1 김병로, "통일 이후 베트남의 사회적 갈등과 통합", 남북나눔운동연구위원회, 『통일된 베트남을 가다』(서울: 남북나눔운동연구위원회, 1997).

매우 성공적으로 발전하고 있다고 하였다. 중국은 1978년에 개혁개방을 시작했으나 베트남은 전쟁을 치르고 1986년에야 도이머이 정책을 추진했기 때문에 중국과는 10년의 격차가 있다. 또 10년간의 전쟁을 치르면서 많은 국가적 자원이 소진되었다. 중국이 문화대혁명으로 잃어버린 10년을 보냈다면, 베트남은 전쟁으로 잃어버린 10년을 보냈다. 따라서 베트남이 발전을 본격적으로 시작한 것은 지난 10년 정도에 불과하다.

중국보다 10년 뒤늦게 출발한 베트남이 10년 후에는 현재의 중국 수준으로 발전할 수 있을까? 중국을 더 바짝 따라잡을 수 있을지 아니면 여러 문제로 발전 속도가 더디어질지 궁금하다. 2016년 현재 베트남의 1인당 국민소득이 2천 달러이므로 8,261달러인 중국을 따라잡으려면 국민소득이 4배 증가해야 하는데, 10년 안에 국민소득 4배를 높이기는 쉽지 않을 것이다. 한국의 경험으로 보아도 2천 달러에서 8천 달러가 되는 데 1983년부터 1999년까지 15년이 걸렸다. 이렇게 보면 베트남의 발전 속도는 중국보다 조금 느린 것 같기도 하다.

이 장은 체제전환이라는 큰 틀에서 베트남 사회주의 체제가 현재 어느 수준에 와 있는지 중국 및 북한과 비교, 평가하고 향후 발전 가능성을 전망한다. 한 나라가 발전을 일으키는 데는 국가정책과 개발전략, 풍부한 자본과 우수한 노동력, 발전 의지와 국제환경 등 여러 요소가 필요하다. 더 멀게는 역사·문화적 유산과 전쟁이라는 사회적 경험이 발전에 자산이 되기도 하고 장애가 되기도 할 것이다. 이런 요인들을 염두에 두고 베트남 사회주의 체제가 직면하고 있는 현실과 문제점, 그리고 전망을 간략히 살펴보고자 한다.

2
베트남 사회주의 발전의 현주소

베트남이 현재 탈사회주의 체제 발전의 어느 시점에 와 있는가의 진단을 위해 동유럽 사회주의 국가들이 경험한 민주화, 시장화, 개방화라는 체제전환의 틀 속에서 살펴본다.

1) 정치적으로는 어떤 변화의 수준에 와 있는가?

구소련과 동유럽 국가들의 정치체제 변화 과정을 보면 대체로 전체주의 제도가 다원주의 체제로 전환되었으며 이데올로기의 비과격화, 정치적 테러의 쇠퇴, 당통제의 합리화, 경제개혁, 정책 결정의 다원화 등 일련의 변혁을 경험하였다.[2] 가장 뚜렷한 변화의 기준은 공산당의 독점적 지배에서 공산당 이외의 정당 결성이 가능해진다는 점이며, 이런 다원주의 정치체제가 등장하기 전 단계, 즉 공산당의 독점적 지배하에서 선거 시스템의 변화가 생겨난다. 단일후보 추천과 선거로 진행되는 공산당의 일당 지배체제하에서 복수후보에 관한 논의가 시작되며 급기야 복수후보를 추천하여 경쟁적 선거를 치르는 방식으로 발전한다.[3] 따라서 공산당 일당독재 체제의 초보적 변화의 단초는 바로 당내에서 복수후보에 관한 논의가 어느 수준에 이르렀는가 하는 데서 엿볼 수 있다.

이러한 기준으로 보면 사회주의 체제의 정치적 전환에서 눈여겨보아야 할 부분은 크게 두 가지이다. 하나는 제도적으로 경쟁적 선거

2 박영호·박종철, 『남북한 정치공동체 형성방안 연구』(서울: 민족통일연구원, 1993), 120쪽.
3 김병연 외, 『남북통합지수 1989-2007』(서울: 서울대학교출판문화원, 2009), 65-66쪽.

를 어떻게 보장하고 있는가 하는 부분이다. 즉, 복수의 입후보를 추천하도록 법률로 규정하고 있는가 그렇지 않은가 하는 부분이 일단 중요하고, 법적으로 규정되어 있는 경우에는 실제 복수후보 추천과정이 실행되고 있는지 여부를 파악하는 것이 중요하다. 또 인민대표자 선출과 당조직 부분을 나누어 복수후보 제도 허용 시기를 비교해 보는 것도 관찰의 중요한 포인트이다.

다른 하나는 이런 제도적 조치에도 불구하고 실제로 어떤 수단과 방법을 통해 과거 사회주의 관행을 유지하고 있는가를 유심히 살펴보아야 한다. 공산당 일당독재로 유지되어 온 사회주의 정치적 관행은 단일인물을 후보자로 올리고 그에 대한 찬반투표로 진행하는 것이었다. 이런 관행이 어떤 과정을 거쳐 달라지고 있는지 관찰해 보아야 할 것이다. 제도와 현실 간의 괴리는 어느 사회에서나 존재할 터이나 특히 사회주의 체제전환 과정에서 제도와 현실의 문제를 심도 있게 들여다보아야 한다.

이러한 관찰 포인트를 유념하여 탈냉전 이후 베트남의 정치적 변화를 살펴보자. 베트남은 지난 25년 간 복수후보 제도 도입에 몇 가지 진전이 있었다. 탈냉전 직후인 1992년 제9대 총선에서 후보자가 의원정수보다 많아야 한다는 선거법 규정을 적용하여 정원이 3명인 선거구는 후보자를 5명, 의원정원이 2명인 선거구는 후보자를 4명으로 하였고, 후보자가 정당이나 사회단체의 추천을 받지 않고 자기추천으로 등록할 수 있도록 하였다. 2002년에는 소수민족과 여성 후보자를 일정 부분 확보해야 한다는 조항을 삽입했고, 비공식적으로 공산당 외 인사들을 일정 부분 포함해야 한다는 규정도 넣었다.[4] 그 결과 2016년 5월 제14기 총선의 경우 500명의 의원을 뽑는 선거에서 870명이 출마하여 평균 1.7 대 1의 경쟁률을 기록하였다.

2008년 4월 말 제10차 공산당대회에서는 총비서 선출에서도 복수후보를 추천하고 선거를 실시하는 변화가 있었다. 기존에는 당대회에서 중앙위원회를 구성하여 정치국과 비서국 위원을 선출하고 정치국 위원 가운데 단일후보에 대한 신임을 묻는 형식으로 총비서를 선출했는데, 10차 당대회에서 총비서 후보를 복수로 추천하고 중앙위원회에서 선출하는 형식으로 달라진 것이다. 160명으로 구성된 중앙위원회에서 선출하지 않고 1,200명이 참여하는 당대회에서 총비서 후보를 복수로 추천하여 선거를 치렀다는 점은 과거에 비해 중요한 민주화의 진전이라 할 수 있다.

그러나 제도적으로 마련된 정치체제의 변화에도 불구하고 실질적인 변화는 그다지 크지 않다. 왜냐하면 후보자 등록 과정에서 조국전선(Fatherland Front of Vietnam)이라는 기구가 사전 정지작업을 하기 때문이다. 후보자 대부분이 공산당 소속이며 무소속 출마자는 많지 않다. 반체제 인사들은 대부분 조국전선 심사과정에서 탈락하여 실제 후보로는 등록하지 못하는 것이 현실이다. 어떤 경우는 복수후보의 형식을 갖추기 위해 유력하지 않은 인사에게 출마를 권유하여 경쟁적으로 보이도록 하기도 한다.

베트남조국전선은 1977년 2월 창당된 베트남공산당이 속한 베트남 내의 국내 조직으로, 분단 당시 남베트남 지역에 존재했던 남베트남 민족해방전선과 국가동맹, 베트남 민주평화군 등을 통합하여 만든 조직이다. 대체로 베트남 사회주의 공화국의 친정부 성향을 띠며, 공산주의와 좌파 민족주의를 이념으로 표방한다. 이 조직에는 베트남공산당과 베트남 호찌민 공산주의청년연합 등을 포함하며, 1988년 이전에는 베트남 민주당과 베트남 사회당도 포함하였다.

---

4 이한우, "베트남, 서서히 내딛는 민주화의 걸음"(2008.12.26), http://iminju.tistory.com/247 (검색일: 2019.3.11)

요컨대 제도적 측면에서 베트남 정치전환은 1992년에 국회대표 및 인민의회대표 선출에서 처음 복수후보 추천제도가 도입되었고 2008년에는 당총비서 선출에서 복수후보가 나오는 등 비교적 빠른 진전을 이룩하였다. 그러나 이런 제도적 성과에도 불구하고 조국전선이라는 조직을 통해 반체제 세력을 걸러내는 작업을 하고 있어서 실질적인 변화는 제도적 변화를 따라가지 못하는 괴리가 존재한다.

베트남의 이러한 정치적 변화는 중국과 북한에 비하면 매우 놀라운 것이다. 중국은 2003년 후진타오(胡錦濤) 주석이 7월의 지방인민대표 선거에서 직접선거와 복수후보를 허용하는 일련의 정치개혁안을 발표했으나 공산당 핵심지도부의 반대로 결국 실행되지 못하였다.[5] 후진타오 주석이 제안한 개혁안에 따르면 현(縣)급 이상의 상위 행정단위에서도 직접선거를 하고, 한 명 이상의 후보가 시장, 성장(省長) 선거에 입후보하며, 전국인민대표대회 대표가 후보를 추천할 수 있도록 하였다. 몇몇 싱크탱크가 공산당에 이런 의견을 제출했고, 이를 바탕으로 다른 지역에 비해 행정적으로 보다 혁신적인 지역인 쓰촨성과 장쑤성과 같은 곳에서 직접선거를 도입하기 위한 몇몇 시도가 이루어졌다. 하지만 이런 조치는 공산당 핵심지도부의 지지를 얻지 못하고 결국 폐기되었다.[6] 선전((深圳)과 같은 발달된 곳에서 특정 구역의 시장과 특정 공산당 직책에 대해서는 직접선거를 하자는 목소리가 제기

5 이러한 관행 때문에 유권자들은 마음에 드는 후보가 없는 경우 후보자 옆 공란에 출마하지 않았지만 본인이 지지하는 사람을 적어 넣을 수 있도록 되어 있는 제도를 활용하여 다양한 의견을 표출하는 사례도 발생한다. 홍콩 명보에 따르면 2016년 11월 16일 상하이 쑹장(松江)구 인대 투표에서 상하이 공정기술 대학 선거구 개표 결과 트럼프 당선자가 10%, 장쩌민 전 주석이 5%, 일본의 유명 성인비디오 배우인 아오이 소라가 6%의 득표율을 기록하는 헤프닝도 발생하였다. 『연합뉴스』(2003.6.13), "中, 지방선거에 첫 복수후보 허용", http://v.media.daum.net/v/20030613054807900?f=o (검색일: 2019.3.11)

6 케리 브라운, 『현대 중국의 이해』, 김흥규 역(서울: 명인문화사, 2014), 134쪽.

되기도 했으나 중국공산당이 이런 직책을 유의미한 국가자원이나 재정을 통제할 수 있는 직위로 간주하고 있어서 직접선거는 허용되지 않고 있다.[7]

중국의 경우 기초 행정단위에서는 복수후보 추천제도가 잘 실시되고 있으나 중앙단위로 올라갈수록 복수후보 경쟁은 제대로 이루어지지 않는다. 기초단위 인민대표로 입후보하기 위해서는 각 정당, 인민단체의 추천을 받거나 주민 10명 이상의 추천을 받도록 되어 있다. 이렇게 추천을 받아 후보자들이 모이면 각 선거구의 선거인소조가 후보자 명단을 근거로 토론협상을 진행한 후 최종후보자 명단을 확정한다. 그러나 개인 후보의 출마와 선거운동은 당국에 의해 거의 차단되고 있는 실정이다. 2010년부터 중앙정부는 지방인민대표대회가 대의적인 기구가 될 수 있도록 공산당원이 아닌 인물들로 지방인민대표대회 구성원으로 참여할 수 있도록 하겠다고 약속했으나 정작 시민운동가들이 선거에 출마하려고 하면 거대한 장벽에 부딪힌다.[8] 그 한 예로 2011년 공산당원이 아닌 류핑이란 여성이 장시성 인민대표대회 후보로 출마하고자 했으나 한 세부조항에 걸려 후보 자격이 취소되었다. 유권자들 역시 정작 자신들이 원하는 후보자가 없어 투표를 난감해하는 경우도 생긴다.[9] 이런 현상들은 복수후보 추천이 이루어지더라도 실제로 원하는 사람들이 추천을 받지 못하는 비민주적 관행의 문제점들을 드러낸다.

베트남의 경험은 북한의 미래에 중요한 시사점을 준다. 베트남의 경험으로 미루어 볼 때, 앞으로 북한에서 복수후보 추천과 같은 제도

7 위의 책, 134쪽.

8 위의 책, 157쪽.

9 http://www.seoul.co.kr/news/newsView.php?id=20161118012011&wlog_tag3=daum (검색일: 2017.12.8)

적 변화가 생겨난다 하더라도 현재 북한의 선거를 형식적으로 관장하고 있는 조국전선(조국통일민주주의전선)이 정치적 통제기제로서 역할을 할 것이 분명하다. 북한도 현재 각급 인민회의 대의원을 선출하는 선거법에 복수후보를 추천하도록 되어 있다. '조선민주주의인민공화국 각급 인민회의 대의원 선거법'에 의하면 "각급 인민회의 대의원후보자는 선거자들이 직접 추천하거나 정당, 사회단체가 공동으로 또는 단독으로 추천한다. 추천하는 추천한 대의원 후보자를 구선거위원회에 알려야 한다."(35조)라고 규정하고 있다. 또한 "추천된 각급 인민회의 대의원후보자는 1백 명 이상의 선거자회의에서 자격심의를 거쳐야 해당 선거구의 대의원후보자로 등록될 수 있다. 대의원후보자의 자격심의를 위한 선거자회의는 구선거위원회가 조직한다."(36조)라고 명문화하고 있다. '대의원후보자의 자격심의를 위한 선거자회의'는 심의를 통해 심의회의에 참여한 인원의 과반수의 찬성으로 후보자 등록을 결정(제39조)하고, 추천순위에 따라 대의원후보자 등록순위를 결정(40조)한다. 즉, 법적으로는 복수후보 제도가 명시되어 있다.

그러나 북한에서 한 선거구에 복수후보가 추천된 경우는 없다. 후보자 등록 이전에 개인이나 단체의 추천을 받아 후보자로 나오는 사례가 있는지 확인할 길은 없으나 최종적으로는 단일후보가 출마한다. 아직 북한에서는 지방과 중앙의 모든 선거에서 단일후보에 대해 찬반 투표 형식으로 진행되고 있다. 이는 선거법에 명시된 기표 방법에서 간접적으로 확인된다. 선거법 제64조는 "선거자는 찬성하면 표식을 하지 않으며 반대하면 후보자의 이름을 가로 긋는다."라고 되어 있다. 찬성하는 후보에 ○표를 하는 대신 반대하는 후보의 이름에 선을 긋는 방식을 유지하면, 단일후보 시에 유리하다. 왜냐하면 단일후보를 찬성하는 경우에는 아무런 표시를 할 필요가 없으므로 그냥 투표함에 넣으면 되지만, 반대하는 경우에는 펜이나 도구를 들어 표식해야 하므로 심적 부담이 커지기 때문이다. 북한이 현행 기표 방식의 개선 필요성을 느끼지 못하는 것은 단일후보 추천 관행이 유지되고 있음을 짐작게 한다. 이런 제도하에서는 반대표가 나오기 어렵다. 그러나 단일후보 추천 관행이 지속되는 상황에서도 찬성하는 후보에 ○표를 하도록 기표 방식을 바꾸면 선거결과는 달라질 수 있다. 이런 점에서 복수후보 추천과 기표 방식의 변화는 북한 정치민주화를 가늠하는 지표로 간주해 볼 수 있다.

사회주의 체제전환의 시각에서 보면 베트남의 정치적 변화는 중국이나 북한보다 훨씬 앞서 있다. 그럼에도 우리가 만났던 여러 학자는 아직 베트남에서 다당제 실현은 시기상조라고 말한다. 왜냐하면 베트남 국민의 다수가 중국과 캄보디아 등 외부의 위험한 요소들에 대응하는 일이 중요하며, 여러 정당이 경쟁하는 것은 내부 갈등을 촉발할 것으로 우려하여 현재 다당제를 원치 않기 때문이다. 싱가포르 정도의 GDP 수준으로 올라가야 다원주의 정치제도가 가능하며, 그렇게 되려면 앞으로 10년은 더 기다려야 하지 않겠는가 하고 설명하였다.

2) 경제적으로는 어느 단계에 와 있는가?

체제전환국의 경험은 사회주의 체제에서 국가소유의 민영화와 사유화를 추진하고, 가격자유화를 추진하는 방향으로 발전하였다. 사회주의 경제가 초래하는 비효율성을 극복하기 위해 개인소유를 확대하고 국가계획보다는 수요와 공급의 원리에 입각한 시장경제를 부분적으로 도입하였다. 베트남이나 중국은 아직 사회주의를 공식적으로 표방하고 있고 경제적 필요에 의해 제한적인 사유화와 시장화를 추진 중이다.

이러한 국가들이 직면하는 문제는 한마디로 사회주의를 어떻게 규정할 것이냐 하는 사회주의 정체성에 관한 것이다. 과거에는 생산수단을 국가가 소유하고 계획에 의해 경제발전을 하는 나라들을 사회주의로 손쉽게 규정하였다. 통일 직후 베트남은 사회주의 원칙에 근거하여 생산수단을 국유화하고 계획경제 및 집단화 정책을 추진하기 위한 개혁에 착수하였다. 1976년 제4차 전당대회에서 채택된 제2차 경제개발 5개년계획(1976~1980) 시기에는 남부지역의 계급구조를 재편한 결과 사적 소유권의 폐지와 화폐개혁 등으로 봉건지주세력과 '반동매판자본가'는 몰락했고 농민들도 협동농장에 편입되었다.[10] 도이머이 정책으로 개인소유권과 시장원리가 도입됨에 따라 사회주의 개념에 대한 혼란이 생겨난 것이다. 즉, 국유와 사유의 비율을 어느 정도 유지해야 사회주의라고 할 수 있는지, 사적 소유로 허용해야 할 부분과 국유로 묶어 두어야 할 영역을 어떻게 설정해야 할지, 국유의 성격을 어떻게 규정해야 할지에 관한 문제가 수면으로 떠올랐다.

서울대학교팀이 만났던 베트남 사회과학원의 부이꽝뚜안(Bui Quang Tuan) 교수는 국가소유란 기술적으로 말하자면 국가가 50% 이상의 지분을 소유하고 있는 기업으로 정의하였다. 그러나 코트라(KOTRA)가 발간한 자료에 의하면 베트남은 국가 지분 100%를 국영기업으로, 그 외에 국가 지분이 일부일 경우에는 민영기업으로 간주하는 것으로 되어 있다.[11] 부이 교수는 베트남 정부가 국가소유로 묶어 두어야 하는 영역, 즉 공공 부문으로 관리해야 할 리스트를 작성해 두고 있다고 설명하였다. 주로 철도, 도로, 항공 등 공공 운수 부문과

10 남부 베트남 지역에 대한 농업집단화 정책은 농민들의 저항으로 호응을 얻지 못했으며, 1980년의 경우 남베트남 농업집단화 실적은 9%에 불과하였다. Vinh Long Ngo, "Some Aspects of Cooperation in the Mekong Delta", in David G. Marr and Christine P. White, eds., *Postwar Vietnam: Dilemmas in Socialist Development*(Ithaca: Cornell University Southeast Asia Program, 1988), pp. 163-173.

11 권경덕, "베트남 국영기업 개혁 추진 현황과 과제", 『KOTRA해외시장뉴스』(2011.4.21), http://news.kotra.or.kr/user/globalBbs/kotranews/3/globalBbsDataView.do?setIdx=242&dataIdx=106117 (검색일: 2019.3.11)

에너지, 화학기업을 비롯하여 국방, 안보 관련 약 1,000여 개의 기업을 국가가 소유하고 있다. 우리나라 공사 형태의 기업이 여기에 해당할 것이다. 국가적으로 중요하다고 생각되는 사회간접자본과 중화학공업, 국방산업 등은 개인이 소유하도록 허용해서는 안 된다는 생각이 베트남에서도 강하게 존재하고 있다. 국가소유 부문을 어느 정도로 사기업으로 전환하도록 허용할 것인가 하는 것이 현존하는 사회주의 국가들의 고민일 것이다.

2014년 현재 베트남의 GDP에서 차지하는 비중이 국유가 32%, 사유는 48%, 외국직접투자(FDI)는 20% 정도를 차지한다. 베트남 사회과학원 교수는 국유가 20% 정도 된다고 설명했는데, 국유기업이 줄어들고 사적 소유와 외국직접투자가 늘고 있음을 의도적으로 강조한 것이 아닌가 생각된다. 현재 베트남 정부는 국가소유를 줄이는 대신 외국인직접투자나 개인소유를 늘려 가는 중이다. 활발한 외국인직접투자(FDI) 유치를 통해 글로벌 가치사슬(GVC)과 국제적 생산네트워크(GPN)에 빠르게 편입하고, 전기 · 전자와 섬유 · 의류 산업 분야의 글로벌 생산기지로 부상하면서 연평균 200억 달러의 FDI를 유치(허가 기준)하고 있다. 최근에는 환태평양경제동반자협정(TPP)과 역내포괄적경제동반자협정(RCEP) 등 메가 FTA 체결도 적극적으로 추진하고 있으며, TPP에 참여하여 최대 수혜국으로 부상하고 있다. 특히 수출 부문에서는 외국기업에 의한 수출액 비율은 2011년 49%에서 5년 만인 2016년 70%를 돌파하였다.[12]

고용의 측면에서는 국가기업이 고용하는 노동자는 2001~2006년에는 43.5%를 차지했으나 2006~2010년에는 23.1%로 줄어들었다. 비

12 『한국일보』(2017.11.22), http://www.hankookilbo.com/v/b83d253e392e4ba088c3a27827c98404 (검색일: 2017.11.22)

〈표 2-1〉 소유 부문별 GDP 비중, 1986~2013(단위: %)

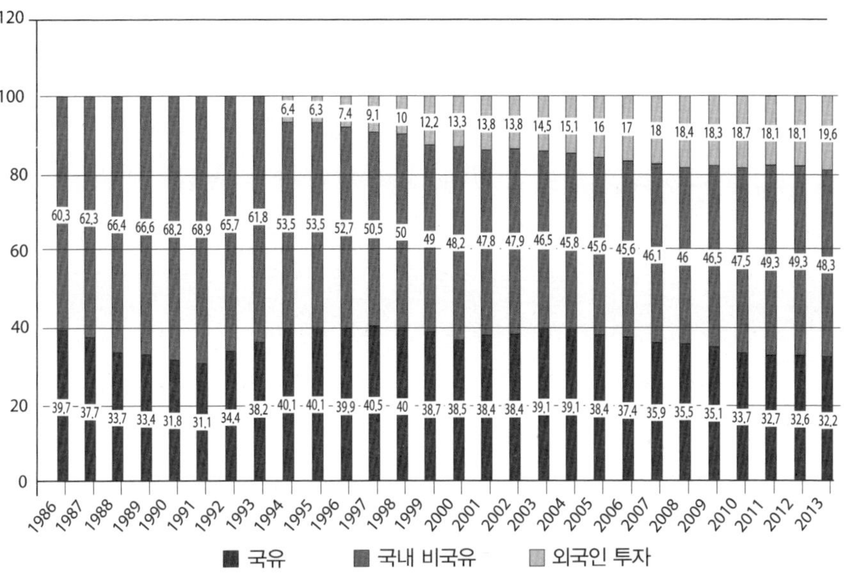

출처: 이한우, "베트남의 사회주의와 탈사회주의", 러시아혁명 100주년 기념 학술발표회, 『포스트 사회주의: 어디에 서 있으며, 어디로 가고 있는가』(사단법인 다른백년 학술발표회, 2017.11.30), 86쪽.

국가 부문(사적 부문)에서 고용하는 비율은 40.1%에서 54.8%로 늘었다. FDI 부문에 종사하는 인력은 16.3%에서 22.0%로 늘었다. 국가기업에 근무하는 노동력이 줄었다는 점은 효율성 측면에서 긍정적이다. 국가 부문이 가진 자본은 44.7%, 비국가 부문은 27.5%, FDI는 27.8%이다. 반면 GDP에 기여하는 비중은 20% 정도에 못 미친다.

이러한 현실은 지난 20년 동안 베트남 사회주의 정체성에 많은 변화가 있었음을 보여 준다. 탈냉전 초기인 1996년 호찌민경제대학의 교수들은 당시 베트남 경제체제를 시장경제라고 부르면서도 공식적으로는 '국가가 지도하는 사회주의경제'라고 하였다. 이는 경제 분야에서 국가의 주도적인 소유와 국가의 주도적인 역할을 인정하는 사회주의적 생산관계를 확립하는 것을 의미한다고 하였다. 국가소유가 주도적인 역할을 해야 한다는 대명제는 설정해 놓고 있으나 국가가 어떻게 주도적인 역할을 해야 하는지, 또 당시 약 50 대 50으로 되어 있는 국유-사유의 비율을 구체적으로 어느 정도까지 조정해야 하는지, 대외개방을 어느 정도 하는 것이 바람직한가 하는 데 대해 방향을 잡지 못하고 있었다.

중국은 이런 점에서 국유기업이 GDP의 25~30%로 크게 줄었으며, 민영화가 빠르게 진행 중이다. 중국은 중국 특색의 공유경제 내지 혼합소유제를 발전시켜 공유경제의 GDP 점유비중을 2020년경에도 30~40% 수준을 유지할 것으로 예상한다. FDI의 비중은 2002년에 32.3%로 높았으나 최근 20%대로 낮아졌다. 물론 수출에서 FDI 기업이 차지하는 비중이 50%로 높다. 정치적으로는 중국의 체제전환 수준이 베트남보다 낮지만, 경제체제 전환의 속도는 베트남과 비교하면 그다지 뒤지지 않는다.

거시적 시각에서 보면 국가가 여전히 이런 고민을 하고 있겠지만 20년 전과 비교하면 사회주의 정체성에 대해 고민을 하는 단계는 넘어섰고, 이제는 국가가 어떻게 자원을 배분하고 조정할 것인가 하는 보다 구체적인 문제와 정책으로 고민하는 상황이다. 이념적으로는 여전히 베트남이 추구하는 '당지도하의 시장경제'는 자본주의 국가들이 말하는 '자유시장경제'와 다르다고 주장한다. 자유시장경제에서 나타나는 빈부 격차와 불평등을 줄이며 사회주의 평등가치를 추구하는 시장경제를 발전시킨다는 것이다. 경제적 효율성과 사회주의 평등 사이에서 최적점을 찾아야 하는 과제를 안고 있다.

3) 국제사회의 편입은 어느 정도 진전되었는가?

체제전환의 세 번째 차원은 여러 면에서 폐쇄적이던 정치, 경제, 문화를 대외적으로 개방하고 외국과의 교류를 적극적으로 추진함으로써 국제사회에 편입되는 대외 개방화가 진전된다는 점이다. 베트남은 통일 직후 제2차 5개년 경제계획 기간인 1976~1980년간 대외관계를 조정하였다. 우선 1977년 5월 미국과 회담을 통해 베트남의 유엔가입에 거부권을 행사하지 않을 것이라는 확약을 받았고, 그해 9월 20일 유엔에 가입하였다. 주변국과의 관계는 소련으로 경도되는 분위기가 조성되었다. 1978년 11월 소련과 우호협력조약을 맺은 후 1978년 12월 캄보디아를 침공하기에 이른다. 이에 대한 대응으로 중국은 1979년 2월 베트남 북부지역을 공격하여 양국관계는 매우 악화되었다. 반면 이 기간에 소련으로부터는 막대한 원조를 지원받으며 긴밀한 관계를 유지하였다. 1979년 기준으로 전체 전력의 25%, 석탄의 89%, 금속절단기계의 61%가 소련 지원하의 시설에서 생산되었을 정도이다.[13] 1986년 12월 6차 당대회에서는 소련 고르바초프의 개혁정책에 영향을 받아 경제발전의 전략적 전환을 선언했으며, 1987년 12월 외국인투자법을 제정하였다.[14]

동유럽 공산주의가 붕괴된 이후 베트남의 대외개방은 전격적으로 달라졌다. 베트남이 의존했던 소련의 붕괴로 대외관계의 조정이 필요하였다. 탈냉전 이후 베트남의 대외정책은 결정적으로 달라지는데 이런 전환적인 외교정책 결정을 주도한 인물은 응우옌디니엔(Nguyen Dy Nien) 전 외무장관이었다. 그는 호찌민의 외교에 대한 생각을 요약하고 대중들에게 알리는 이른바 '호찌민외교'의 핵심 아이디어를 제공하고 정책을 확립한 중요한 인물이다. 1978년 외무부 장관 보좌관으로 파리와 다른 여러 자본주의 국가들을 방문하면서 베트남 외교정책이 더 빨리 바뀌어야 한다고 생각하였다. 동아시아의 네 마리 용이

13 김성철, 『베트남 대외경제개방 연구: 북한에 주는 함의』(서울: 통일연구원, 2000), 10쪽.
14 위의 책, 16쪽, 21쪽.

라 불리는 신흥공업국의 눈부신 발전에도 큰 자극을 받았다. 계획경제의 문제점을 잘 알고 있던 그로서는 새로운 사고의 전환을 위해 사무엘슨이 쓴 경제학을 베트남어로 번역, 보급하는 시도도 하였다. 시장원리는 자본주의도 아니고 사회주의도 아니라는 생각에서 시장경제를 적극적으로 도입하였다. 1988년에는 결정 13호로 시장경제가 비교우위의 법칙에 의해 운영되므로 사회주의경제권보다 비교우위의 법칙에 의해 필요한 다른 자본주의 서방국가들의 중요성을 인식하는 논의가 있었다. 그에 따라 베트남의 경제발전에 다국적기업(multi national companies)의 역할을 중요하게 인식했으며, 자본주의 나라들과 관계 개선을 시급히 추진해야 한다는 공감대가 형성되었다. 개혁·개방을 바라보는 생각과 가치가 바뀐 것이다.

이 과정에서 선차적으로 중요한 과제는 미국과의 수교였다. 미국은 1973년 1월 파리협정으로 전면적인 철수를 단행한 후 베트남에 대해 경제제재조치(Embargo)를 실시하였다. 베트남 경제발전을 위해서는 자본주의 국가들의 투자와 그 나라들과의 교역 확대가 필수적이라는 인식하에 미국과의 관계정상화를 추진하였다. 이를 위해 걸림돌이 되었던 캄보디아 주둔군을 1989년 철수하고 베트남전 실종 미군 문제를 해결하는 데 협조하면서 1991년 미국과 협상을 시작하였다. 미국은 1994년 금수조치를 해제하고 1995년 7월 양국은 국교를 정상화하였다. 미국과의 수교로 금수조치가 해제되었고 해외개발원조(ODA)와 해외직접투자(FDI)가 뒤를 따라 들어왔다. 베트남은 저렴한 노동력과 천연자원을 비교우위로 하여 경쟁력을 키워 나갔다.

2001년 9월 9·11 이후 베트남 안에서 격렬한 토론이 벌어졌다. 미국과의 관계를 강화하다가는 베트남이 그다음 테러의 타깃이 되지 않겠는가 하는 우려의 목소리가 커졌다. 이러한 격론이 2년 동안 이어진 끝에 그럼에도 미국과의 관계 진전이 더 중요하다는 데 의견이 모였다. 그 후 적대국과 우호국을 분류하는 또 한 차례의 논쟁이 있었다. 외무부 장관이 '신사고'를 도입할 당시 반대가 많았으나 자기가 가르쳤던 사람들을 만나서 설득하는 개인적 노력을 하였다. 또 중국의 성장을 보면서 자극을 받았다. 개방 10년 만에 경제가 성장하는 것을 보면서 시장과 해외직접투자 등의 필요성을 강하게 느꼈고 결국 미국과 관계정상화를 해야 한다고 결심하였다. 미국으로 기울어지는 지도부를 지지해야 한다는 세력과 그래도 중국과 함께해야 한다는 당관료들 사이에 내부 갈등이 심각하여 국내적으로는 입지가 매우 좁아졌다.

중국과는 역사적 경험 때문에 사랑과 증오의 감정이 공존한다. 탈냉전 직후 1990년, 천안문 사태(1989)가 있고 난 뒤 베트남은 중국에 이념이 같으니 수교하자고 청두에서 만나 회담을 하였다. 중국은 한마디로 노(No)였다. 지금 베트남과 사회주의권 연대를 하면 고립되어 망한다고 하면서 거절한 것이다. 2011년에는 경제통합 개념이 도입되었고 2016년에는 세계경제통합이라는 개념이 도입되었다. 그러기 위해서는 주변국과 대국과의 관계 개선이 중요하였다. 대국과의 관계만이 아니라 아세안 나라들과의 관계가 중요해졌다. 이념에 근거하여 외교를 하는 것이 아니라 국익에 입각하여 외교를 해야 하였다. 베트남은 2015년에 중국이 주도하는 아시아인프라투자은행(AIIB)에 가입하였다.

베트남 사회과학원에서 들은 바에 의하면, 외교관계를 맺는 데서 두 가지 조건만 갖춰지면 베트남은 외교를 한다고 한다. 그 하나는 3불 정책으로 다른 나라의 군사기지를 들여오지 않고, 제3국을 위해 사인하지 않으며, 다른 나라를 들여오지 않는다는 것이다. 다른 하나는 아세안(ASEAN) 멤버십을 지키는 것이다. 이런 구체적인 정책들을 발전시켜 가며 점진적인 대외개방을 증진하였다.

그런데 이런 논쟁 중에도 모두가 공감하는 부분은 공산당의 정권

유지, 즉 집권 공산당에는 도전하지 않아야 한다는 불문율이었다. 베트남의 국가이익은 바로 공산당의 이해관계와 맞물려 있다. 친중정책을 추구하든 친미정책을 추구하든 둘 다 공산당의 이익을 해치지 않아야 한다는 전제조건을 갖고 있다. 베트남의 국가목표, 즉 경제발전과 국가안보, 사회적 평등이라는 세 가지 목표를 달성하는 데서 공산당이 가장 유용한 수단이라고 베트남 사람들은 믿는다. 따라서 이런 대전제하에 강대국과 주변국 외교를 우선순위로 하고, 그중에서도 미국과의 경제관계가 중요하고 점차 안보협력도 강화하고 있다. 중국과의 당 대 당 관계와 정치적 이슈를 협의하고, 일본과는 ODA와 FDI 문제를, 한국과는 경제협력을 중시한다.

3
베트남 사회주의 체제의 비전과 도전

베트남은 지난 30년간 상대적으로 높고 지속적인 경제성장을 유지했고 2008년 중진국에 진입한 바 있다. 수출과 외국인직접투자(FDI)의 증가로 산업이 발전했고 농업 부문 생산성 향상이 경제성장을 뒷받침하였다. 국제경쟁력을 강화하기 위해 베트남의 인적자원을 양적 · 질적으로 개선하고 TPP 등 지역무역협정 가입을 통해 글로벌 생산기지로서의 이점을 강화하고 있다. 또한 베트남의 전략적 입지와 풍부한 천연자원 및 문화자원 등을 지속적으로 활용하고 있다.

그럼에도 현재 높은 공공부채와 부패, 은행권의 부실채권, 기후변화, 교통인프라 확충 등 지속적 발전을 위해 해결해야 할 많은 과제를 안고 있다. 20년 전과 비교하여 필자의 기대에 못 미친다고 생각한 부분이 아마 이런 문제점 때문일 것이다. 그 문제점을 몇 가지로 짚어 보면 첫째는 빈부 격차와 경제적 불평등의 문제를 꼽을 수 있다. 1986년 도이머이 정책이 시작되자 시장사회주의에 비교적 빨리 적응하는 사람들과 그렇지 못한 사람들 간의 경제적 격차가 벌어졌다.

시장경제의 도입으로 베트남 경제는 국가의 공적 영역과 사적 영역이 존재하는 이중구조를 형성했으며, 주민들은 국영 부문에서 기본적인 봉급과 사회적 혜택을 향유하는 동시에 부업을 통해 부족한 생활비를 보충하는 이중생활을 한다.[15] 최근 10년간 소득계층 및 도농간 소득 격차가 크게 확대되었다.[16] 그 결과 계층 간 격차가 점점 커져 1970년대까지는 1.5~2배 정도에 불과하던 빈부 격차가 1994년에는 10배 이상으로 확대되었다. 이런 빈부 격차는 시장경제가 활성화되고 있는 남부지역에서 더욱 두드러지게 나타나고 있다. 2017년 1월 현재 1인당 GDP를 보면 하노이는 3천~4천 달러, 호찌민은 5천~6천 달러인 반면 소득수준이 낮은 하장(Ha Giang) 성의 경우 300달러에 불과하다. 베트남 소득 상하위 20%의 소득 격차는 1999년 7.6배였으나 2010년에 9.2배로 확대되었다. 100만 달러 이상의 부자가 약 1년 사이에 33% 증가한 반면 빈곤인구는 전체의 20%에 달하는 등 불평등이 심각한 문제로 부상하고 있다.

남북지역 격차 또한 20년 전과 비교하면 많이 개선되었으나 더욱 복잡한 국면으로 발전하고 있다. 베트남 정부는 남북 간 소득 격차를 줄이기 위해 북부에 보다 많은 해외투자를 유치하는 한편 북부지역에 중앙정부의 특혜성 재정지원을 실시하였다. 이런 조치들이 남부지역의 불만을 초래하자 베트남 정부는 1995년 북부의 화아빈(Hoa Bihn)

---

15 Tuan Anh Vu, ed., *Economic Reform and Development in Vietnam*(Hanoi: Social Publishing House, 1995), pp. 147-196.

16 "베트남의 빈부격차", https://www.vinahanin.com/index.php?mid=vnstory&document_srl=187521 (검색일: 2012.11.20)

수력발전소에서 남부에 전력을 공급하기 위한 송전탑 공사를 시행하기도 하였다. 경제적으로는 극히 비효율적인 이런 사업을 통해 베트남 당국은 북베트남인들의 자존심을 회복시키고 남베트남인들의 불만을 무마시키려고 하였다.[17] 베트남의 지역 격차에 대해 북베트남 사람들은 북부 주도에 의한 민족통일의 성과를 '훼손'시키는 요인이 되고 있다며 지역감정을 자극하였다. 1975년 공산화 이후 남부지역 사람들에 대해 인구이주정책과 재사회화정책으로 많은 정치경제적 차별대우가 가해졌음에도 불구하고 남베트남이 경제적으로 부상함으로써 지역갈등은 더욱 복잡해졌다.

둘째는 부패이다. 사회주의 나라들의 부패 때문에 발전의 성과가 제대로 드러나지 못하고 소모되는 측면이 많다. 베트남에서 부의 축적은 개인적 연줄과 권력에 대한 접근을 통해 이루어지고 있으며, 특히 전직 관료 혹은 당간부, 중국계 베트남인, 그리고 해외에 거주하는 베트남 교포(100만 명) 등이 신흥부유층으로 등장하고 있다. 신흥부유층의 부의 축적과정에서 권력과 지위, 개인적 연고 등을 이용한 부정부패가 심각한 사회문제로 대두되고 있다. 당 간부와 전직 관료들은 자신들의 지위에 따른 권한과 정보를 이용하여 부를 축적하고 있으며, 통일 이전 남베트남의 상권을 장악하고 있던 촐롱지역의 중국계 베트남인들도 이런 부패구조에 깊이 연루되어 있다. 호찌민경제대학에서 만난 한 교수는 "부정부패는 현재 우리나라의 재난"이라고 표현하기도 하였다. 물론 서구의 시각처럼 베트남의 부패가 무조건 비효율적이라고 단정할 수 없는 부분도 있고 긍정적인 역할을 하는 측면도 있으나 전반적으로 부패는 베트남의 전망을 어둡게 한다. 당과 국가가 부

---

17 박종철, "베트남의 도이 모이 이후 사회적 갈등과 방어적 시민사회", 『사회과학』 제36권 1호(1997), 180쪽.

정부패의 퇴치운동을 대대적으로 전개하고 있음에도 불구하고 공무원들의 부패는 심각한 상황이며, 이런 부정부패가 시정되지 않는다면 민영화 추진과 더불어 계층 간의 갈등은 증폭될 것이다.

셋째는 사회통합의 문제이다. 베트남 사회주의는 중국에 비해 전통사회를 개조할 만큼 파고들어 가지 못하였다. 중국은 인민공사를 통해 농업협동화에 성공했는데 베트남은 실패하였다. 농촌지역에까지 사회주의의 파급력이 미치지 못하여 기존의 조직과 질서를 전면적으로 개조하지 못하였다. 통일 이후 베트남은 정치, 경제, 교육, 문화 등 사회 각 분야에 걸친 사회주의 개혁을 추진하여 사회통합을 시도하였다. 베트남은 먼저 남베트남 정부에서 일했던 군인, 공무원, 경찰로부터 자본가와 지주 및 '우파' 지식인에 이르는 소위 '반동분자'들을 척결하는 작업에 착수하였다. 베트남 정부는 수십만에 이르는 사람들을 '정치범'으로 분류하여 베트남 전역에 설치된 100여 곳에 격리, 수용하여 사상개조 및 재사회화교육을 실시하였다.[18] 동시에 반동분자들에 대한 인구재배치 정책을 실시하였다. 베트남 정부는 전쟁 동안 과밀해진 도시인구를 분산하고 변방 지역의 토지개발과 농업집단화를 통한 농업생산 증대를 위해 '정치범'들의 가족과 종교 신자, 자본가와 상인들을 이주시켰다. 이로써 사회주의 개혁기 10년 동안 약 250만 명의 사람들이 '신경제 지역' 또는 기타 지역으로 강제이동된 것이다.

이러한 정책을 수행하기 위해 당과 지방정부, 공장, 기업, 사회문화 등 전 분야에 걸쳐서 북부 출신들이 남부지역에 파견되었다. 하노이대학의 한 교수의 말에 의하면 통일이 된 후 사이공대학 교수들 가운데는 프랑스로 건너간 사람들을 제외하고는 2~3년간 '훈련'을 받

18 전상인, "베트남에서의 시민사회 형성: 계급관계의 변화를 중심으로", 『민족과 문화』 제2집(1994), 140쪽.

은 후에 다시 복직했으며, 북베트남의 교수들에게는 남베트남의 대학으로 자리를 옮기도록 장려하여 최소한 대부분의 고위 직책은 이렇게 남하한 사람들이 차지했다고 한다. 이런 변화로 인해 기존의 사회적 유대는 와해되고 사회관계의 긴장이 조성되었으며 지역갈등으로 발전되었다.

'해방'(베트남은 통일을 해방이라고 부른다) 후 10년 동안 추진된 사회주의 개혁은 사회주의 제도를 급격히 재편하고 단기간의 의식개혁을 통해 사회주의 이념과 규범에 동의하는 통합체제를 구축하고자 시도하였다. 그러나 제도적 통합에도 불구하고 남베트남 사람들을 심리적으로 통합하지 못했으며, 사회주의 체제에 적극적으로 동화시키는 데는 실패하였다. 정치범수용소를 통한 인간개조나 인구재배치 정책은 사람들을 물리적으로 격리시켰으나 사회주의의 규범을 내면화시키지는 못하였다. 캄보디아 · 중국과의 전쟁 등으로 주변 정세가 불안하여 효과적인 사회통합정책을 추진할 여유가 없었기 때문이다. 내부적으로도 화폐가치의 폭락과 실업자 발생 등 경제 불안이 계속되었고, 극도로 경직된 당시의 이데올로기적 분위기 등으로 인해 사회통합은 국가기구의 물리적 기제에 의존할 수밖에 없었다. 외부의 강제력은 일상생활을 통해 깊숙이 내면화되어 있던 남베트남의 사회적 관계나 관행을 단기간 내에 변화시키지 못하였다.

넷째는 시민사회의 형성 문제이다. 도이머이 정책 이후 사회주의 시기에 잠복하던 시민 공간이 다양한 형태로 표출되었다. 노동자와 학생들의 요구가 커졌고 종교활동에 대한 요구도 높아졌다. 600만 명의 산업노동자들은 비국영기업 부문에서 활발한 노조결성 움직임을 보이고 있고, 1988년 10월에 메콩델타 지역에서 몰수된 토지의 반환과 부패 관료의 경질을 요구하는 농민시위와 같은 해 11월 호찌민시의 농민시위 등 노동자의 노조 활동과 농민들의 산발적인 시위는 많은 문제를 빚고 있다. 젊은 층의 이념적 성향의 퇴색이 교육 환경 개선과 이데올로기 위주의 교육 시정을 요구하는 쪽으로 발전하며 긴장이 커지고 있다. 입학 조건 완화와 대학 자율성 보장 등 교육 환경 개선을 요구하고 탈이념적이며 실용적인 학문으로 관심의 비중이 옮겨지고 있다. 종교활동에 대한 요구도 시민사회와 정부 간 긴장을 고조시키고 있다. 프랑스의 영향으로 천주교 신자는 600만 명, 개신교 신도는 30만 명 정도가 된다. 호찌민도 종교는 인간을 위해 좋은 것이라고 말했다고 하는데, 그럼에도 종교활동은 정치적 색채를 띠지 않는 범위 내에서만 허용되며 공안원들은 종교인들의 정치적 성향에 대한 감시와 통제를 하고 있다. 베트남 정부는 베트남 인구의 80% 이상을 확보하고 있는 불교를 친체제적 종교로 묶어 두는 전략을 취하며 불교계 내의 분파를 이용하여 분리지배하고 있다.

또한 도이머이 정책과 더불어 언론의 보도자유(1986)가 허용되고 대중매체와의 접촉이 넓어짐으로써 시민사회의 공간이 확장되었다.[19] 언론영역에서 당의 검열과 규제가 다소 완화되자 '바르게 전하고 진실을 말하자'는 운동이 전개되었고, 문학과 출판계에서도 베트남의 살론(salon) 전통이 부활하여 당과 정부를 비판하는 활동무대가 되었다. 1986년 6월 까오방(Cao Bang) 지역 당원들의 공금횡령 사건을 보도했고, 언론의 추적으로 탄호아(Thanh Hoa) 도의 당서기가 축출되기도 하였다. 현재 하노이, 하이퐁, 후에, 다낭, 호찌민시 등에서 '문학협회'가 결성되어 문학평론 및 비평활동이 활발하다. 1990년대 들어 언론·출판에 대한 규제가 강화되어 하손빈(Ha Son Binh) 주의 TV 방송국이

19 Carlyle A. Thayer, "Political Reform in Vietnam: Doi Moi and the Emergence of Civil Society", in Robert F. Miller, ed., *The Development of Civil Society in Communist System*(North Sydney: Allen & Unwin, 1992), pp. 110-129.

폐쇄되고 정부정책을 비판한 잡지사의 편집자가 해임되는 사태도 빚어졌다. 그러나 녹음기, VTR, TV, 라디오 등 대중매체의 보급으로 베트남인들의 지적 능력은 크게 향상되고 있다. 베트남을 방문하면서 놀랐던 사실 가운데 하나는 어느 시골 지역을 가더라도 TV 안테나가 빽빽하게 들어차 있는 광경이다. 심지어 가장 빈민촌이라는 강 주변을 따라 지어진 판자촌에도 TV 안테나가 조밀하게 세워져 있었다. 언론사에서 일한 경험이 있는 한 기자는 자신의 경험담을 통해 언론의 자율성이 어느 정도 보장되고 있음을 설명해 주었다.

베트남은 체제전환 혹은 발전과정에서 빈부 격차가 심화되고 부패문제와 통합의 어려움으로 사회적 비용이 커지고 있으며, 기존의 조직체계 내에서 다양한 시민사회적 욕구가 분출함으로써 사회갈등이 증대되고 있다. 이런 시민운동과 비판은 동구의 경우처럼 정치적 불만이나 반체제를 지향하는 조직적인 것이 아니며 정치세력화된 것도 아니다. 그 이유는, 중국과 마찬가지로 베트남이 유교문화 전통으로 인해 시민사회의 발전이 상대적으로 억제되었기 때문인지는 모르겠지만, 현재까지는 사회갈등이 기존의 제도권 내에서 적절히 통제, 조정되고 있는 상태이기 때문이다.

4
전쟁으로 다져진 민첩성과 실용주의

위에서 논의한 여러 도전 요소와 문제에도 불구하고 베트남이 안정적으로 발전할 수 있는 배경은 무엇보다 전쟁의 경험과 실용주의 문화라 할 수 있다. 베트남을 비롯하여 현재 사회주의 체제를 고수하고 있는 나라들을 보면 사회주의 정권수립 과정에서 혹독한 내전을 경험한 나라들이다. 사회주의 체제를 유지시켜 주는 요인 중의 하나가 공산주의 혁명과정에서 얼마나 많은 대중이 혁명활동에 참여함으로써 혁명이념을 내면화했는가 하는 것인데, 이 과정에 결정적인 영향을 미치는 변수 중의 하나가 바로 '폭력에의 노출 정도'이다.[20] 혁명과정에서 무력화는 혁명 이념에 직접 또는 간접적 형태로 사람들을 동원한다.

베트남은 30년간 전쟁을 치른 나라이다. 베트남은 19세기 말 우옌 왕조가 붕괴된 이후 프랑스 식민주의에 저항하고 미국과의 일전을 불사하면서 민족해방과 국토통일을 차례로 성취하였다. 베트남은 미국과의 전쟁을 통해서만 300만 명의 인명이 사망했고, 400만 명의 부상자와 100만 명의 고아가 발생하였다. 베트남 당국은 하노이와 호찌민시에 잘 꾸려진 전쟁박물관과 전쟁범죄박물관 등을 통해 전쟁의 참상을 끊임없이 강조하고 있다. 호찌민시의 전쟁범죄박물관에 전시된 집단학살, 기형아 출산, 고문 등은 제국주의를 혐오하도록 만드는데 충분한 것 같았다. 박물관의 마지막 코스로 사진과 함께 전시된 '성고문 전시실'은 베트남 사람들의 체제 수호 의지를 극도로 자극하고 있었다.

대부분이 전쟁세대인 베트남 사람들에게서는 '전쟁으로 다져진' 민첩성이 그들의 생활에 배어 있는 것 같다. 프랑스와 55일간의 마지막 디엔비엔푸 전투에서 베트남이 주민들의 협동심과 단결력으로 승리했다는 것은 놀라운 일이다. 베트남은 프랑스 군대가 주둔해 있던 넓은 외곽지역을 달구지와 삽, 괭이 등을 이용하여 진지를 구축하고 포위망을 좁혀 들어가면서 프랑스군을 물리쳤던 것이다.

구찌 마을의 구찌 터널을 방문한 후 베트남 국민의 생존 의지와 강

---

20 Irving Louis Horowitz, *Foundations of Political Sociology*(New York: Harper & Row Publishers, 1972), pp. 205-230.

인함에 다시 한번 감탄하였다. 총 280km나 되는 지하에 땅굴을 3층으로 파내려갔다는 사실, 그것도 현대적 장비가 아닌 호미와 망태만을 가지고 엄청난 지하터널을 주민들의 힘으로 팠다는 사실을 접하고 거의 실신할 지경이 되었다. 한 사람이 간신히 들어갈 수 있는 좁은 입구로 어떻게 그 많은 흙을 퍼낼 수 있었을까? 지하 3층에 강을 따라 중간중간 만들어 놓은 도주로, 내부에 설치되어 있는 회의장, 의료시술대, 안전장치 등 각종 시설, 환기구를 설치한 배려, 터널 중간에 몸이 작은 베트남 사람들만 통과할 수 있도록 만들어 놓은 좁은 통로, 주민들의 일사불란한 연락망 체계 등은 지금 생각해도 정말 믿기 힘든 사실들이다. 이런 삶의 경험을 가진 사람들이라면 무슨 일이든 못해 낼 것이 없겠다고 하는 생각과 함께, 나라와 민족을 위해 언제든지 단결할 수 있는 저력이 있다고 느꼈다.

이처럼 베트남의 전쟁은 주민들로 하여금 사회주의 대 자본주의 체제 대결 구도를 내면화시킴으로써 사회주의 체제 고수 의식에 결정적인 영향을 미쳤다. 전쟁을 통한 폭력화 과정에서 주민들은 혁명 이념의 선택에 대한 물리적 강요와 심리적 불안 등으로 반제국주의 가치의식을 체험적으로 학습하였다. 또한 전쟁을 통해 정권이 형성되었기 때문에 정권을 장악한 군부는 민족해방투쟁을 지휘한 군사지도자로서 곧 정권장악의 정당성을 부여받을 수 있었다. 이런 점에서 베트남의 전쟁경험은 도이머이 이후에도 사회통합력을 지속시키는 중요한 역할을 하였다.

베트남에 진출한 한국의 의류업체 한솔비나를 방문하면서 전쟁으로 다져진 민첩성이 공장 안의 노동자들에게 고스란히 묻어 있음을 실감하였다. 한솔비나는 한솔섬유 베트남 법인으로 2013년 4월 공사를 시작하여 현재 생산라인 96개, 직원 5,500명을 수용하는 작업장 네 곳에서 연간 제품 400만 개를 생산한다. 한솔은 세아, 한세에 이어 우리

나라 의류업체 3위 기업으로 전 세계에 법인 15개가 있고 공장은 그보다 훨씬 많다. 한솔비나에서 생산되는 옷들은 월마트로 공급되는데 웬만한 니트 제품은 거의 한솔에서 납품하는 것이라고 한다. 종업원들의 작업시간은 7시 30분~16시 30분으로 점심시간 1시간을 빼고 8시간을 근무한다. 대체로 2교대를 하는데 납품 기일을 맞추어야 할 때는 3교대를 하는 경우도 있다. 주문을 받고 신속하게 공급을 해 주어야 하기 때문에 보통 주문을 받고 한 달 내로 생산과 납품의 모든 과정을 끝내야 한다. 납품 기일을 맞추려면 선박보다 10배나 비싼 값을 주고 항공화물로 보내야 하므로 운송료도 많이 든다. 그렇지 않으면 소비자를 잡지 못하기 때문에 신속하게 움직인다.

한솔비나 종업원들의 임금은 월 400~450달러로 아직 500~600달러 선인 중국보다 인건비가 싸다. 개성공단의 인건비가 75달러, 수당과 각종 지원을 모두 합해도 150달러 정도이니 아직은 개성공단의 인건비는 국제적으로 볼 때 매우 저렴한 수준이다. 개성공단으로 우리 업체들이 진출하면 승산이 있는 이유이다. 의류·섬유 산업은 저발전 단계에서 가능한 사업이어서 그 나라 소득수준이 높아지면 다른 곳으로 떠나야 한다. 시간의 한계성을 가진 사업이다. 따라서 모든 생산과 납품을 한국식으로 '빨리빨리' 해야 경쟁력을 유지할 수 있다. 이러한 사업에 베트남 근로자들은 안성맞춤이다. 오랜 전쟁을 거치면서 다져진 민첩성이 몸에 배어 있기 때문이다. 출퇴근길에 쏟아져 나오는 거대한 인파는 그야말로 장관이었다. 주로 젊은 여성들인 종업원들은 대부분 걸어서 출퇴근하는데, 오토바이를 타고 다니는 사람들도 많았다. 수천수만의 사람들이 앞다투어 직장을 나오는 모습은 뭐라 말로 표현할 길이 없다. 끝없이 흘러가는 사람의 물결이 경이로웠다. 우리나라도 한때 선진국들에 이런 모습으로 비쳤을까.

도이머이와 더불어 시작된 베트남의 개혁과 발전은 계속 진행 중

〈그림 2-1〉 한국 기업체에서 퇴근하는 베트남 근로자들

이다. 2016년 1월 제12차 당대회는 개혁 추구보다는 안정에 주력할 것임을 예고하였다.[21] 경제성장을 추구하되 빈부 격차 해소나 국민의 생활안정에 주력하고 심각한 사회문제를 야기해 온 부정부패 척결을 더 강화할 것으로 보인다. 20여 년 전의 정체성 고민을 여전히 하고 있는 셈이다. 1996년 제8차 당대회에서도 베트남공산당은 시장경제를 받아들이되 완전한 자유경제체제에 대해서는 반대 입장을 취했고, 공산당이 지도하는 민족경제 수립을 목표로 달려왔다. 자유시장체제는 생산성은 높지만 사회주의의 목표 가운데 하나인 '사회적 형평성'을 잃어버리게 된다는 것이다. 그렇다면 베트남 정권 지도부가 주장하는 이 이념적 지향은 도이머이로 파생된 사회적 갈등을 어떻게 흡수하며 지

21 정재완, "제12차 베트남공산당 전당대회의 특징과 향후 정치 · 경제 전망", 『오늘의 세계경제』, Vol. 16, No. 12(2016.3.31), 10쪽.

속적 발전을 추구할 수 있을 것인가?

다분히 이중구조적인 이런 모순을 이해할 수 있는 단서는 베트남 특유의 실용주의 정신에서 찾을 수 있을 것이다. 역사적으로 베트남은 프랑스로부터 100년에 가까운 기간, 미국으로부터는 20년에 가까운 기간 지배를 받음으로써 서양의 영향을 크게 받았다. 프랑스는 베트남 사회의 생활중심이었던 '락'이라는 혈연공동체를 해체함으로써 전통적인 규제로부터 개인을 풀어 주었다. 또한 결혼식, 장례식 등 주요 생활양식에서 프랑스식을 따르게 되었으며, 외형적인 영향 못지않게 베트남인들의 가치의식에도 큰 변화를 주었다. 20년간에 걸친 미국의 개입 또한 베트남에 소비주의와 상업주의의 문화를 확산시켰고, 이런 서구의 영향은 베트남에 실용주의 문화가 자리 잡는 데 큰 역할을 하였다.

베트남의 개방적 · 실용주의 노선은 베트남 지도자 호찌민에게서 대표적으로 발견된다. 호찌민은 1920년대에 이미 풍부한 해외 경험을 통해 실용주의적 정신을 터득하였다. 호찌민은 1918년에 8개 조항을 주장했는데 그 가운데는 '이민의 자유와 해외여행의 자유'(제5항)를 요구한 대목도 발견된다.[22] 호찌민의 '8개 조항'과 유사한 내용이 1946년 3월 김일성의 '20개조 정강'에도 실려 있지만 김일성에게는 '이민의 자유'나 '해외여행의 자유'와 같은 것은 감히 상상도 할 수 없는 내용이었다. 그뿐만 아니라 호찌민은 1952년 10월 베트남 정부의 8개 정강을 발표하는 자리에서 "외국 사람들의 생명과 재산에 대해서 보호한다"는 배려를 아끼지 않았다. 그만큼 베트남은 호찌민으로부터 개방적이며 실용주의적인 사고를 배울 수 있었을 것이다.

22 The Gioi Publishers, *The Man Who Made a Nation: Ho Chi Minh*(Hanoi: The Gioi Publishers, 1996), p. 16.

5 결론: 공산주의 정부의 유연성을 기대하며

체제전환의 관점에서 중국 및 북한과 비교할 때 베트남 사회주의는 민주화, 시장화, 개방화에서 앞서가고 있다. 정치영역에서 1992년에 국회대표 및 인민의회대표 선출에서 처음 복수후보 추천제도가 도입되었고, 2008년에는 당총비서 선출에서 복수후보가 나오는 등 비교적 빠른 진전을 이룩하였다. 물론 제도와 현실 사이에 일정한 괴리가 존재하지만 중국과 북한에 비하면 이런 정치적 변화는 놀라운 것이다. 사유화나 시장화의 경제적 변화는 정치적 변화만큼 빠르지는 않지만, 사적 부문의 소유와 고용 비율은 이미 50%를 넘어섰고, 미국 및 중국과의 관계 진전을 포함한 대외개방화도 중국 · 북한보다 앞서 있다. 빈부 격차와 부패, 정치적 경직성 등 여러 제약요인에도 불구하고 '전쟁으로 다져진' 베트남 특유의 민첩성과 역사 속에 면면히 흐르는 실용주의 문화가 체제전환을 촉진 역할을 하고 있다.

베트남의 학자들은 베트남식 사회주의에 대해 한마디로 "국가가 강하고 국민이 부유하며 사회가 공평하고 문화가 문명한 사회"라고 정의하였다. 베트남 정부는 베트남 사회가 살기 좋아져 지난날 사회주의 개혁 시기에 나라를 떠났던 난민들이 이제는 '자발적으로' 귀환했고, 외국의 자본들이 앞다투어 투자하고 있다고 자랑한다. 사회주의가 개혁과 개방으로 체제를 쇄신하고 체제전환으로 변신을 꾀하고 있는 이 시대에 과연 베트남이 전쟁으로 다져진 강인함과 실용주의로 구조적인 여러 도전을 헤쳐 나갈 수 있을까?

사회주의가 가진 국가통제력을 적절히 사용한다면 자본주의, 자유민주주의 체제에서 지나친 경쟁으로 소모적인 부분을 개선할 수 있는 장점이 있을 것이다. 경제가 일정한 수준에 도달하기까지는 적절한 계획과 국가소유라는 사회주의적 요소가 잘 작동하는 것 같기도 하다. 그러나 당지도부와 관료들의 부정부패는 국가적 수단을 효율적으로 작동하지 못하게 한다. 이런 국가적 자원은 완전히 투명하게 운용되지 않으면 사회주의 장점이 작동하기 힘들기 때문이다.

더욱이 공산주의 정부를 비판하지 않아야 한다는 정치적 조건은 경제개혁의 유연성을 떨어뜨리며 지속적 발전에 심각한 장애가 되고 있다. 건설적인 비판과 창의적 토론이 있어야만 기존 제도는 화석화되지 않고 발전의 동력을 계속 유지할 수 있을 것이다. 그런데 공산당이 자신들에 대한 반대와 비판을 정치적 도전을 간주하여 억압하고 통제하려고만 한다면 거기서 어떤 창의성과 역동성도 발휘되지 못한다. 공산주의 체제의 최대 취약점인 경직성과 획일성을 어떻게 극복하고 정치구조의 유연성을 높여 나아갈 것인가 하는 문제가 베트남의 미래에 뜨거운 쟁점이 될 것이다.

| 참고문헌 |

김병로. 1997. "통일 이후 베트남의 사회적 갈등과 통합". 남북나눔운동연구위원회 편. 『통일된 베트남을 가다』. 서울: 남북나눔운동연구위원회.

김병연 외. 2009. 『남북통합지수 1989-2007』. 서울: 서울대학교출판문화원.

김성철. 2000. 『베트남 대외경제개방 연구: 북한에 주는 함의』. 서울: 통일연구원.

박영호 · 박종철. 1993. 『남북한 정치공동체 형성방안 연구』. 서울: 민족통일연구원.

박종철. 1997. "베트남의 도이 모이 이후 사회적 갈등과 방어적 시민사회". 『사회과학』 제36권 1호, 173-199쪽.

이한우. 2013. "한국의 베트남 연구," 『아시아리뷰』 제3권 제1호, 109-158쪽.

이한우. 2017. "베트남의 사회주의와 탈사회주의". 러시아혁명 100주년 기념 학술발표회. 『포스트 사회주의: 어디에 서 있으며, 어디로 가고 있는가』. 사단법인 다른백년 학술발표회(2017.11.30)

전상인. 1994. "베트남에서의 시민사회 형성: 계급관계의 변화를 중심으로". 『민족과 문화』 제2집, 137-157쪽.

정재완. 2016. "제12차 베트남공산당 전당대회의 특징과 향후 정치 · 경제 전망". 『오늘의 세계경제』 Vol. 16, No. 12(2016.3.31), 1-13쪽.

채수홍. 2003. "호치민 시의 개혁과정에 대한 정치경제학적 연구". 『비교문화연구』 제9집 1호, 75-108쪽.

케리 브라운. 2014. 『현대 중국의 이해』. 김흥규 역. 서울: 명인문화사.

Brown, Kerry. 2011. *Ballot Box China*. London: Zed Books.

Horowitz, Irving Louis. 1972. *Foundations of Political Sociology*. New York: Harper & Row Publishers.

Ngo, Vinh Long. 1988. "Some Aspects of Cooperation in the Mekong Delta". In David G. Marr and Christine P. White (eds.). *Postwar Vietnam: Dilemmas in Socialist Development*. Ithaca: Cornell University Southeast Asia Program.

Thayer, Carlyle A. 1992. "Political Reform in Vietnam: Doi Moi and the Emergence of Civil Society". In Robert F. Miller (ed.). *The Development of Civil Society in*

Communist System. North Sydney: Allen & Unwin, pp. 110-129.

The Gioi Publishers. 1996. *The Man Who Made a Nation: Ho Chi Minh*. Hanoi: The Gioi Publishers.

Vu, Tuan Anh (ed.). 1995. *Economic Reform and Development in Vietnam*. Hanoi: Social Publishing House.

권경덕. "베트남 국영기업 개혁 추진 현황과 과제". 『KOTRA해외시장뉴스』(2011.4.21). http://news.kotra.or.kr/user/globalBbs/kotranews/3/globalBbsDataView.do?setIdx=242&dataIdx=106117 (검색일: 2019.3.11)

이한우. "베트남, 서서히 내딛는 민주화의 걸음"(2008.12.26). http://iminju.tistory.com/247 (검색일: 2019.3.11)

"베트남의 빈부격차". https://www.vinahanin.com/index.php?mid=vnstory&document_srl=187521 (검색일: 2012.11.20)

『한국일보』(2017.11.22). http://www.hankookilbo.com/v/b83d253e392e4ba088c3a27827c98404 (검색일: 2017.11.22)

Dang, Van. 2015. "The Rebirth of the Democratic Party of Vietnam and a Basic Principle of Constitutionalism". newsgroups.derkeiler.com. derkeiler.

제2부

사회주의 베트남의 전쟁, 난민, 그리고 재현

제3장

‘베트남공화국’의 몰락

지엠 정권의 ‘식민지적 민족주의’, ‘서구적 종교 편향’, ‘하향적 반공주의’를 중심으로

이찬수
(서울대학교 통일평화연구원 HK연구교수)

1
서론: 베트남을 답사하며

베트남은 천 년 이상 중국 문명권하에서 중국 문화와 교감해 왔다. 중국의 유교, 불교, 도교 등의 영향을 받으며 고유의 사유 및 문화를 형성해 왔으며, 문화적 차원에서는 유교의 영향이 특히 크다. 유교는 11세기 이후 베트남 사회 질서의 형성에 중요한 역할을 해 왔다. 저명 역사학자 다오주이아인(Dao Duy Anh)은 이렇게 말한 바 있다. "모든 베트남인은 유교적 분위기에서 호흡하고, 유교라는 젖을 마셔 왔고, 유교적 쌀을 먹어 왔으며, 죽을 때까지 유교의 주기적 의례 안에서 살아왔다."[1] 이러한 정신문화 안에서 베트남인은 베트남인으로서의 무의식적 동질감을 느끼며 살아간다.

나아가 베트남은 남부 메콩델타 지역의 열대 문화까지도 포함하는 53개 다민족 국가이지만 이들 다민족이 적절히 조화를 이루며, 오늘의 통일국가를 유지, 발전시켜 가는 나라이기도 하다. 그 근간에 유교, 불교, 도교 등을 주체적으로 소화하며 자신만의 정서를 형성해 온 오랜 전통이 있다.

이러한 전통을 기반으로 오늘의 베트남은 프랑스 등에 의한 오랜 식민지배 세력을 물리치고, 당당한 독립 국가로 부상한 뒤 경제성장까지 이루어 내고 있다. 한국이 일제로부터의 독립이나 한국전쟁 후 분단 및 정전 체제로 전환하는 과정이 열강의 힘에 좌우되는 등 주체성

* 이 글은 『담론 201』 제21권 1호(2018)에 게재된 필자의 논문을 일부 수정한 것이다.

1 Duy Anh Dao, "Influence of Confucianism in Viet Nam". *Vietnamese Studies*(the 50th anniversary edition)(2016a), p. 36.

을 충분히 반영해 내지는 못했던 데 비해 베트남의 독립 및 통일국가 형성과정은 비교적 주체적이었다. 한국의 독립은 일본이 제2차 세계대전에서 패망하면서 수동적으로 얻어진 측면이 크지만, 베트남은 식민 세력들과의 직접 전쟁에서 승리하며 자의로 독립하였다. 비록 베트남의 남북 분단은 외세에 의해 이루어졌지만, 미국이 주도하는 다국적군과의 전쟁(이른바 베트남전쟁)에 승리하면서 자체적으로 통일 사회주의 국가를 형성하였다. 오랜 식민지배의 역사 속에서도 결국은 자주적 생존이 우선이라는 사실을 생생하게 입증해 온 나라가 베트남이다.

오늘날 베트남은 정치적으로는 사회주의 체제를 하고 있지만 경제개혁(도이머이) 이후 자본주의 시장경제를 급속히 수용하면서 사회문화적으로는 사회주의 체제가 탈색되어 가고 있다. 이런 흐름은 향후 더 가속화될 가능성이 크다. 특정한 정치적 이념에 종속되기보다는 자본 추구의 자유를 더 활발히 누리는 모습은 베트남의 자주적 생존 과정을 잘 보여 준다. 오랫동안 외세에 휘둘렸으면서도 불굴의 생명력으로 결국은 오늘의 베트남을 만들어 온 역사가 이런 상황을 다각도로 깊게 증언하고 있다.

이 장에서는 이런 문제의식을 가지고 한국처럼 식민지배의 연장에서 남북으로 나뉘었던 베트남이 왜 그리고 어떻게 사회주의 국가로 통일되었는지, 그 과정에 어떤 문제가 있었는지를 정리하였다. 특히 민주주의적 공화제를 지향하던 남베트남(베트남공화국, 1955~1975)이 왜 공산체제를 지향하는 북베트남에 무너지게 되었는지, 그 원인과 과정을 남베트남 '지엠 정권'의 실정(失政)을 중심으로 알아보려는 것이 일차 목적이다. 이를 위해 호찌민이 주도하던 북베트남의 민족주의적 성격에 대해서 고찰하되 주로 지엠 정권 실정의 원인과 특징을 '식민지적 민족주의', '서구적 종교 편향', '하향적 반공주의'라는 세 가지 키워드를 중심으로 정리하고자 한다.

키워드를 셋으로 정리했지만, 그 근본은 결국 하나로 통한다. 그것은 베트남 민중에 뿌리내려 온 오랜 민중적 공감대에 미치지 못하는 지엠 정권의 일방적이고 표층적인 정책이다. 베트남의 민족 정서 자체를 탐구하는 것이 이 장의 목적은 아니지만, 오랜 민족적·종교 문화적 정서를 무시한 정책은 실패할 수밖에 없다는 역사적 교훈을 지엠 정권이 잘 보여 주었다고 할 수 있다.

이와 함께 남베트남은 북베트남에 의해 무너졌지만, 이 장에서는 베트남 통일의 주체를 단순히 북베트남의 정권에 한정하지 않고 미국에 저항하며 친미적 남베트남의 정권에 저항하던 남부의 기층 세력에 좀 더 초점을 두고자 한다. 민중적 정서의 표층에만 머물던 남부의 지엠 정권을 비판하며 베트남의 자존감을 회복하려던 남부지역의 저항 세력 및 정신을 '심층남부'로 명명하고 남베트남의 몰락, 사회주의로의 통일 과정, 그리고 시장경제를 수용하며 경제성장을 견인해 가고 있는 오늘날 베트남의 동력을 우회적으로 상상해 보고자 한다. 지엠 정권의 실정 원인을 분석하면서, 베트남공화국의 몰락과 통일 베트남을 견인하는 세력과 정신에 대한 파생적 상상도 같이해 보려는 것이다. 53개 민족 가운데 주류인 비엣(越)의 역사를 중심으로 베트남의 오랜 피지배 및 그에 대한 저항의 역사를 개관하며 시작해 보자.

2
억압에 저항하며 민족주의를 싹틔우다

비엣(越)은 오랫동안 중국의 영향력 아래 있었다. 한대(漢代) 및 당대(唐代) 이래 비엣은 중국의 지배를 받았다가 독립했다가를 반복하였다. 레호안(黎桓, Le Hoan)의 띠엔레(前黎) 왕조(980~1009) 때 송(宋)의 군대를 격파하면서 정치적 독립을 하기도 하였다. 최초의 장기 왕조인 리(李, 1009~1225) 시기 때 국호를 '다이비엣(大越)'으로 한 뒤(1054), 문묘를 세우고 유학을 장려하며 최초로 과거제도를 실시(1075)하였다. 베트남이 유교를 중심으로 문화 및 정치적 독자성을 확보하면서도 역설적으로 중국 양식의 지배구조가 강화되던 시기였다고 할 수 있다.

그 뒤에는 몽골(1257~1288), 명(明)의 침략(1407~1427)으로 이어졌다. 그렇지만 결국은 방어해 내었다. 특히 강대한 몽골의 세 차례 침략을 모두 막아 내었던 경험은 베트남이 자랑스러워하는 역사이다. 물론 베트남 전체 역사에서 외세, 특히 중국의 영향력은 적지 않았다. 베트남의 공식 주류 문자가 오랫동안 한자였다는 사실이 그 증거이며, 오늘날 베트남 사람들이 중국을 불편해하는 이유도 중국의 오랜 지배 경험에 기인한다고 할 수 있다.

후기 레(黎) 왕조(1427~1789)가 등장하면서 독립적 국가체제를 정비하기 시작하였다. 북부는 찐(鄭, Trinh) 가문이 장악하고, 남부에서는 응우옌반후에(阮文惠)가 스스로를 꽝쭝(光中, Quang Trung) 황제로 칭하며 국가를 구성(1788)하는 등 나중에 하나의 국가로 가기 위한 분열과 갈등의 과정도 지속되었다. 북부와 남부 간 갈등 과정에 청(淸)과의 전쟁이 발발했고, 응우옌반후에가 사망하면서 내부적 권력 다툼으로 이어졌다. 1802년 남부의 응우옌푹아인(阮福映, Nguyen Phuc Anh)은 프랑스 주교 사병(私兵)의 도움을 받아 권력을 위한 주도권 다툼에서 승리하고, 북부의 하노이까지 점령하였다. 그 뒤 국호를 '비엣남(越南/한국어 표기 '베트남', 1804)'으로 명명했고, 스스로 자롱황제(嘉隆帝)로 등극하였다. '남쪽(南)의 비엣(越)'을 의미하는 국호(이하 베트남)에 오늘날 '베트남'의 기본 성격이 담겨 있다고 할 수 있다.

응우옌 황조의 출현은 그동안의 종족적 다원성을 넘어 베트남이 집단적 동질성을 갖추기 시작했음을 보여 준다. 나아가 근대적인 의미의 베트남 민족주의가 전반적으로 싹트기 시작했다는 뜻이기도 하다. 신용하의 표현을 빌리면 언어, 지역, 혈연 등의 객관적 요소에 민족의식까지 더해진 이른바 '대자적 민족(Nation für sich)' 개념이 싹튼 시기였다고 할 수 있다.[2]

이즈음 베트남에 개입하기 시작한 프랑스 제국주의의 입김이 거세지자 응우옌 가문의 2대 황제 민망(明命, Ming Mang)은 한자와 유교 사상을 다시 내세우는 등 외세를 거부하고 베트남의 주체성을 강조하였다. 그가 프랑스와의 통상 교섭을 거부하고 프랑스인 성직자의 활동을 제한하자 프랑스 본국의 나폴레옹 3세가 이에 항의하면서 프랑스군이 베트남에 개입할 수 있도록 승인하였다. 아시아 침탈을 노리던 프랑스는 1858년 스페인과의 연합 군대를 베트남에 본격 파견해 다낭을 점령했고, 1859년에는 사이공을 점령하였다. 1867년에는 메콩 델타 일대를 "코친차이나(Cochin China)"라는 이름으로 식민지화했고, 1887년 이후에는 캄보디아와 라오스 등 인도차이나 반도 전체를 점령해 프랑스령 인도차이나연방을 구성한 뒤 본국의 수출을 위한 전초기지로 삼았다. 상대적으로 중국 문화권에 가까웠던 베트남이 문화적으로 차이가 있는 캄보디아, 라오스 등 동남아권 민족과 식민세력에 의해 한 데 엮인 것이다.

그 뒤 프랑스에 의한 수탈이 점차 심해지자 베트남 내에서는 식민지배에 저항하는 운동이 활발해졌다. 베트남 민족주의가 맹아기를 거쳐 식민정권에 저항하며 좀 더 구체적인 모습을 띠기 시작한 것이다. 베트남 남부와 북부는 문화적 차이가 있고 서로 반목해 온 역사도

2 신용하, 『한국민족의 형성과 민족사회학(신용하저작집 1)』(서울: 지식산업사, 2001), 320-321쪽; 신용하, "민족의 사회학적 설명과 '상상의 공동체론' 비판", 『한국사회학』 제40권 1호(2006), 33쪽.

크지만, 프랑스라는 외세가 지배하는 위기 상황에서는 공동으로 대항하였다. 문화적 차이보다 자유와 생존권을 억압하는 세력에 대한 저항적 공감이 더 컸다는 뜻이다. 식민지배 시기에 형성된 생존 보장을 위한 저항, 자유의 추구가 저항적 민족주의를 강화시켰고, 결과론적인 이야기지만 그 저항적 민족주의가 오늘의 베트남을 있게 한 동력으로 작용하였다.

3
두 가지 민족주의가 등장하다

1) 호찌민의 공산주의적 민족주의, '베트남 국민'의 탄생

베트남에서 저항적 민족주의 내지 저항의 양상은 크게 두 가지로 나타났다. 저항세력 가운데 가장 두드러진 세력은 호찌민(胡志明, Ho Chi Minh, 1890~1969)을 중심으로 하는 공산주의자들이었다. 러시아혁명 이후 1920년대에 세계적으로 민족자결 운동의 물결이 확산되고 좌우 이념 대결이 첨예해지자 호찌민[당시 이름은 응우옌아이꾸옥(阮愛國)]은 '베트남혁명청년동맹'을 결성하고 1930년에는 홍콩에서 '베트남공산당(Dang Cong San Viet Nam)'을 결성하였다. 베트남 민족주의가 사회주의적 이념과 결합하면서 더 조직화된 것이다. 호찌민은 기본적으로 민족주의자이자 공산주의자였지만 베트남 중심의 민족주의만으로는 인도차이나 독립운동에 한계가 있다는 당 지도부의 의견에 따라 베트남 공산당을 '인도차이나공산당'으로 개칭하며 확장하였다. 그러다가 독립운동에 대한 프랑스의 탄압이 심해지자 지하로 숨어들어 지속적으로 독립운동을 하였다.

1940년 제2차 세계대전 당시 프랑스가 독일에 점령당하면서 무력해지자 이번에는 일본이 프랑스령 인도차이나 정부의 협조를 얻어 베트남에 주둔하였다. 그러자 북부의 호찌민은 1941년 '베트남독립동맹(Viet Nam Doc Lap Dong Minh, 베트민/越盟)'을 결성해 프랑스의 식민 세력 및 일본의 점령에 조직적으로 저항하였다. '인도차이나 독립'에서 민족주의에 기반한 '베트남 독립'으로 방향을 선회하되 소수민족을 포함하는 좀 더 큰 범주의 베트남 민족해방혁명을 추구하였다. 사회주의 이념에 따라 프랑스 및 일본의 지배에 저항하는 가운데 베트남 민족의 성격과 범주가 심화 및 확대되어 간 것이다.

1945년 8월 일본의 제2차 세계대전 패망이 임박해지자 인도차이나 공산당은 회의를 소집하고 총 봉기하면서 8월 19일에는 베트민이 하노이를 장악하고, 8월 25일에는 사이공에까지 직접 영향을 미쳤다. 이른바 '8월 혁명'이다. 베트남의 주권이 일본은 물론 프랑스라는 오랜 지배세력을 넘어 베트남 대부분 지역에까지 확장되는 경험을 하면서 '베트남 국민'이라는 의식이 아래로부터 형성되었다. '8월 혁명'은 북부, 중부, 남부로 구분되던 베트남이 영토적 일체감뿐만 아니라 다민족 간 정신적 일체감까지 경험하는 사건이었다. 베트남 공산주의가 추동하고 견지해 온 민족주의는 다양한 소수민족 모두 '베트남 국민'이라는 느낌을 일깨워 주는 데 일정 부분 공헌하였다. 이 와중에 응우옌 왕조의 마지막 왕인 바오다이(保大, Bao Dai)는 폐위되고, 베트민은 1945년 9월 호찌민을 노동당 주석으로 하는 '베트남민주공화국(Democratic Republic of Vietnam, 이하 하노이 정부)'으로 변신하였다. 호찌민은 거국내각을 구성하여 통일국가의 수립을 도모하였다.

하지만 제2차 세계대전 이후 힘을 충전한 프랑스가 다시 기존의 연고권을 내세우며 남부에 군대를 파견한 뒤 식민지 재탈환을 시도하였다. 그 과정에 전후 냉전체제에서 반공주의를 내세우던 미국이 아시아에 대한 러시아와 중국의 영향력을 제한하기 위해 프랑스의 베트남 재진입을 묵인했고, 프랑스는 퇴위한 국왕 바오다이를 다시 내세워 친

프랑스적 현지 정권을 수립하였다. 베트민은 프랑스의 재진입에 저항하며 게릴라전을 시작하였다. 그 과정에 호찌민은 자유와 독립을 기치로 아래로부터의 베트남 민족의식을 일깨웠다. 호찌민의 다음과 같은 연설(1946)은 베트남의 저항적 민족의식의 일면을 잘 나타내 준다.

> 베트남인들은 이제 두 가지 선택에 직면해 있습니다. 손을 묶이고 머리를 숙인 채 다시 노예로 머무느냐, 혹은 자유와 독립을 되찾기 위해 끝까지 투쟁하느냐입니다. 베트남 인민들은 또다시 프랑스인들에 의해 강요되는 외국의 지배를 받아들일 수 없습니다. 아니! 베트남 인민들은 다시 노예가 되기를 결코 원하지 않습니다. 그들은 자유와 독립을 잃는 것보다 차라리 죽음을 택할 것입니다.[3]

이에 대응해 프랑스와 미국은 호찌민을 위시한 베트민 공산세력의 위험성을 부각시켰다. 하지만 베트남 대중에게 설득력 있는 전략은 아니었다. 대중에게 베트민은 공산주의라는 정치적 이념보다 민족주의라는 공동체적 이미지가 더 크게 다가왔기 때문이다. 베트민은 종종 '호아저씨(Bac Ho)'라는 친근한 호칭으로 대변되었을 정도로 베트민은 민족해방을 위해 식민지 시기부터 투쟁해 온 민족주의자들이라는 이미지가 컸다.[4]

이러한 저항적 민족주의를 동력으로 1954년까지 '제1차 인도차이나전쟁'이 이어졌다. 같은 해 5월 7일에 베트민은 '디엔비엔푸 전투'

---

3 Bernard B. Fall, ed., *Ho Chi Minh on Revolution: Selected Writings, 1920-1966*(New York, Washington, London: Frederick A. Praeger, 1967), p. 174.

4 윤충로, 『베트남과 한국의 반공독재국가형성사: 응오 딘 지엠과 이승만 정권 비교』(서울: 선인, 2005), 526쪽.

에서 프랑스군에게 잠정 항복을 받아내었다. 디엔비엔푸는 라오스와의 주요 통로이자 중국과 연결된 보급로였다. 이 요충지에서 베트민은 후방의 지원을 받으며 프랑스군을 무너뜨렸고, 제1차 인도차이나전쟁은 사실상 막을 내렸다. 같은 해 7월 20일 프랑스와 베트민은 스위스에서 제네바협정을 체결하여 인도차이나는 베트남, 라오스, 캄보디아로 분리되었고, 베트남은 북위 17도선 이북을 하노이 정부군이, 이남은 프랑스군이 지배하는 방식으로 분단되었다. 민간인들은 자유의사에 따라 남과 북으로 이동할 수 있는 분단이었다.

이때 북위 17도선 이북을 하노이 정부군이 지배하게 되었다는 사실은 우리의 주제와 관련하여 중요하다. 이것은 제1차 인도차이나전쟁이 북부 호찌민 정권의 민족적 정당성을 고양시키고, 향후 북부를 중심으로 한 통일의 기초가 이때 형성되었다는 뜻이기 때문이다.

2) 지엠의 반공주의적 민족주의, 식민지 의식의 연장

남부에서는 프랑스의 영향력이 지속되었다. 디엔비엔푸 전투에서 프랑스가 패배하면서 그동안 프랑스의 비호를 받던 바오다이는 한때 내무부장관을 역임하기도 했던 응오딘지엠(吳廷琰, Ngo Dinh Diem, 1901~1963)을 수상으로 임명하며 새 내각을 구성하였다. 바오다이는 식민지 문화에 익숙한 친프랑스 기반을 갖추고 있었지만 프랑스가 쇠퇴하자 좀 더 주체적인 정치세력의 필요성을 절감했기 때문이다. 이런 생각을 가지고 반봉건, 반식민, 반공주의를 내세웠던 지엠의 명성에 기대기 시작하였다. 지엠이 미국을 오가며 쌓은 미국 내 네트워크를 이용하려는 의도도 있었다. 그렇게 지엠의 시대가 열렸다.

하지만 당시 남부의 대다수 지배 계층은 프랑스식 교육을 받았고, 그 사회에서 기득권을 누렸기 때문에 친프랑스적 입장을 포기할 수 없었다. 지엠이 영향력을 확대해 갈 무렵 이들 지배 계층은 식민지 유산을 내려놓으려 하지도 않았고 딱히 지엠의 편을 들지도 않았다. 적절히 관망하다가 지엠의 힘이 확대되면 마지못해 지지하는 식으로 처신하였다.[5] 지엠은 미국을 이용해 기존의 봉건 세력과 군벌을 제압하고자 했지만 지배 계급의 모호한 지지 때문에 남베트남의 전체적인 힘은 지엠의 의도만큼 결집되지 않았다. 이것은 지엠 정권의 정치적 기반이 부실했다는 뜻이고, 지배 계급도 스스로를 정당화할 이념이나 기제를 찾지 못했다는 뜻이다.[6]

그럴수록 지엠은 반공주의적 민족주의를 더 견지하고 북부의 공산주의를 경계하는 방식으로 남베트남을 지배하고자 하였다. 그 과정에 지엠은 미국이 공산주의 세력을 저지하면서 베트남의 보호자가 되어 주기를 바랐고, 미국도 구식민주의적 바오다이보다는 새로운 민족주의적 지도자 지엠을 선호하였다. 지엠의 친미적 자세가 자연스러운 상황이었다.

실제로 지엠은 1950년대 초반 2년간 미국에 체류하면서 반공주의적 정치인 및 종교인과 교류하며 그들의 지지를 받은 바 있다. 대표적인 인물이 존 F. 케네디 상원의원, 미국 가톨릭 군종교구장이었던 스펠먼(Francis J. Spellman) 추기경 같은 이였다. 스펠먼 추기경은 반공주의를 매개로 남베트남과 한국 간의 보이지 않는 정신적 매개가 되었던 사람이기도 하다. 스펠먼은 1952년 전쟁 중이었던 한국 내 미 제1군단 사령부 교회를 방문하여 이렇게 연설한 적이 있다. "이 전쟁이야말로 진정한 자유를 위해 종교의 자유를 위해 공격을 받고 있는 천주께로부터 받은 인간의 정당한 권리를 유지하고 조국을 방어하기 위

5 Roy Jumper, "Mandarin Bureaucracy and Politics in South Vietnam", *Pacific Affairs*, Vol. 30, No. 1(1957), p. 58.

6 윤충로, 『베트남과 한국의 반공독재국가형성사: 응오 딘 지엠과 이승만 정권 비교』, 533쪽.

한 정당한 십자군 전쟁입니다."(「천주교회보」, 1953년 1월 15일)

스펠먼의 입장은 당시 로마 교황청과도 다르지 않았다. 가령 교황청은 인도차이나에서 가톨릭 신자가 주류인 프랑스의 지배력이 약화되면 가톨릭교회의 영향력도 약화될 것을 우려하였다. 그에 따라 미국에 프랑스의 지배력 강화를 위한 재정적·물리적 지원을 요청했고, 미국도 교황청의 요구를 받아들여 프랑스에 대한 지원을 약속한 바 있다. 이때 교황청의 요구를 미국 정부가 받아들이도록 미국 가톨릭의 대변자 역할을 한 이가 스펠먼 추기경이었다. 반공주의적 전선을 확대하며 동남아에서 패권을 유지 및 강화하려던 미국의 입장과 역시 반공주의를 내세운 지엠은 적절한 파트너였던 것이다.

이러한 미국의 후원에 힘입어 지엠은 국민투표를 시행해 군주제에서 민주제로 공식적으로 전환했고, 바오다이는 다시 폐위되었다. 그런 뒤 1955년 응오딘지엠을 대통령으로 하는 '베트남공화국(Republic of Vietnam, 이하 사이공 정부)'이 출범하였다.

그러나 전술한 대로 프랑스적 기반이 강한 남베트남에서 반공을 위해 또 다른 외세인 미국의 힘을 이용하고자 했던 지엠은 태생적으로 식민 유산의 청산에 한계가 있었다. 외세를 극복하는 데 사실상 또 다른 외세를 이용하려던 그의 정치는 프랑스가 물러난 자리에 미국의 세력을 끌어들이는 결과를 낳고 말았다. 남부 베트남의 역사와 정치를 이해하는 데 있어서 이 부분은 특히 중요하다.

식민지배의 청산은 정신적·정치적 독립으로 이어져야 하지만, 다시 정신적이고 정치적으로 외세(특히 미국)에 의존하게 되었던 지엠은 식민 의식을 벗어나고 싶었던 다수 베트남 민중의 정서 혹은 민족의식과 어긋났다. 한국의 이승만 정권이 일본을 극복하고자 미국의 도움을 받을수록 미국을 넘어서지 못했듯이, 지엠은 탈식민지적 민족주의를 지향하기는 했으되 결과적으로는 반식민주의를 제대로 구현하지 못하였다. 그의 반공주의가 소비에트와 중국공산당을 경계하며 반공 세력을 확장하려던 미국의 생각과 맞아떨어지기는 했지만 베트남 민중의 자발적인 지지로까지 연결되지는 못하였다. 외세의 극복과 독립의 추구보다는 반공이라는 명분하에 같은 민족(북베트남)을 적대시하는 정책이 국민 사이에 부담스러웠던 것이다. 이것은 '베트남 국민'이라는 의식을 확장하던 하노이 정부의 전략과 상반되는 분위기였다. 후에 지엠 정권이 민중적 지지를 제대로 받지 못하고 실패하게 되는 중요한 이유였다.

4 민중적 정서의 심층이 중요하다

1) '베트남공화국'과 '남베트남민족해방전선'

미국은 중화인민공화국의 수립(1949) 이후 강성해지는 공산주의의 확산을 막는다는 명분 아래 지엠 정권의 협조하에 프랑스를 대리하여 베트남에 본격 개입하기 시작하였다. 지엠은 미국의 군사 및 경제 원조를 통해 반공체제를 구축하면서 경찰력과 군사력을 강화시켰다. 1958년에는 반공법을 발효해 베트남공화국 내의 노동당 조직을 탄압하였다. 그러자 친미적 지엠 정권의 강압적 지배에 반발하던 이들을 중심으로 1960년 베트남 남부지역에서는 반미 · 반정부 · 공산주의 계열의 '남베트남민족해방전선(Vietnamese National Liberation Front)'이 결성되었다.[7] 북부의 하노이 정부는 또 다른 식민세력 미국의 영향력이

---

7 영어로는 Vietnamese National Liberation Front로만 표기하거나 South Vietnam National Front for Liberation 식으로 풀어서 표기하지만, 베트남어로는 "Mat Tran(前線) Giai Phong(解放) Dan Toc(民族) Mien Nam(南部) Việt Nam(越南)"이다.

확대되고 있는 남쪽의 사이공 정부를 견제하기 위해 남베트남민족해방전선을 지원하였다. 하노이 정부의 지원을 받는 남베트남민족해방전선이 반미·반정부적 전의를 불태우고 무력으로 저항하면서 베트남공화국은 사실상 국제전의 성격을 띤 내전의 상황으로 옮겨 갔다.

이때 개념상의 혼동을 피하기 위해 짚고 넘어가야 할 것이 있다. 그것은 '남베트남민족해방전선'이라는 명칭에 담긴 '남베트남'의 의미이다. 이때 '남베트남'은 엄밀히 말하면 베트남 남부지역에서 지엠이 주도해 탄생시킨 '베트남공화국'과 동일하지 않다. 단체의 명칭에 담긴 '남베트남'은 '지역적으로는' 지엠 정권하에 있으면서도 정권의 영향력이 제대로 미치지 못하던, 특히 지엠 정권에 의해 자유가 억압당하던 메콩델타 지역을 의미한다. '베트남공화국' 권력의 실세인 중부 사람들 및 북부에서 남하한 이들이 심화시켜 가던 사회적 불평등에 대항하며 자신의 목소리를 찾으려던 이들의 활동 무대이기도 하다.

그리고 '의미상으로는' 외세와 부당한 정권에 의해 억압당한다고 간주되는 베트남이다. 베트남 민족을 외세의 억압으로부터 해방시키려는 이들이 상상하는 베트남이다. 이들이 보기에 친미적 지엠 정권이 원하는 베트남이 남베트남의 '표층'이라면, '남베트남민족해방전선'이 해방시키려는 '남베트남'은 남베트남의 '심층'이라고 할 수 있다. 이들은 지엠 정권이 장악하고 있는 '껍데기 남베트남'의 모순을 폭로하고 전세를 역전시켜 '알맹이 남베트남'을 회복하고 싶었던 것이다.

이러한 맥락에서 보면 이른바 '베트남전쟁'은 남부의 메콩델타 지역을 중심으로 하던 이들이 자신들이 생각하는 남베트남의 진정한 독립과 자존을 위해 벌인 투쟁이라고 할 수 있다. 베트남전쟁은 이들이 주도한 남베트남민족해방전선이 북부 베트남민주공화국의 지원을 받으면서 미국의 지배력이 강화되어 가던 남베트남의 진짜 자유와 생존권을 되찾고자 했던, 내전에 가까운 국제전이라고 정리할 수 있다.[8]

이와 함께 중요한 것은 이들은 왜 조직되었고, 왜 지엠 정권과 미국에 저항했는가이다. 지엠 정권의 입장에서 보면 국가적 분열을 획책하고 정권을 전복시키며 미국에 저항하는 불순한 이들이지만, 이들이 자주권을 확보하려 시도한 근간에는 좀 더 심층적인 이유가 있다. 지엠이 민족주의자이긴 했지만 지엠의 민족주의는 사전적인 의미에서의 민족의식을 일깨우는 데 실패하였다. 혈연과 지연 등을 넘어선 정신적 일체감으로서의 민족의식을 제대로 확보하지 못했다는 뜻이다. 식민세력을 극복하지 못한 채 민족해방보다는 정권 중심의 일방적 안정을 하향식으로 추구한 데에 머물렀기 때문이다.

2) 식민지적 무의식과 식민주의적 의식

지엠이 주도하던 베트남공화국에서는 파농(Frantz Fanon)이 말한 '식민지적 무의식'과 '식민주의적 의식' 사이의 모순이 보인다.[9] 파농에 의하면, '식민지적 무의식'은 자신을 식민지배하던 세력과 동일화하려는 욕망이고, '식민주의적 의식'은 자기 바깥에서 야만스러운 타자를 발견하고 열등한 그들을 계도해 자신의 위치로 이끌려는 의지이다.[10]

일본의 문학자 고모리 요이치(小森陽一)가 근대 일본이 서구 제국주의 열강을 모방하려는 '식민지적 무의식'과 자기의 외부에서 야만스러운 타자를 발견하는 '식민주의적 의식'에 의지하여 동아시아의 침략자로 탄생했다고 비판적으로 분석한 바 있는데,[11] 일본의 이런 자세는 베트남공화국의 정치적 지향에도 잘 적용된다. 일본이 자신에게 패전을 안겨 준 미국에 굴종하고 자신에게 피식민 피해를 받았던 한국이

---

8 최병욱, 『베트남 근현대사』(경기 광주: 산인, 2016), 163-165쪽.
9 프란츠 파농, 『검은 피부 하얀 가면』, 이석호 역(고양: 인간사랑, 2003), 179-261쪽.
10 위르겐 오스터함멜, 『식민주의』, 이유재 · 박은영 역(고양: 역사비평사, 2006), 167-173쪽.
11 고모리 요이치, 『인종차별주의』, 배영미 역(서울: 푸른역사, 2015), 98-146쪽.

나 중국을 열등시했듯이, 베트남은 친미적 입장에서 비서양적 베트남의 전통을 열등시하는 자세를 취했다는 점에서 그렇다.

민족주의가 제국주의적 억압에서 벗어나는 해방의 논리를 제공하기도 하면서 동시에 개인의 자유를 억압하고 특정 이데올로기를 정당화하는 도구가 되기도 하는데, 지엠의 민족주의는 공산주의에 대항하는 과정에 '식민지적 무의식'을 드러내었고, 정치 이념을 구체화시키는 과정에 베트남의 전통적 종교 정서를 열등시하는 '식민주의적 의식'을 보여 주었던 것이다. 이어서 살펴보겠지만, 지엠 정권이 가톨릭 중심의 편향적 종교 정책으로 남베트남인들의 전통적 종교 정서를 소외시키면서 바닥 민중의 마음을 얻지 못한 것이 그 증거이다. '식민주의적 의식'으로 베트남의 민중적 정서를 소외시키는 '식민지적 무의식'을 드러낸 셈이다. 탈식민주의를 빙자한 식민지적 무의식을 노출시킨 지엠의 민족주의는 '남베트남민족해방전선'에 담긴 '민족'과는 반대 방향으로 흘러가고 만 것이다. 이 문제에 대해 좀 더 구체적으로 알아보자.

5 종교 편향은 자신의 종교도 무너뜨린다

1) 친가톨릭 정책과 내부적 분열

가톨릭 국가 프랑스 식민문화의 연장선에 있었던 남부의 지엠 정권은 태생적으로 가톨릭에 반대하기 힘들었다. 무엇보다 지엠 개인과 가족이 모두 열성 가톨릭 신자였다. 게다가 제네바협정 6항에 근거해 남북 민간인이 자유 왕래할 때 피난민 남하 계획을 적극적으로 추진했는데, 그때 북에서 남으로 이주한 90여만 명 가운데 50만 명 이상이 가톨릭 신자였다. 사제들이 적극적으로 권유하면서 북베트남 가톨릭 평신도의 45%, 성직자의 72%가 남하하였다. 당시 남베트남에서 가톨릭 신자는 약 190만 명으로 전체 인구의 약 5% 정도였지만, 지엠 정권은 이들을 정부 운영의 인적 · 물적 토대로 삼았을 정도로 가톨릭에 대한 선호도가 아주 높았다.[12] 상대적으로 소수자가 정치적 및 사회적으로 주요 위치를 과점한 것이다.[13] 베트남공화국에서는 가톨릭이 그 양적 규모와 상관없이 지배 계급의 이데올로기를 전파하는 '국가교회'의 역할을 담당했던 셈이다. 가령 "토지분배, 세제감면, 사업적 특혜 등을 가톨릭 신도에게 주었고, 베트콩 게릴라의 공격에 대비한 촌락 자위용 총기도 가톨릭 마을에만 보급했고, 1959년에는 대부분이 비기독교인인 국가를 동정녀 마리아에게 봉헌하기도 하였다.[14]

이와는 대조적으로 불교와 같은 전통 종교에 대해서는 배타적이었다. 가령 1963년 5월 8일 석가탄신일 축하를 위한 불교기 게양은 군대를 동원해 금지시키고, 경축 행사도 금지시켰다. 그러나 로마에서 공부한 뒤 주교가 되어 돌아온 둘째 형 응오딘툭(吳廷俶, Ngo Dinh Thuc)이 주교 서품 25주년 기념 행사장에 가톨릭 기를 게양했을 때는 제재하지 않았다. 당시 바티칸의 대표들이 추기경 서품 후보자였던 툭의 교구인 후에((順化)에 파견되어 있을 때였다. 게다가 거의 모든 정

---

12 Edward Miller, *Misalliance: Ngo Dinh Diem, the United States, and the Fate of South Vietnam*(Cambridge: Harvard University Press, 2013), p. 98.

13 가톨릭 신자들은 1960년에 국회 상원의원의 66%, 하원의원의 30%, 영관급 이상 장교의 21%, 대위의 15%, 중위 및 소위의 12%, 그리고 내각의 모든 핵심장관직을 차지하였다. 1954년 이후 북베트남과의 전쟁을 위해 무장했던 10개의 사단 가운데, 가톨릭 신자로서 나중에 대통령이 된 응우옌반티에우(Nguyen Van Thieu, 재임 1967~1975)의 지휘하에 있던 제7사단의 90%, 제2사단의 75% 병력은 가톨릭 신자로 구성되었다. 또한 대학과 보도기관에서도 가톨릭 신자들이 대다수 자리를 석권하였다. 조흥국, "하노이 정부의 종교정책과 베트남 종교의 상황", 권만학 외, 『제2의 한국: 베트남』(서울: 미래인력연구센터, 1996).

14 박금표, "베트남 근대화에 미친 불교의 영향: 베트남 전쟁과 불교도 항쟁을 중심으로", 『한국선학』 제26권(2010), 562쪽.

책은 베트남 남부에서 국내 기반을 다져오던 동생 응오딘뉴(吳廷瑈, Ngo Dinh Nhu)의 자문을 통해 결정될 정도로 친인척 정치와 종교적 편향이 국가적 공정성을 앞섰다.[15]

한편에서 보면 지엠 정부의 이런 종교 편향적 정책은 불가피한 측면도 있었다. 남하한 가톨릭 신자들이 이념적으로 반공주의자들이라 지엠의 정책과 통했던 데다가 남부의 오랜 지배 계급 및 공직자들은 이념 투쟁에서 적당히 침묵을 지키면서 지엠 정권의 친가톨릭 정책에 과히 반대하지도 않았기 때문이다. 그러나 지배 계급 다수가 외형적으로 침묵한다고 해서 공화국 심층이나 내부에까지 문제가 없었던 것은 아니다. 지엠 정부의 친가톨릭 정책은 특히 종교적 억압을 받는다고 느끼던 불교도의 격렬한 반발을 불러일으켰다.

2) 불교의 사회 참여와 전쟁의 발발

지엠 정부의 편파적 정책과 행정에 불만이 있던 불교도의 군중 시위가 발생하였다. 이를 강제 해산시키는 과정에 여러 명이 사망하는 일도 벌어졌다. 그러면서 지엠 정부에 대한 남부 불교도의 공분이 확대되었다. 1963년 6월에는 시위하는 불교도의 머리에 지엠 정부군이 최루액을 뿌리면서 67명이 호흡곤란과 화상으로 부상하는 일이 벌어지자 다시 반정부 시위가 커졌다. 그 과정에 베트남 임제종의 수장이었던 틱꽝득(釋廣德, Thich Quang Duc)의 소신공양 사건이 발생하였다. 승려 틱꽝득이 같은 달 11일 판딘풍(潘廷逢, Phan Dinh Phung) 거리에서 가부좌를 한 채 몸에 기름을 붓고 불을 붙여 분신했던 것이다. 명상 자세로 분신하는 모습이 TV를 통해 알려지면서 베트남공화국의 갈등

---

15 Edward Miller, "Vision, Power and Agency: The Ascent of Ngo Dinh Diem, 1945-1954", *Journal of Southeast Asian Studies*, Vol. 35, No. 3(2004), pp. 433-458.

상황에 대한 세계의 이목이 집중되었다. 이 장면에 대해 응오딘뉴의 부인이 '승려 하나 바비큐로 만들었다'고 비아냥대면서 '불붙는 데 기름 부은 격'으로 반정부 시위가 격화되었다. 그 뒤 재가신자 1명을 포함해 36명의 승려가 소신공양에 연이어 참여하면서 불교도들의 고통과 그에 근거한 저항의 모습이 사회를 더 자극하였다.

불교도들의 저항과정에 지엠 정권에 대한 부정적 인식이 더 확산되었다. 특히 불교도에게 남부의 지엠 정권은 정작 남부인들을 대표한다기보다는 가톨릭과 중·북부인들을 대표하는 세력처럼 비쳐졌다. 그런데도 지엠 정권의 후원자 미국(아이젠하워 행정부)은 1950년대 후반 이래 지엠에 대한 지지를 지속하였다. 지엠의 반공정책이 냉전체제하에 있는 미국의 정책 입안자들에게 훨씬 유용했기 때문이다. 그러나 특정 이념과 세력에 편향적인 흐름에 민심이 저항하고 이반하면서 베트남공화국의 지엠 정권은 결국 막바지로 내몰렸고, 계속되는 혼란의 와중에 군부가 비상계엄을 선포하고 쿠데타를 일으켜 정권 쟁취를 시도하였다. 혼란의 와중이던 1963년 11월 지엠은 처참하게 죽임을 당하였다.

하지만 지엠을 이용해 베트남에서 반공주의적 전선을 구축하려던 미국은 지엠을 축출한 군부를 다시 지지하였다. 지엠은 미국의 지지를 받았다가 적어도 개인적인 차원에서는 미국에 다시 버림받은 셈이다. 지엠 정권을 통해 반공주의 전선의 구축을 목표로 하던 미국으로서는 자연스러운 선택이었다고 할 수 있다. 이념 자체보다는 이념의 근간에 있는 국익이 중요한 판단 기준이었다고 할 수 있다. 어떻든 지엠 정권의 몰락에 지엠 정권의 종교 편향적 태도와 그에 대한 불교도들의 저항이 중요한 몫을 했다고 할 수 있다.

베트남에서 불교는 일상 삶과 분리된 별도의 종단이기보다는 전통 민간신앙과 결합된 민중적·토착적 성향이 강한 종교였다는 점에서 불교의 저항은 단순히 종교의 저항이 아니었다. 크게 보면 그것은 남베트남 민중의 저항이었다. 게다가 틱트리꽝(釋智廣, Thich Tri Quang)을 위시한 정부 비판적 불교도들은 지엠을 축출한 군부도 여전히 미국을 등에 업고 권력 쟁취에 골몰한다고 비판하면서, '남베트남민족해방전선'과의 타협을 통해 전쟁을 종식시키고 통일을 이루고자 하였다. 이런 식으로 남베트남에서 주요 민중 종교였던 불교의 사회 참여적 성향이 강화되고, 남베트남 반공 정권에 대한 저항이 커지며, 민족의식에 기반한 통일 운동이 고조될수록 전세는 북부에 유리하게 작용하였다.

그러던 1964년 미국이 이른바 '호찌민 통로'(북베트남의 물자이동통로)를 차단하기 위한 공격을 감행했고, 그에 대한 대응으로 북베트남은 통킹만(Gulf of Tonking; 베트남어 泳北部, Vinh Bac Bo)에 주둔하고 있는 미군에 대해 폭격을 가하였다. 그 뒤 미국은 북베트남, 즉 '베트남민주공화국'과의 전쟁에 본격적으로 뛰어들었다. 이른바 '베트남전쟁'이 시작된 것이다.

베트남전쟁의 기원 중의 하나는 남베트남의 내부 갈등과 분열이기도 하였다. 그 분열의 주요 원인에 지엠 정권의 실정, 즉 종교 편향 정책이 숨어 있다고 할 수 있다. 최병욱이 "호찌민은 베트남과 결혼했고, 응오딘지엠은 하나님과 결혼했다"[16]고 간명하게 규정한 바 있는데, 호찌민의 성공과 베트남공화국의 몰락 원인을 대비해서 잘 보여주는 문장이라고 할 수 있다.

이때 중요한 사실은, 베트남전쟁은 미국의 침략으로 본격화되었다는 점이다. 프랑스의 침략 및 식민 지배기에 베트남 민족주의가 발

---

16 최병욱, 『베트남 근현대사』, 제16장의 제목에서 따온 말이다.

홍했듯이 미국의 침략에 대항하며 민족주의는 더 공고해졌다. 이 민족주의는 같은 민족에 대항하는 미국 의존적 반공주의보다 강력하였다. 지엠 정권 및 베트남공화국도 민족주의를 지향했지만 미국이 전쟁을 시작했다는 사실만으로도 그 미국을 편드는 베트남공화국 중심의 민족주의는 작동하기 힘들었다.[17] 미국 지향적 베트남공화국의 정치적 정체성이 베트남 민중의 지지를 받지 못했다는 뜻이기도 하다.

이와 함께 베트남공화국 내부에서 이른바 '베트콩'이 형성되고 활약하게 되었다는 사실 자체가 전쟁을 대하는 베트남 민중의 정서를 잘 보여 준다. 동시에 민중의 지지 내지 민족주의적 동력을 확보하지 못한 지엠 정권의 태생적 한계를 보여 주는 증거이기도 하였다. 지엠 정권과 이어진 남베트남의 군부 정권도 베트콩과 대결했지만 여론은 분열되면서 이들에게 힘을 실어 주지 않았다.

6 결국은 '심층'이 승리한다

1) 정당성 없는 정당화

지엠 정부의 가톨릭 중심 정치는 일종의 지역공동체의 근간인 '딩(亭, Dinh)' 문화도 미신시하면서 기층의 정서를 외면하는 경향이 있었다. 오늘날까지 베트남 농촌사회를 중심으로 유지되어 오고 있는 전통적 마을 통합 양식이자 조상숭배 중심의 민간신앙 체계인 '딩'이 미신이라는 식의 서구적 잣대를 들이댔다. 하지만 하향적 정치 통제 방식은 통합된 마을 문화 체계에 대한 어설픈 도전으로 여겨져 기층의 여론

17 윤충로, 『베트남과 한국의 반공독재국가형성사: 응오 딘 지엠과 이승만 정권 비교』, 575쪽.

마저 어수선하게 만들었다.[18] 다민족으로 구성되어 있고, 다문화적일 수밖에 없는 베트남 전통에 어울리는 정치가 아니었던 것이다.

나아가 베트남공화국의 서구 지향적 사회주의자들의 운동력이 '까오다이(高台教, Cao Dai)' 및 '호아하오(和好教, Hoa Hao)' 같은 현세 구원적 토착 신앙 세력에 미치지 못한 것도 베트남공화국 분열의 중요한 이유이다.[19] 메콩델타 지역에서 발흥한 토착 종교 까오다이는 유불선은 물론 기독교, 이슬람 등이 혼합된 베트남 남부지역의 신종교로서 수백만 명의 신자를 두면서 사설 군대도 가질 정도의 독자 세력이기도 하였다. 유불선이 뒤섞이고 그 밖의 토착 종교를 모두 소화하며 살고 있는 베트남 민중에게 까오다이 자체는 그다지 어색하지 않은 세계관이었다. 까오다이는 호찌민이 결성한 베트민(베트남독립동맹)의 일원으로 참여해 지엠 독재정권에 저항하기도 하였다.

또 다른 불교계 신종교인 호아하오도 기본적으로 배불, 반미, 반공 성향이 강했지만 자신과 같은 토착적 종교 정서를 향한 비판 세력에 대해서는 반항하지 않을 수 없었다. 토착적 · 종교적 정서, 자발적 신종교들을 열등시하면서 가톨릭이라고 하는 프랑스적 정서를 사실상 계급주의적 차원에서 우월시하던 지엠 정권의 태생적 한계가 여기서도 잘 드러나는 셈이다.

지엠 정부에는 반공주의가 자신의 정치적 정체성 및 미국과의 타협을 정당화하는 이념이었다. 하지만 반공주의와 공산주의 간에 특별한 경계를 두지 않았던 베트남 민중에게는 이런 이념에 명확한 설득력이 없었다. 지엠 정부가 자신의 정치적 이념을 '정당화'하려고는 했

---

18 송정남, "베트남 딩(dinh: 정(亭))에 관한 연구(硏究): 옌서[Yen So: 안소(安所)] 마을을 중심으로", 『국제지역연구』 제7권 3호(2003), 219-247쪽.

19 박종철, "통일 베트남 남·북부의 갈등과 사회주의 개혁개방", 『역사비평』 제36호(1996), 60-61쪽.

지만 '정당성'을 확보하지는 못했다는 뜻이다. 아렌트(Hanna Arendt)가 '정당성'과 '정당화'를 구분하며 권력의 자기 정당화 과정을 비판적으로 분석한 바 있듯이[20] 지엠의 반공주의의 일방적 '정당화'가 토착적 민족주의의 자발적 '정당성'을 이기지 못했다는 뜻이다. 공산주의냐 반공주의냐 보다는 얼마나 더 민족주의적이었느냐, 얼마나 동포애가 더 컸느냐가 베트남 민중의 정서에 더 와 닿았다는 뜻이기도 하다.

상황이 이렇다 보니 베트남공화국의 군사력은 외부로부터 적지 않은 군사적 지원을 받으면서도 자발적 응집력은 떨어졌다. 베트남공화국 내 민중은 '베트남 국민'이라는 의식을 제고하는 데 비교적 성공한 북베트남에 맞서 싸워야 할 명확한 동기를 발견하지 못하였다. 게다가 가톨릭에 유리한 정책으로 불교와 대립하게 되었고, 지역 간 격차도 생기는 등 지엠 정권의 정당성은 떨어졌고, 사회통합도 제대로 이루지 못하였다.

2) 도이머이와 다시 '심층남부'

이러한 베트남공화국의 상황은 어떤 정치든 민중의 마음을 얻지 못하고서 성공하는 법은 없다는 것을 잘 보여 준다. '꾸옥응우(國語, Quoc Ngu)'가 비록 식민지배 세력에 의해 만들어진 문자이지만 프랑스어나 한자와 달리 민중의 수준과 마음에 맞았기에 민중의 문자로 자리 잡게 된 것도 그 사례이다.[21] 제아무리 다국적군이 개입해도 민중의 마음을 얻지 못하면 승리하기 힘들다. 중국에서도 결국 민심을 얻은 공산당이 국민당 정부에 승리했듯이 미국을 위시한 베트남전 참전국들

---

20 한나 아렌트, 『폭력의 세기』, 김정한 역(고양: 이후, 1999), 84-85쪽.

21 Milton E. Osborne, *The French Presence in Cochinchina and Cambodia: Rule and Response(1859-1905)*(Bangkok: White Lotus, 1997), p. 156; 송정남, 『베트남 사회와 문화 들여다보기』(서울: 한국외국어대학교출판부, 2013), 212쪽 참조.

이 '베트콩'에 패한 것도 단순히 군사력의 부족이나 북베트남의 지원 때문만이 아니었다. 박태균이 정리하듯이 "베트콩에게 북베트남의 지원은 절대적인 것이었지만, 이들의 근본적인 기반은 북베트남이 아니라 남베트남 사람들이었다. … 베트남전쟁의 본질은 남베트남 정부에 반대하는 남베트남 사람들의 저항이었다. 이들이 없었다면 호찌민의 지원은 아무런 효과도 보지 못했을 것이다."[22]

남베트남 사람들의 저항은 전술했던 '남베트남민족해방전선'이 공산주의 강령을 도입하는 과정에도 스며들었다고 할 수 있다. 애초에는 공산주의와 무관했던 '남베트남민족해방전선'이 하향적 반공 이념으로 자주권을 억압하던 친미적 지엠 정권에 저항하는 과정에, 상대적으로 더 민족적인 행보를 보이던 북베트남에서 긍정적인 영향을 받은 것이다. 이런 정서가 나중에는 북부 베트남민주공화국의 이념에도 힘을 실어 주면서 1976년 '베트남사회주의공화국'으로 통일을 이루는 데 보이지 않는 동력이 되었던 것이다. 남베트남민족해방전선이 해방시키고자 했던 '남베트남'은 적어도 정신적 차원에서는 진작에 해방되었을 뿐만 아니라, 사실상 통일 베트남의 심층을 움직이는 동력이 되었던 것이라고 할 수 있다. 이런 '심층남부'의 정신은 오늘날 베트남의 체제전환 과정에도 유의미하게 작동하고 있는 것으로 보인다.

가령 1976년 탄생한 '베트남사회주의공화국'도 막상 정치적 통일은 이루었지만 경제적 생존은 간단하지 않았다. 베트남사회주의공화국은 통일 이후 중국과는 거리를 두고 미국에는 적대하는 독자적 정책을 펼쳤다. 전쟁에서 패했던(혹은 어쩔 수 없이 손을 떼었던) 미국이 통일 베트남에 대한 지속적인 경제 봉쇄를 하면서 베트남의 경제가 최

22 박태균, 『베트남전쟁』(서울: 한겨레출판, 2015), 193쪽.

악의 상태로 치달았다. 그러던 1986년 12월, 베트남은 제6차 공산당대회에서 국가 관리하에 개방적 시장경제를 적극적으로 도입한 개혁개방정책 '도이머이(새로 바꿈, 쇄신)'를 도입하였다. 특히 외국 자본을 적극적으로 끌어들이며 경제적 부흥의 길로 접어드는 기초를 마련하였다. 외국 자본은 식민주의적이라며 비판하던 사회주의 정부가 다시 외국 자본을 정당화하는 역설적 상황이 벌어졌다.[23] 이것은 경제적 활성화가 통치 이념에 앞서거나 정치 이념을 다시 정당화시켜 주는 실질적인 동력이 된다는 뜻이다.

이때 중요한 것은 도이머이 이후 시간이 흐를수록 북부보다는 남부의 경제가 더 활성화되고 있다는 사실이다. 가령 2017년까지의 해외직접투자(FDI)가 북부 하노이시의 경우는 4,157건 · 272억 USD, 1인당 국내총생산은 3,425 USD였고, 남부 호찌민시의 경우는 6,964건, 445억 USD, 1인당 국내총생산은 4,600 USD였다. 비옥한 농토 등 자연환경의 차이 같은 선천적인 이유들도 있지만 이것은 기본적으로 남부가 북부에 비해 다양한 방식으로 자본주의 체제를 더 잘 수용하고 있다는 증거라고 할 수 있다.

실제로 남부(호찌민시)의 경제적 호황은 이른바 저항적 민족주의로 정신적 해방의 길을 걸었던 이른바 '심층남부'의 정신과 의미에 대해 긍정적으로 생각하게 해 준다. 베트남 전체의 경제 회복에 남부의 영향력이 커진 것은 정치적으로는 북부에 의한 통일을 이루었지만, 사회의 실질적인 변화에 남부가 선도하는 경제적 동력이 적지 않게 작동하고 있다는 뜻이기 때문이다. 베트남이 경제적 성장을 이루어 가는 과정에 '심층남부'의 정신이 좀 더 크게 작동하고 있으리라 추측한다면

---

23 채수홍, "호찌민 시의 개혁과정에 대한 정치경제학적 연구", 『비교문화연구』 제9권 1호(2003), 84쪽.

과한 예단일까. 분명한 것은 식민지배에 대한 지속적 저항으로 진작부터 주체적 해방의 길을 걸었던 남부의 내적 영향력이 급속한 사회변화를 겪고 있는 오늘날 베트남 사회에 주는 의미가 적지 않다는 것이다.

물론 이때의 '남부'는 표층 차원에서는 베트남 전체 중 일부 지역을 의미한다. 하지만 심층 차원에서는 부당한 정권과 외세에 대한 저항세력, 구체적으로 말해 일방적 반공주의로 자생적 사회주의 사상 자체를 억압하고 족벌 정치를 정당화하며, 가톨릭 중심 정책으로 다양한 소수민족과 토착 신앙을 소외시키던 정권에 저항하던 세력을 의미한다. 남부지역이 정치 이념적으로는 북부에 의해 통일되었지만 급속한 경제성장으로 베트남의 사회 체제의 전환을 견인하는 데 북부 못지않게 공헌하고 있는 것은 분명해 보인다. 남부의 정서 및 역량이 결국 사회주의 체제를 벗어나게 하는 중요한 동력으로 작동하고 있는 것이다.

7
결론: 민중의 종교적 정서가 문화의 심층이다

이른바 '심층남부'의 정서가 베트남의 사회주의 체제를 변화시키는 중요한 축이라고 할 수 있다. 그 구체적인 핵심이 무엇인지에 대해서도 다각도로 설명할 수 있겠지만 19세기 초 남부의 응우옌푹아인이 북부의 하노이까지 점령하여 '베트남(越南)'이라는 나라를 만들었을 때, 그로 인해 오늘날 베트남 민족의식의 싹을 틔웠을 때 이런 심층남부의 근간이 형성되었다고 할 수 있다. 이 근간을 좀 더 엄밀하게 들여다보면 남부와 북부라는 지역적 구분보다 더 깊은 곳에서 작동하는 오랜 민중적 정서가 그 모습을 드러낸다. 그 정서의 근간은 자존감을 무시하고 억압하는 폭력에 저항하며 스스로를 지키려는 태도라고 할 수 있다.

이것은 미군 등에 의한 이른바 '미라이 대학살'(1968) 이후 국가적 차원에서 죽음에 대한 '기억의 정치학'이 작동하고, 가족 혹은 마을 공동체 차원에서 억울한 혼령을 위로하는 각종 의례가 활성화되는 사례에서도 볼 수 있다. 이런 위령 행위는 가족 혹은 마을을 가능하게 해주는 깊은 공감대 위에서 이루어지며, 베트남의 오랜 민중적 종교성과 깊게 연관되어 있다. 이러한 아래로부터의 종교성이 베트남 민중적 정서의 구체적인 증거들인 것이다. "정치적 힘들이 사생활로 축소하려고 애쓰는 바로 그 삶의 영역, 즉 가정의 내밀한 소통의 풍부하고 다층적인 상황"[24]이야말로 사실상 베트남의 — 여느 국가에서도 다르지 않겠지만 — 동력이라고 할 수 있다.

앞에서는 저항세력의 하나로 불교의 중요성에 대해 언급했지만, 베트남은 천 년 이상 유교를 자연스럽게 소화하면서 민중의 정서적 근간을 형성해 오고 있기도 하다. 당대의 특정 정치적 이념보다 훨씬 오래되고 더 깊은 데서 작동해 오고 있는 유교적 정서가 남과 북을 하나로 엮는 심층에 놓여 있기도 한 것이다. 이와 관련해 다오주이아인은 "봉건제가 타파되는 심층에서 (베트남) 민족을 하나로 묶어 주고, 나중에 민족정신(national spirit)으로 변모한 국가 공동체의 감각을 획득하는 데 도움을 준" 주요 세계관으로 유교를 꼽기도 한다.[25] 오늘날 유교는 전근대적 구식이라는 이미지도 커졌지만 그렇다고 해서 오늘의 베트남을 있게 한 역사적·문화적 영향력까지 무시될 수 있는 것은 아니라는 말이다.

---

24 권헌익, 『학살, 그 이후』, 유강은 역(파주: 아카이브, 2012), 23쪽.

25 Duy Anh Dao, "Influence of Confucianism in Viet Nam", p. 36.

이처럼 베트남 현재의 역사와 보이지 않는 통합 문화의 근간을 이해하는 데 종교를 간과해서는 안 된다. 베트남공화국의 몰락과 사회주의 베트남으로의 통일 과정에 제도화한 종교로서의 불교가 끼친 정치사회적 영향력도 클뿐더러 무엇보다 오랫동안 인민의 삶 속에 체화되어 온 유교적 정서 없이 베트남의 오늘을 설명할 수 없기 때문이다. 불교적 저항, 유교적 이상에 자극받은 이런 정서가 베트남 전체는 물론 심층남부의 근간에도 통합적으로 적용되어 오고 있는 것이다.

오늘날 사회주의 체제에서 종교는 국가의 통제 대상이지만, 새로운 시장경제를 수용한 뒤 많은 이들의 생활 거점이 탈지역화하는 등 급격한 사회 변동 과정에 종교 현상은 더 다양해지고 활성화되고 있다.[26] 인간의 은밀한 내적 선택과 관련된 행위로서의 종교는 특정 정치 이념에 의해 쉽사리 억압되거나 사라지지 않는다는 뜻이다. 러시아가 1917년 혁명 이후, 정치적으로는 지난 천 년 이상 민중에게 체화되어 왔던 정교회 전통을 억압했지만 개혁개방에 이른 뒤 정교회 전통이 다시 발흥하고 있는 것도 그 사례이다. 중국이 공식적으로는 종교를 통제하지만 인간의 종교심이 '지하교회' 등의 형태로 유지 및 확장되어 가고 있는 것이나, 북한이 김일성 사후 여러 지역에서 숨겨졌던 민간신앙이 발흥하고 있는 것도 같은 사례라고 할 수 있다.

종교성은 위기 상황에서 민족의식의 옷을 입고 스스로를 드러내곤 한다. 베트남공산당이 '마르크스-레닌주의와 호찌민 사상'을 정치강령으로 삼고 있다는 사실도 정치적 이념이 민족의식이라는 옷을 입을 때 힘이 생긴다는 뜻이라고 할 수 있다. 그리고 호찌민의 민족주의에는 민중 내지 민족에 대한 애정이 깔려 있었으니, 이것은 민중의 정

26 Philip Taylor, ed., *Modernity and Re-enchantment: Religion in Post-revolutionary Vietnam*(Singapore: Institute of Southeast Asian Studies, 2007), pp. 1-56.

서를 무시하고서는 정치도 경제도 이루어질 수 없다는 뜻이다. 반공주의 같은 특정한 이념을 일방적으로 요구하는 통치 행위로는 인민의 마음을 얻을 수는 없다는 뜻이기도 하다. 오늘날 사회주의 베트남에서도 국가적 차원의 경제발전과 종교의 다양화 및 탈중심화는 병행할 수밖에 없는 상황인 것이다.

지엠 정권이 실패하게 된 근간은 이런 기초 원리를 간과한 데 있었다. 식민지배자 프랑스의 종교인 가톨릭 편향적 정치는 베트남 민족 전체에게는 어불성설이나 다름없었고, 식민주의적 의식(파농)에 기반해 오랜 민족문화를 열등시하는 정권 중심의 민족주의는 민중적 정서의 표층에만 머물 수밖에 없었다. 게다가 기층의 문화와 정서를 외면하고 외세에 기댄 일방적이고 하향적인 반공주의에는 그다지 설득력도 없었다. 이런 식으로 식민지적 무의식 및 식민주의적 의식에 근거한 전통 정서의 외면은 민심을 이반시키는, 보이지 않지만 결정적인 계기로 작용하였다. 그렇게 '표층남부'만의 권력을 쥐었던 지엠 정권 및 베트남공화국은 몰락했고, 이를 몰락시킨 '심층남부'의 정신이 다시 개혁개방을 통한 베트남사회주의공화국의 체제전환을 가능하게 해주는 숨은 동력으로 작동하고 있는 것이다.

| 참고문헌 |

고모리 요이치(小森陽一). 2015.『인종차별주의』. 배영미 역. 서울: 푸른역사.

권헌익. 2012.『학살, 그 이후』. 유강은 역. 파주: 아카이브.

노영순. 2002. "베트남에서 한자의 쇠락: 프랑스 식민주의와 베트남 민족주의 사이에서".『아세아연구』 제45권 4호, 137-164쪽.

박금표. 2010. "베트남 근대화에 미친 불교의 영향: 베트남 전쟁과 불교도 항쟁을 중심으로".『한국선학』 제26권, 555-600쪽.

박종철. 1993. "베트남 민족주의와 사회주의 혁명의 기원, 1910-1945".『동남아시아연구』 제2권, 197-219쪽.

박종철. 1996. "통일 베트남 남·북부의 갈등과 사회주의 개혁개방".『역사비평』 제36호, 56-66쪽.

박태균. 2015.『베트남전쟁』. 서울: 한겨레출판.

송정남. 2003. "베트남 딩(dinh: 정(亭))에 관한 연구(研究): 옌서(Yen So: 안소(安所)) 마을을 중심으로".『국제지역연구』 제7권 3호, 219-247쪽.

송정남. 2013.『베트남 사회와 문화 들여다보기』. 서울: 한국외국어대학교출판부.

신용하. 2001.『한국민족의 형성과 민족사회학(신용하저작집 1)』. 서울: 지식산업사.

신용하. 2006. "민족의 사회학적 설명과 '상상의 공동체론' 비판".『한국사회학』 제40권 1호, 32-58쪽.

양승윤 외. 2006. "동남아의 민간신앙". 한국외국어대학교외국학종합연구센터.『세계의 민간신앙』. 서울: 한국외국어대학교출판부.

위르겐 오스터함멜. 2006.『식민주의』. 이유재·박은영 역. 고양: 역사비평사.

유인선. 2002.『새로 쓴 베트남의 역사』. 서울: 이산.

윤선자. 2002. "베트남 전쟁과 한국 천주교회".『전남사학』 제18권, 115-140쪽.

윤충로. 2003. "베트남공화국 응오 딘 지엠(Ngo Dinh Diem) 정권 지배이데올로기의 특성과 한계".『동아연구』 제44권, 199-233쪽.

윤충로. 2005.『베트남과 한국의 반공독재국가형성사: 응오 딘 지엠과 이승만 정권 비교』. 서울: 선인.

이찬수. 2017. "사회주의를 '탈'하는 동력으로서의 종교와 민족주의".『종교문화연구』

제28권, 49-86쪽.
이한우. 2016. "베트남의 탈사회주의 개혁과 체제 정당화: 이념, 업적, 또는 절차". 『민주주의와 인권』 제16권 2호, 399-432쪽.
장임숙. 2013. "베트남 민족주의의 형성과 전개". 『민족연구』 제55권, 99-118쪽.
정일준. 2015. "지엠 정권과 미국의 동맹: 상이한 국가건설 전망과 제한적 협력관계, 1945-1963". 『사회와 역사』 제108권, 305-351쪽.
조홍국. 1996. "하노이 정부의 종교정책과 베트남 종교의 상황". 권만학 외. 『제2의 한국-베트남』. 서울: 미래인력연구센터.
채수홍. 2003. "호치민 시의 개혁과정에 대한 정치경제학적 연구". 『비교문화연구』 제9권 1호, 75-108쪽.
최병욱. 2016. 『베트남 근현대사』. 경기 광주: 산인.
프란츠 파농. 2003. 『검은 피부 하얀 가면』. 이석호 역. 고양: 인간사랑.
한나 아렌트. 1999. 『폭력의 세기』. 김정한 역. 고양: 이후.
후루타 모토오. 2008. 『베트남의 세계사』. 박홍영 역. 청주: 개신.

Chapman, Jessica M. 2013. *Cauldron of Resistance: Ngo Dinh Diem, the United States, and 1950s Southern Vietnam*. Ithaca and London: Cornell University Press.
Dao, Duy Anh. 2016a. "Influence of Confucianism in Viet Nam". *Vietnamese Studies* (the 50th anniversary edition), pp. 36-48.
Dao, Duy Anh. 2016b. "On Confucianism, Taoism, and Buddhism in Viet Nam". *Vietnamese Studies*(the 50th anniversary edition), pp. 16-35.
Fall, Bernard B. (ed.). 1967. *Ho Chi Minh on Revolution: Selected Writings, 1920-1966*. New York, Washington, London: Frederick A. Praeger.
Jumper, Roy. 1957. "Mandarin Bureaucracy and Politics in South Vietnam". *Pacific Affairs*, Vol. 30, No. 1, pp. 47-58.
McAllister, James. 2008. "'Only Religions Count in Vietnam': Thich Tri Quang and the Vietnam War". *Modern Asian Studies*, Vol. 42, No. 4, pp. 751-782.
Miller, Edward. 2004. "Vision, Power and Agency: The Ascent of Ngo Dinh Diem, 1945-1954". *Journal of Southeast Asian Studies*, Vol. 35, No. 3, pp. 433-458.
Miller, Edward. 2013. *Misalliance: Ngo Dinh Diem, the United States, and the Fate of South Vietnam*. Cambridge: Harvard University Press.
Ministry of Construction Research Institute on Architecture. 1999. *Preserving of Hanoi's Architectural and Landscape Heritage*. Hanoi: Construction Publishing House.
Nguyen, Khac Vien. 2016. "On the Historical Role of Confucianism". *Vietnamese*

Studies(the 50th anniversary edition), pp. 49-53.

Osborne, Milton E. 1997. *The French Presence in Cochinchina and Cambodia: Rule and Response(1859-1905)*. Bangkok: White Lotus.

Taylor, Philip (ed.). 2007. *Modernity and Re-enchantment: Religion in Post-revolutionary Vietnam*. Singapore: Institute of Southeast Asian Studies.

제4장

월남전쟁과 월남인의 미국 이주

조동준
(서울대학교 정치외교학부 교수)

1
서론

현재 월남계 미국인은 약 206.7만 명으로 추산되는데,[1] 해외에 거주하는 월남계 사람 약 470만 명 가운데 43.6%를 차지한다.[2] 1960년까지 미국으로 이주한 월남인은 고작 335명에 불과하였다. 반면, 1961년 이후 월남인 183만 명이 미국에 난민 또는 이민자로 도착했고, 대부분 미국인으로 동화되어 정착하였다. 월남계 미국인은 아시아계 미국인 가운데 중국계, 인도계, 필리핀계에 이어 네 번째가 되었다. 중국계 미국인과 인도계 미국인의 규모가 중국과 인도의 거대 인구 규모를 반영한다면 월남계 미국인은 월남전쟁을, 필리핀계 미국인은 미국과 필리핀의 과거 역사를 반영한다. 이처럼 월남전쟁은 월남인의 해외 이주에 결정적 분수령이다.

월남 사람이 사람의 미국으로 이주한 과정은 월남전쟁은 물론 월남전쟁이 남긴 후유증 전체를 포함한다. 남월남 패망 직후 미국으로 이주한 월남인은 12만 명 수준이었다. 미국은 월남전쟁 중 미국에 협력한 월남인의 정치적 박해를 우려하여 대규모 소개작전을 벌였다. 미국의 소개작전과 무관하게 공산주의의 박해를 우려하여 해상으로 탈

---

1 United States Census, "American FactFinder-Results"(2018.4.10), https://factfinder.census.gov/faces/tableservices/jsf/pages/productview.xhtml?src=bkmk (검색일: 2019.2.10)

2 월남계 사람이 많이 거주하는 국가는 캄보디아(약 60만 명, 12.7%), 프랑스(약 35만 명, 7.4%), 호주(29.5만 명, 6.2%), 일본(26.2만 명, 5.5%), 대만(20만 명, 4.2%), 캐나다(15.7만 명, 3.3%), 독일(15만 명, 3.2%), 한국(14.3만 명, 3.0%), 체코(8.3만 명, 1.8%), 말레이시아(7만 명, 1.5%)이다. 이 가운데 한국과 대만에 거주하는 월남계 사람은 주로 결혼 이민자이다[International Migration Organization, *Viet Nam Migration Profile 2016*(Hanoi, Viet Nam: International Migration Organization, 2017), pp. 38-44].

출하여 구조된 월남인도 미국으로 이주하였다. 반면 월남전쟁이 종결된 후, 미국으로 이주한 월남인은 170만 명이 넘는다. 월남전쟁 후 월남인의 이주 통계는 월남인의 이주와 월남전쟁 간 연결이 단순하지 않으며 월남전쟁 이후 월남에서 일어난 현상과 더 직접적으로 연결되어 있다는 점을 의미한다.

이 장은 월남인이 미국으로 이주하게 된 과정을 소개한다. 첫째, 남월남의 패망을 전후하여 미국이 전개한 소개작전과 해상 구조활동을 소개한다. 미국은 월남전쟁에서 승리하지 못했지만 미국에 협력한 월남인을 소개함으로써 강대국으로서 최소한 체면을 유지하려고 하였다. 미국은 20만 명의 친미 월남인의 소개계획을 추진했고, 이 중 4만 6천 명을 소개하였다. 또한 남월남을 떠난 해상 난민 7만 4천 명을 수용하였다. 둘째, 미국은 월남전쟁 후 대규모 보트피플의 일부를 난민으로 받아들였다. 통일 월남의 남반부에서 1978년 말부터 사회주의 정책이 본격적으로 시작되자 월남을 떠나는 사람이 늘어났다. 해상을 떠돌던 보트피플의 참상은 세계의 양심을 울렸고, 미국은 제한적으로 이들을 수용하였다. 셋째, 보트피플의 참상 이후 월남 정부, 유엔난민기구(United Nations High Commissioner for Refugees, 이하 UNHCR) 여러 국가는 월남인을 합법적 이민자로 수용하는 협약(Orderly Departure Program)을 맺었다. 보트피플이 되지 않고도 이주할 수 있는 통로를 열어 보트피플의 참상이 되풀이되지 않도록 하기 위함이었다. 미국은 월남 정부와 상의하여 월남전쟁 중 미국에 협력하고도 월남에 남아 있던 친미 인사와 그 후손이 미국으로 이주할 수 있도록 하였다. 이 과정을 통해 미국은 미국에 협력한 사람에 대한 도의적 책무를 지킴으로써 강대국으로서 체면을 유지하였다.

2 남월남의 패망과 월남민의 1차 이주

1975년 남월남의 패망은 빠른 속도로 진행되었다. 1974년 12월 임시혁명정부군이 사이공 주변 산악지에서 활동을 개시하자 남월남 정부군이 무너지기 시작하였다.[3] 1975년 1월 8일 월남노동당 중앙위원회 정치국은 월남 통일을 위한 군사작전 Campagin 275를 승인하였다.[4] 미군이 철수하면서 넘겨준 무기로 무장하여 외형상 강해 보였던 남월남 정부군의 약점이 노출되었기 때문이었다. 1975년 3월 10일 중부고원에서 월남 통일을 위한 전투가 시작되자 남월남의 북부지역에 주둔하던 1군이 자중지란에 빠져 사라졌다.[5] 1975년 3월 말 남월남 북부지

---

3 임시혁명정부는 1969년 6월 8일 결성되어 남월남에서 반제민주세력을 대표하였다. 공산주의를 표방하는 인민혁명당(People's Revolutionary Party), 반제국주의 성향의 민족해방전선(National Liberation Front), 다양한 좌파 세력의 무장단체인 월남민족민평화동맹군(Alliance of National, Democratic and Peace Forces) 등이 주요 창립단체였지만, 민족주의 세력도 다수 참여하였다. 1975년 북월남군은 명목상 임시혁명정부의 초청과 통제 아래서 전쟁에 참전하였다. 1975년 4월 30일 베트남공화국(Republic of Vietnam)의 해산으로 임시혁명정부가 남월남 안에서 공식적 정부가 되었다.

4 이 계획의 1단계는 1975년 우기 이전 남월남 월남 중부고원의 장악, 2단계는 1975년 후반과 1976년 초반 건기 중 사이공 점령, 3단계는 1976년 후반까지 남월남군의 잔존 병력 제압과 농촌 점령이었다. 이날 당 제1서기 레주언(Lê Duân)은 남월남 중부고원에 있는 반메투옷(Ban Me Thout)을 공격 지점으로 찍었다[Tiến Dũng Văn, *Our Great Spring Victory: An Account of the Liberation of South Vietnam*(New York, NY: Monthly Review Press, 1977), p. 27].

5 1975년 3월 14일 응우옌반티에우(Nguyễn Văn Thiệu) 대통령은 남월남의 북부지역을 담당하던 1군에서 병력을 빼내 중부고원지대를 수복하라는 명령을 내렸지만, 3월 19일 북월남군이 본격적으로 남진하자 남월남군 1군에 현지 사수를 명령하였다. 중부고원지역으로 이동하던 남월남군 병력은 원대로 복귀하던 중 열악한 도로 사정과 보급의 부족, 현지 공산게릴라의 공격으로 인해 부대가 해체되었다[Clark Dougan et al., *The Fall of the South*(Boston, MA: Boston Publishing Company, 1985), pp. 68-69; Văn Viên Cao, *The Final Collapse*(Washington, D. C.: Center for Military History US Army, 1985), p. 102].

역이 북월남군의 통제 아래에 들어왔고, 4월 20일 사이공과 남월남 일부 지역을 제외한 전 지역이 북월남군 또는 임시혁명정부군의 통제를 받게 되었다. 남월남의 패망을 앞두고 미국 포드 행정부는 강대국으로서 체면을 유지하기 위해 미국을 도왔던 월남인의 소개작전을 진행하였다. 이 절은 남월남의 패망 직전 미국의 소개작전과 남월남 패망 후 월남인 구호를 정리한다.

1) 강대국의 체면

1975년 1월 남월남에서 임시혁명정부군이 군사활동을 본격화하자 미국 포드 행정부는 개입 여부를 두고 깊은 고민에 빠졌다. 닉슨 대통령이 파리평화협정에 반발하는 남월남 정부에 북월남의 공격 시 공군 지원을 비밀리에 약속했었다. 만약 미국이 1975년 월남 사태에 개입하지 않으면 이는 동맹국 포기를 의미하였다. 미국의 남월남 포기는 미국의 동맹국으로 하여금 안보 불안을 느끼게 하고, 미국에 적대적인 세력으로 하여금 미국의 동맹국에 적대 행위를 강화시킬 수 있었다. 닉슨 행정부를 계승한 포드 행정부는 강대국으로서 미래의 국제관계를 운영하기 위해서는 북월남의 공세에 대응해야만 하였다.

1975년 1월 29일 포드 행정부의 각료 회의는 남월남 지원이 미국의 명성과 관련되어 있음을 명확하게 나타낸다.

> Kissinger 안보보좌관: 우리(행정부)는 현 사태를 대처하는 데 필요한 지원을 요청하고 있습니다. … 미국이 동맹국을 지지하며 미국이 동맹국과 맺은 약속을 준수한다는 사실을 동맹국이 알아야 합니다. 미국이 만약 남월남을 지원하지 않는다면, 미국의 국제협상력이 손상됩니다.

Rockfeller 부통령: 대통령 각하. 미국이 두 약소국(남월남과 캄보디아)을 지원하지 않는다면, 미국의 협상력이 심각하게 손상됩니다. 미국은 동맹국을 지지해야 하고 미국이 약속한 사항을 이행해야 한다는 점을 미국인들이 이해해야 합니다.

Ford 대통령: 미국의 세계적 관계가 매우 중요합니다. 미국이 동맹국을 지지한다는 사실을 세계가 알 필요가 있습니다. 미국이 중동, 동남아시아, 또는 러시아-중국과의 화해에 대해 언급한 공약이 미국인과 의회로부터 지지를 받고 있다는 점을 신뢰할 수 있어야 합니다.[6]

하지만 포드 행정부는 제도적 제약으로 북월남의 군사행동에 대해 개입할 수 없었다. 먼저 미국에서는 의회가 전쟁을 선포할 권한을 가지기 때문이다(헌법 1조 8항). 미국 대통령은 미군의 최고통수권자로서 미국에 대한 침략행위를 격퇴하거나 의회가 선포한 전쟁을 실행하기 위해 군을 통수할 권한을 가질 뿐이다(헌법 2조 2항). 미국 대통령이 의회의 승인을 받지 않은 채 무력행위를 지속하는 경우가 있었지만, 의회의 전쟁선포권은 미국 헌법에 규정되어 있었다. 더 나아가 1973년 전쟁권한결의안(War Powers Resolution, 50 U. S. C. 1541~1548)으로 인해 포드 대통령이 월남 사태에 개입하기 더욱 어려웠다. 상기 결의안에 따르면 의회의 승인을 받거나 미국이 공격을 당하거나 심각한 위험에 놓일 경우에만 미국 대통령이 미군을 동원할 수 있게 되었다. 미국 대통령이 의회의 사전 승인을 받지 않고 군을 동원한 경우 48시간 안에

6 "South Vietnam/Cambodia Aid, Federal Budget, Energy Legislation"(29 January 1975), Ford Cabinet Meetings on the Vietnam War.

의회에 통고해야 하며, 의회의 승인 또는 전쟁선포가 없을 경우 60일 안에 동원한 군을 철수할 수밖에 없게 되었다. 대통령이 의회의 사전 승인을 받지 않고 독자적으로 군을 동원하여 월남전에 개입할 수 있는 여지가 줄어들었다.

1974년 중간 선거에서 야당인 민주당이 압승을 거둠에 따라 포드 행정부의 운신 폭은 더 좁아졌다. 중간선거 전 상원에서 민주당이 56석, 공화당이 42석을 차지했었지만, 1974년 중간선거에서 민주당이 60석, 공화당이 38석을 차지하였다(콜로라도, 플로리다, 아이오와, 켄터키에서 공화당 상원의원에서 민주당 상원의원으로 변화). 중간선거 전 하원에서 민주당이 242석, 공화당이 192석을 차지했었지만, 1974년 중간선거에서 민주당이 291석, 공화당이 144석을 차지하였다. 1972년 선거에서 공화당이 상원의석 2석과 하원의원 12석을 더 차지한 결과에 비하면 1974년 선거결과는 공화당에는 재앙 수준이었다. 야당 민주당이 상원과 하원을 확실하게 통제하게 되면서 국제관계에서 포드 행정부의 입지는 더욱 축소되었다.

포드 행정부는 직접적·군사적 개입 대신에 간접적 원조를 제공하여 강대국으로서 체면을 유지하려고 했지만 이마저도 의회의 반대에 부딪혔다. 포드 대통령은 1975년 1월 28일 남월남에 3억 달러 군사원조를 의회에 요청했지만[7] 민주당이 다수당이 된 의회는 군사원조안을 거부하였다. 1975년 3월 19일 북월남 정규군이 남하하고 남월남군

---

7 1975년 회계 연도에 남월남 원조로 책정 중 10억 달러 중 7억 달러만 집행되었다. 포드 대통령은 예산과 결산 사이의 차액을 군사원조로 요청하였다. 동시에 캄보디아의 공산화를 막기 위해 포드 대통령은 2억 2,200만 달러의 군사원조를 의회에 요청했고, 국방비 예산에서 긴급상황에 대처하기 위해 7,500만 달러를 이미 사용했다고 알렸다 [Gerald R. Ford, "Special Message to the Congress Requesting Supplemental Assistance for the Republic of Vietnam and Cambodia"(January 28, 1975), *The American Presidency Project*, http://www.presidency.ucsb.edu/index.php (검색일: 2019.2.10)].

이 붕괴되는 상황이 도래하자 3월 29일 포드 대통령은 해상수송사령부(Military Sealift Command) 예하 함정을 동원하여 남월남의 북부지방에서 발생한 전쟁 난민을 소개하고 구호하며 인도적 구호를 제공하는 조처를 하였다.

4월 10일 남월남 붕괴가 기정사실이 된 상황에서 포드 대통령은 당시 남월남에 있던 6,000명의 미국인, 미국 정부기관과 협력업체에 근무하던 수천 명의 월남인, 미국의 이해에 우호적이던 월남 지식인과 여론 주도층에게 심대한 도덕적 책무(profound moral obligation)를 언급하며, 7억 2,200만 달러어치 긴급군사원조와 2억 5천만 달러의 경제적 · 인도적 지원을 요청하였다. 동시에 미국인을 포함한 친미 인사를 소개하기 위한 목적으로 군대를 동원할 수 있도록 요청하였다. 의회는 4월 17일 민주당 소속 모건 의원(Thomas E. Morgan)이 제출한 '월남에 대한 인도적 지원과 소개 법안(Vietnam Humanitarian Assistance and Evacuation Act)'에 기반하여 군사적 개입 또는 군사적 원조를 배제한 상태에서 인도적 구호에만 초점을 맞춘 원조만을 논의하였다.

미국 의회는 4월 23일 인도적 구호, 미국인과 친미 월남인 소개를 위해 대통령이 1억 달러를 국제기구를 통해 사용할 수 있으며, 긴급상황이 발생할 경우 미국인과 동반가족, 위험에 처한 제3국인을 소개하기 위해 미국의 군대를 사용할 수 있는 권한을 대통령에게 부여하는 법안을 통과시켰다. 미국 하원은 소개작전에 필요한 군대의 사용을 더 제한하면서 난민구호와 소개작전용 경비를 1억 5천만 달러로 상향 조정하는 결의안(HR 6096)을 통과시켰다. 양원은 양자 간 차이를 줄이기 위한 합동회의를 거쳐 4월 25일 소개작전과 난민구호에 총 3억 2,700만 달러를 사용할 수 있도록 허용하였다.

2) 소개작전

1975년 4월 1일 포드 행정부는 남월남에서 난민소개와 미국인의 철수를 담당할 소개통제센터를 만들었다. 駐남월남 미국대사관 무관실(Office of Defense Attaché, 탄손누트 공항 근처에 소재), 미해군, 미공군, 미해병대에서 차출된 민간 전문가와 장교단으로 구성된 소개통제센터는 남월남의 북부지방에서 발생한 난민의 소개를 1차적 목적으로 두고 설립되었지만 남월남군의 붕괴가 급속도로 진행되면서 미국인과 동반가족, 미국의 이해와 관련된 월남인, 미국의 이해와 관련된 제3국인의 구호와 소개작전까지 감당하게 되었다.[8] 3월 말 이미 남월남의 북부지방이 공산군에 떨어지고 남월남군의 전반 전투 역량이 사라진 상태에서 미국의 지원이 없는 한 남월남의 패망을 역전시킬 수 없었기 때문이다.

소개통제센터는 미7공군이 1973년부터 구상했던 소개작전을 모체로 철수 안을 구체화였다. 이 소개작전은 두 단계로 구상되었다. 첫째, 월남 사태가 악화될 조짐이 보이면 미국인과 동반가족이 탄손누트 공항에서 민간인 비행기 또는 군용기로 철수하도록 하였다. 외형적으로는 정상적인 이동처럼 보이지만 사실은 소개통제본부가 뒤에서 조정하는 철수작전이었다[USSAG/7AF 171130Z APR 75, OPLAN 5060V-1-75 Frequent Wind(Option I, Miliary Airlift Evacuation)]. 또한 친미 월남인에게 미국의 남월남 포기를 암시함으로써 민간항공기를 통해 출국하도록 유도하는 우회적 방안을 포함하였다. 이 단계에서는 미군이 동원되지 않았다.

둘째, 남월남의 패망이 임박하면 긴급소개작전을 전개하도록 하

8 Thomas G. Tobin et al., *Last Flight from Saigon*(Washington, D. C.: Government Printing Office, 1978), pp. 22-23.

였다. 긴급소개작전의 수단은 세 개로 구분되었다. (1) 탄손누트 공항에서 고정익(fixed wing) 비행기로 소개작전 개시 후 9시간 반으로 구성된 주기당 7,300명을 소개하는 작전계획[USSAG/7AF 171130Z APR 75, OPLAN 5060V-1-75 Frequent Wind(Option II, Miliary Airlift Evacuation)]이다. 소개대상자가 駐남월남 미 대사관 무관실의 영내에 들어오면, 남월남 당국의 출국 수속을 거치지 않고 미군의 소개대상자 확인을 거친 후, 미군 수송기에 탑승하여 미군 기지와 괌 등으로 소개되도록 계획하였다. (2) 사이공 뉴포트에서 대기 중인 선박 4척으로 소개작전 개시 후 매우 짧은 시간에 미국인 8,000명과 월남인 1만 2천 명을 소개하는 작전계획[USSAG 190630Z APR 75, OPLAN 5060V-3-75(Option III, Military Sealift Evacuation)]이다. 소개대상자가 미 해병대가 통제하는 사이공 뉴포트(Newport)의 일부 지역에 진입하면 남월남 당국의 출국 수속을 거치지 않고 미군의 소개대상자 확인을 거친 후, 미군 함정에 올라 미군 기지와 괌 등으로 소개되는 계획이다. (3) 최후 수단으로 헬리콥터로 소개작전 개시 후 1시간 20분으로 구성된 주기당 1,300명을 소개하는 작전계획[USSAG/7AF 090435Z APR 75, OPLAN 5060V-2-75(Option IV, Helicopter Evacuation)]이 마련되었다. 사이공에서 밖으로 나가는 육로와 수로가 모두 봉쇄될 경우, 미 해병대가 사이공 시내에 소개지점을 확보하고 헬리콥터로 소개하는 방안이다.[9]

소개통제센터는 4월 4일부터 미국 정부의 활동에 필수적이지 않은 미국인과 동반가족의 철수를 일차적으로 추진하였다. 미국의 필수적 활동에 필요하지 않은 요원과 동반가족이 민간항공기로 남월남을

---

9 Richard D. Johnson, "Summary of the Evacuation of Saigon, South Vietnam Under Operation Frequent Wind", *Headquarters of the Commander in Chief Pacific Operations Analysis Group Report*, No. 2-75(May 16, 1975), pp. 22-28.

빠져나가도록 조용히 권유하였다. 먼저 駐남월남 미 대사관 무관실에 근무하던 직원의 가족이 '전쟁고아소개작전(Babylift Operation)'에서 월남 고아의 보호자로 기록되어 미군 수송기를 타고 빠져나갔다.[10] 미국인에 대한 소개작전이 미국의 남월남 포기로 읽혀 남월남 패망을 가속화할 수 있기 때문에 미국은 인도적 구호작전을 연막으로 사용하며 미국인에 대한 소개를 진행하였다. 또한 필수적 요원으로 분류되지 않은 미국인은 4월 6일부터 미군 수송기와 민간항공기를 타고 인도적 구호활동, 민간인의 평소 이동 등으로 위장하여 조용히 남월남을 빠져나갔다.[11] 4월 9일부터는 미국인과 결혼한 월남인과 그 가족 5,000명이 입국사증을 받아 조용하게 빠져나가기 시작하였다.

소개작전의 난제는 미국인의 동반가족 또는 미국을 위해 일했던 월남인의 소개였다. 4월 15일 기준으로 소개통제본부가 고려했던 소개 규모가 무려 20만 명이었다. 미국방부 체계분석실(Office of System Analysis)에 정보를 제공하던 주요 정보원과 동반가족 3,000명, 1963년 이후 남월남 내각에 참여했던 친미 인사 150명과 동반가족 1,200명,

10 1975년 4월 3일 포드 대통령은 월남 사태로 인한 인도적 참상을 언급하면서 전쟁고아의 소개를 천명하였다[Gerald R. Ford, "Opening Statement at Press Conference in San Diego, CA"(April 3, 1975), https://www.fordlibrarymuseum.gov/library/document/0122/1252273.pdf (검색일: 2019.2.10)]. 미국은 4월 4일부터 4월 26일까지 2,547명을 소개하였다. 이 가운데 1,945명은 미국인 가정으로 입양되었고, 602명은 호주, 프랑스, 서독, 캐나다로 입양되었다[United States Agency for International Development, *Operation Babylift Report (Emergency Movement of Vietnamese and Cambodian Orphans for Intercountry Adoption, April - June 1975)*(Washington, DC: USAID, 1975), pp. 1-6, http://www.forensicgenealogy.info/images/babies_report.pdf (검색일: 2019.2.10)].

11 George Ross Dunham and David A. Quinlan. *U. S. Marines in Vietnam: The Bitter End 1973-1975*(Washington, D. C.: Headquarters, U. S. Marine Corps, 1990), pp. 143-159; Elizabeth H. Hartsook and Stuart Slade, *Air War: Vietnam Plans and Operations 1969-1975*(Newtown, CT: Defense Lion Publications, 2012), pp. 452-456; Thomas G. Tobin et al., *Last Flight from Saigon*, pp. 20-46.

남월남 의회에 참가했던 전/현직 의원 500명과 동반가족 4,000명, 남월남 고위공직자 1,000명과 동반가족 8,000명, 미국 정부기관에 근무하던 월남인 1만 4천 명과 동반가족 11만 2천 명, 미국계 기업체에 근무하던 직원 500명과 동반가족 4,000명, 미국 정부가 초정한 계약업체에 근무하던 직원 6,000명과 동반가족 4만 8천 명, 남월남의 정치·종교·사회 지도자 500명과 동반 직원 4,000명, 서방 비정부기구에 근무하는 직원 1,000명과 동반가족 8,000명이 소개 규모에 포함되었다. 이 중 85%가 소개된다고 가정하여, 실제 소개될 인원을 16만 7,620명으로 추산하였다.[12]

1975년 4월 24일 미국 합참은 비전투 소개작전 5060V의 나머지 선택지를 모두 시행할 수 있는 상태를 유지하라고 태평양지구총사령관에게 명령하였다. 탄손누트 공항에서 고정익 비행기로 소개하는 계획(Option II, Frequent Wind), 사이공 뉴포트로 철수하는 계획(Option III), 헬리콥터로 소개하는 계획(Option IV)이 병렬적으로 시행될 수 있는 조건이 사실상 모두 충족되었기 때문이다. 합참은 駐남월남 미국 대사의 요청에 대비하여 사전 준비를 하라고 지시하면서 병력 사용과 관련하여 네 가지 제한 사항을 명시하였다.

a. 미국인의 소개를 위하거나 소개 자산의 보호를 위해서만 병력 사용이 제한된다.
b. 사이공 시내와 근교에서만 병력 투입이 가능하다.
c. 민간인 사상자의 발생을 피해야 하며, 물질적 피해는 임무 수행에 부합할 경우에만 제한적으로 허용될 수 있다.

12 Richard D. Johnson, "Summary of the Evacuation of Saigon, South Vietnam Under Operation Frequent Wind", pp. 19-22.

d. 함참으로부터 특별 승인이 없는 한, 붕따우 항의 안전을 확보하기 위해 지상군이 투입될 수 없다. 반복한다. 지상군이 투입될 수 없다.[13]

1975년 4월 24일 마틴(Graham Martin) 駐남월남 미국대사는 탄손누트 공항에서 고정익 비행기로 소개하는 계획(Option II, Frequent Wind)을 계속 진행하라고 요청하였다. 반면 사이공 뉴포트에서 대기하던 선박을 활용하는 소개계획을 취소하였다. 만약 사이공 뉴포트에서 2만 명이 짧은 시간에 소개될 경우 월남인들이 소개작전의 진행으로 공황에 빠지고 남월남의 붕괴를 앞당길 수 있다고 판단했기 때문이다. 4월 26일 사이공과 붕따우를 연결하는 고속도로가 공산세력에 의해 차단됨에 따라 해상 소개의 여지가 완전히 사라졌다. 탄손누트 공항의 안전이 확보된 4월 28일 밤까지 미 공군은 고정익 비행기를 이용하여 미국인 5,390명과 외국인 3만 9,530명을 필리핀에 있던 미군 기지로 소개하였다.[14]

1975년 4월 29일 임시혁명정부군이 사이공 시내로 진입하기 위해 신항대교(Newport Bridge)를 장악하려 하자 미국 정부는 헬리콥터를 활용한 비전투 소개작전을 전개하였다. 4월 29일 새벽 4시 탄손누트 공항이 야포 공격을 받아 계류하던 미군 수송기 C-130 한 대가 파괴되고 활주로 일부가 손상되었기 때문에 고정익 비행기의 이착륙이 어려워졌기 때문이다. 최후 소개작전(Option IV)은 駐남월남 미 대사관 무관실의 영내와 駐남월남 미 대사관 영내에서 전개되었다.[15] 駐남월

---

13 *Ibid.*, pp. 28-29.

14 Thomas G. Tobin et al., *Last Flight from Saigon*, pp. 45-83.

15 Frequent Wind Option IV는 오해로 인해 오후 12시 15분에서 시행되었다. 먼저 미국 국무부와 미군 사이에 시간에 관한 오해가 있었다. 미국 국무부는 사이공 현지 시

남 미 대사관 무관실의 영내로부터 소개는 순조롭게 진행되었다. 오후 1시 6분 소개지점의 안전을 확보하기 위한 해병대 병력이 駐남월남 미 대사관 무관실의 영내에 도착하여, 오후 3시 6분부터 오후 10시 5분까지 대기하던 모든 사람을 소개하였다. 미 해병 2명이 포격으로 사망했지만 미국인 395명, 월남인 4,475명이 소개되었다.

반면 駐남월남 미 대사관의 영내에서 전개된 소개작전은 순조롭게 진행되지 않았다. 원래 계획에 따르면 駐남월남 미 대사관 영내로부터 100명 이하 인원이 소개되도록 되어 있었지만 교통 통제로 인해 駐남월남 미 대사관 무관실로 가지 못하는 미국인, 제3국인, 월남인과 동반가족이 駐남월남 미 대사관 영내로 밀려들었다. 4월 29일 오후 5시부터 4월 30일 오전 5시 46분까지 미국인 978명, 외국인 1,120명이 駐남월남 미 대사관 영내에서 소개되었다. 소개를 기다리는 인원 400명이 남아 있었지만, 포드 대통령이 4월 30일 3시 27분 19회 추가 운항만 허락함에 따라 駐남월남 미 대사관 영내로부터 소개작전은 미완성으로 끝났다.[16] 이들은 남월남 해역에서 대기 중이던 미군 함정으로 소개되었다.

각으로 오전 10시에 작전이 개시된다고 생각한 반면, 미군은 국제시간으로 오전 10시에 작전이 개시된다고 생각하였다. 런던과 사이공 간 6시간 시차와 시간에 관한 생각 차이로, 미군과 駐남월남 미 대사관은 작전개시 시점을 다르게 인지하였다. 또한 미 해병대와 해군 사이에 "상륙시간(L-hour)"에 관한 오해가 있었다. 미 해병대는 "상륙시간"을 작전 개시를 위해 병력이 배치되는 시점, 즉 미 해병대가 소개지점에 도착한 시점이라고 생각한 반면, 미 해군은 소개할 헬리콥터가 소개지점에 도착하는 시점이라고 생각하였다(George Ross Dunham and David A. Quinlan, *U. S. Marines in Vietnam: The Bitter End 1973-1975*, pp. 83-189).

16 소규모였지만, 미 해병대는 사이공 시내에서 20명, 칸토 영사관에서 18명을 소개하였다(*Ibid.*, pp. 184-203; Richard D. Johnson, "Summary of the Evacuation of Saigon, South Vietnam Under Operation Frequent Wind", pp. 51-58; Thomas G. Tobin et al., *Last Flight from Saigon*, pp. 113-121).

3) 1차 보트피플

남월남의 패망이 임박한 상태에서 임시혁명정부로부터 정치적 박해를 받을 것을 우려했지만 미국의 소개작전 대상에 포함되지 않은 사람들은 각자 살길을 찾아 나섰다. 이들의 탈출 경로는 크게 세 가지였다. 첫째, 타국으로부터 합법적인 입국사증을 확보한 월남인 일부는 항공기 편으로 남월남을 빠져나갔다. 이들은 해외여행을 할 수 있을 만큼 경제적 여력이 있었기 때문에 월남을 떠날 수 있었고 또한 가장 순탄하게 타국에서 정착할 수 있었다. 이들은 수용국에 경제적 자산이지 부담이 아니었기 때문이다. 예를 들어, 7월 21일 미국을 비판하여 사임했던 티우 대통령은 금괴를 대량으로 가지고 대만으로 출국했다가 영국을 거쳐 최종적으로 미국에 정착하였다. 이처럼 경제력을 가졌던 일부 월남인은 합법적 경로를 통해 남월남을 떠났고, 월남 패망 후 타국에 정착하였다.

둘째, 일부 남월남 군인은 남월남 정부의 군자산을 이용하여 본인뿐만 아니라 가족과 지인을 데리고 살길을 찾았다. 4월 28일부터 일부 공군 조종사들은 단독 또는 가족을 태우고 탄손누트 공항을 떠나 태국 유타파오 공항으로 망명하였다. 미군이 유타파오 공항을 사용하고 있었기에 월남 조종사들에게는 태국 유파타오 공항이 가장 안전한 피난처였다. 4월 30일 남월남 정부가 항복을 선언한 이후에도 일부 공군 조종사들이 최후 탈출을 감행하였다. 총 123대 항공기와 헬리콥터가 조종사, 가족, 지인을 태우고 태국에 도착하였다.[17] 4월 29일부터 헬리콥터 조종사들은 단독 또는 가족과 지인을 태우고 남월남을 떠나 남중국해에서 소개작전을 벌이던 미국 함정을 찾아 나섰다. 헬리콥터를

17 예외적으로 소형 관측용 비행기 Cessna O-1이 소개작전에 참여한 미군 함정에 안착하였다.

미군 함정에 안착시키면 삶을 이어갈 수 있었고, 헬리콥터를 안착시키지 못하면 동중국해에서 사라질 운명이었다. 월남인이 몰고 온 헬리콥터가 미군 함정에 안착해도 미군은 소개작전을 위한 공간을 확보하기 위해 헬리콥터를 바다에 버릴 수밖에 없었다. 월남 해군 장교와 장병도 함정에 가족과 지인을 태우고 남월남을 떠났다. 남월남 탈출에 동원된 함정의 숫자는 26척이었고, 남중국해에서 소개작전 중이던 미군 함정을 만나 탈출에 성공한 인원이 3만 명에 달하였다.

셋째, 해외로 떠나지 못하거나 미군 또는 남월남 군인과 함께 떠날 기회를 갖지 못한 월남인은 4월 29일 소규모 단위로 남중국해로 떠났다. 남중국해에서 소개작전을 전개하던 미군 함정을 만나거나, 남중국해를 지나는 선박을 만나길 기대하면서 생명을 건 항해를 시작하였다. 사이공 외곽에서 임시혁명정부군이 언제까지 버텨 줄지, 미군이 언제까지 어디에서 소개작전을 진행할지 모르는 상황에서 이들은 남중국해로 향하였다. 4월 30일 오후 보트피플이 미군 함정을 만날 기회가 급격히 줄어들었다. 4월 30일 오후 2시 30분 남월남의 마지막 대통령 즈엉반민(Dương Văn Minh)이 사이공 정부의 완전한 해산을 선언한 후, 미군 함정이 월남의 영해 밖으로 이동했기 때문이다. 5월 2일까지 남중국해에서 난민구호를 진행하던 미군 함정을 만난 4만 3천여 명은 그나마 행복하였다. 미군 함정을 못 만났거나 5월 3일 이후 출발한 월남인들은 소형 배 위에서 지나가는 선박의 구조에 기댈 뿐이었다. 이들 중 극히 소수만 구조되고 나머지는 남중국해에서 사라졌다.

남월남에 남은 사람들은 임시혁명정부의 향후 조치에 촉각을 곤두세웠다. 외향적으로 남월남 패망 후 남월남에서는 질서와 안정이 회복된 듯 보였다. 임시혁명정부가 질서와 안전을 보장하는 데 집중하였다. 소수 남월남 고위층이 제거되거나 재교육을 받는 사이 대부분 사람의 일상생활은 과거와 큰 차이를 보이지 않았다. 임시혁명정부의 주요 구성원이 공산주의를 지지하는 인민혁명당(People's Revolutionary Party) 출신이었지만[18] 지식인 중심의 월남민주당(Democratic Party of Vietnam) 출신, 민족주의자 등 다양한 인사가 포함되어 있었기 때문에 공산주의에 기반한 급격한 변화를 강요할 수 없었다. 임시혁명정부가 전쟁으로 인한 피해 복구, 민족 통합 등 공산주의와 무관하게 보이는 정치적 목표에 집중하는 듯 보였다. 반면 수면 아래서는 임시혁명정부의 진로를 두고 암투가 전개되고 있었다. 북월남노동당과 이념을 공유하는 인민혁명당이 임시혁명정부에서 주도권을 장악하게 되면서 남월남의 본격적인 사회주의화를 예고하였다. 남월남 사람들은 변화하는 정치적 환경을 예리하게 지켜보고 있었다.

3
남월남의 정치적 변화와 2차 보트피플

1975년 4월 30일 남월남 패망 이후 남월남을 대표하게 된 임시혁명정부와 북월남 정부는 동년 11월 15일부터 21일까지 통일회의를 진행하여 총선거 시행 후 통일정부 구성에 합의하였다. 이 합의에 따라 총선거(1976년 4월 25일), 통일국가 건설을 위한 통일 국회 첫 회의(1976년 6월 24일부터 7월 4일), 통일국가 선포(1976년 7월 2일)가 진행되었다. 통일 월남의 탄생은 미루어졌던 사회주의화로 이어졌다. 통일 후 월남에서 사회주의화가 월남 사람들의 일상에 불편한 변화를 초래했고, 중국과의 관계가 악화되면서 월남인과 중국 화교가 대규모로 월남을 떠났

18 1976년 남월남에 기반을 두었던 인민혁명당과 북월남에 기반을 두었던 북월남노동당(Workers' Party of North Vietnam)이 통합하여 베트남공산당이 창당되었다.

다. 이 절에서는 월남인의 2차 이주가 일어난 원인, 인도적 참상에 대한 국제사회와 미국의 대응을 검토한다.

1) 월남의 사회주의화

1975~1976년 사이 임시혁명정부는 신속하게 남월남의 잔존 무장세력을 무력화시키고, 반혁명에 관여한 인사들의 청산과 재교육을 실시하였다. 패망한 남월남 정부에서 지도층을 형성했던 인사들은 수감되어 사회로부터 격리되었다. 중간 관리자층은 엄격한 재교육을 받았고, 하위층은 간단한 재교육 후 사회로 복귀하였다. 인적 청산과 재교육은 사이공에서부터 시작하여 지방으로 확산되었다. 통일정부가 구성될 즈음에는 통일 월남의 남쪽에서 '반혁명 세력'이 사라졌다. 남월남의 지도층이 해외로 도피했거나, 수감되었거나, 재교육을 받았거나, 이미 사망했고, 중간 관리층은 재교육 이수 후 주변부로 전락하였다. 과거 남월남 정부에 관여했던 하위층은 새로운 삶에 적응하느라 바빴다.

1976~1977년 통일 월남의 지도부는 남월남에서 남아 있는 자본주의 잔재를 빠르게 청산해야 한다는 결론에 도달하였다.[19] 통일 이전에는 남월남이 오랜 기간에 걸친 점진적 변화로 월남이 통일되어야 한다는 합의가 있었지만, 통일 후에는 통일 전쟁에서 승리의 기억과 혁명적 열기를 정치적 승리로 이끌어 내야 한다는 분위기가 압도하였다. 사회주의를 실현할 수 있을 만큼 경제적 조건이 구비되지 않았지만 정치적 의지로 사회주의를 앞당길 수 있다는 믿음이 담대한 변화를 추동하였다. 인류가 경험한 거대한 실패의 시작이었다.

1978년부터 본격화된 통일 월남의 사회주의화는 네 방향으로 진

---

19 1975년 9월 10일 주요 사적 기업이 "매판 부르주아(compradore bourgeoisie)"의 자산으로 규정되어 국유화되었지만, 대부분 사적 영역은 예전 방식으로 운영되었다.

행되었다. 첫째, 통일 월남의 남쪽에서 존속되었던 사적 산업이 국유화되었다. 1978년 3월 23일 월남공산단원 10만 명이 남쪽에 존속하던 사적 기업에 나타나 경영과 재무 상태를 점검한 후 봉인하였다. 곧 사유 재산이 국가소유로 바뀌는 조치가 진행되었고, 구 소유권자에게 영수증이 발행되었다. 3월 31일 공식적으로 사적 상업이 금지되었다. 국가가 상업을 금지함에 따라 통일 월남에서 상업에 종사했던 중국 화교들이 새로운 살길을 찾아야만 하였다. 미루어졌던 사회주의화가 본격적으로 통일 월남의 남쪽에서 시작되었다.[20]

둘째, 1978년 5월 5일 화폐개혁은 사실상 사유 금융자산을 강제로 국가 통제로 이월하는 조치였다. 1975년 9월 30일 임시혁명정부가 발생한 화폐가 통일 월남의 남쪽에서 유통되어 월남에는 두 개의 통화권이 있었지만, 1978년 4월 1일 화폐 통일이 결정됨에 따라 구화폐가 퇴장하였다. 이 과정에서 신화폐로 교환될 수 있는 최대한도가 가구당 500동으로 정해졌고,[21] 현금으로 교환될 수 있는 한도를 초과하는 구화폐 자산은 은행에 강제로 예금자산으로 묶였다. 국가의 통제 밖에 있었던 금융자산이 국가의 직접적 통제 아래로 들어왔다. 외환자산을 제외한 사적 금융자산이 하루아침에 사라졌다.

셋째, 사적 영역에 종사하던 사람들이 신경제지대의 생산 노동자로 반강제적으로 편입되었다.[22] 남부 곡창지대에 설치되었던 신경제

20 Van Canh Nguyen, *Vietnam Under Communism 1975-1982*(Stanford, CA: Hoover Press, 1983), pp. 35-37.

21 현금으로 교환할 수 있는 한도는 세대의 규모에 따라 정해졌다. 1인 가구는 최대 100동, 2인 가구는 최대 200동이 교환 한도였다. 도시에서는 3인 이상 가구의 경우 2인까지 200동 한도에서 추가 1인에 50동씩 늘어나지만, 가구당 최대 교환 한도는 500동으로 정해졌다. 농촌에서는 3인 이상 가구의 경우 2인까지 200동 한도에서 2명까지 추가될 때 1인당 50동이 늘어나고, 3인 이상 추가될 때 1인당 30동씩 늘어났다(*Ibid.*, p. 37).

22 1975년 남월남의 패망 이후 버려진 농지를 경작하기 위한 조치로 신경제지대가 만들어져 도시의 실업자를 유치했었다. 또한 혁명의 열정을 가진 북월남 출신 농민들이

지대에 대한 개발이 종료된 시점에서 1978년 이후 신경제지대는 산악지대에 집중되었다. 통일 전쟁 이전 공산세력과 주민의 접촉을 막기 위해 남월남 정부가 산악지대에서 주민을 소개했었는데, 버려진 땅을 재개발하고 캄보디아와의 충돌에 대비하기 위함이었다. 또한 남월남 정부와 협조했던 산악 부족을 소개하고 공백지를 메울 필요가 있었기 때문이다. 1978년 사적 영역의 폐지로 인한 발생한 실업자를 신경제지대로 몰아넣었다.[23]

넷째, 통일 월남의 남쪽에서 협동농장화를 진행하였다. 1977년까지 협동농장 건설을 위한 위로부터 압박이 있었지만, 농촌의 사회주의화는 느리게 진행되었다. 1970~1973년 사이 남월남에서 진행된 토지개혁으로 대토지소유가 불법화되었고, 경자유전(耕者有田)의 원칙에 따라 과거 소작농에게 땅이 분배되었기 때문에[24] 중소 지주가 된 남쪽 농민들은 협동농장화에 적극적이지 않았다. 과거 대지주들도 협동농장화에 반대하였다. 우선 협동농장으로 넘겨야 할 땅이 많고, 자신들이 소유한 농기구가 더 이상 농촌사회에서 영향력 자원으로 사용될 수 없었기 때문이었다. 농촌과 연계된 상인도 협동농장에 반대하였다.

신경제지대로 들어가 농업에 종사하였다. 통일 전쟁 직후 신경제지대는 농업 생산성의 향상에 일정 부분 기여하였다[Harish Chandola, "New Economic Zones", *Economic and Political Weekly*, Vol. 12, No. 4(January 1977), pp. 83-84].

23 Jacqueline Desbarats, "Repression in Socialist Republic of Vietnam: Executions and Population Relocations", in John N. Moore, ed., *The Vietnam Debate*(Lanham, MD: University Press of America, 1990), pp. 193-201.

24 1967년 농촌개발학자 프로스터만(Roy Prosterman)은 경자유전의 원칙과 유상몰수 원칙에 기반하여 월남 토지개혁안을 만들었다. 미국은 이를 남월남 정부에 제안했고, 1970년 토지개혁안이 실시되었다. 농부 1인당 최대 소유 농지를 15헥타르(150,000㎡)로 설정했고, 대지주의 농지를 유상몰수한 후 농민에게 최대 3헥타르 한도에서 재분배하였다[Roy L. Prosterman, "Land-to-the-Tiller in South Vietnam: The Tables Turn", *Asian Survey*, Vol. 10, No. 8(1970), pp. 761-764]. 농지몰수에 대한 보상 등 농지개혁에 필요한 예산 4억 4천만 달러 중 미국이 3억 4천만 달러를 지원하였다.

농민과 특별한 관계를 맺었던 상인이 협동농장으로부터 농산물을 구입할 수 없었기 때문이다. 이런 반대에도 불구하고 혁명적 열기에 휩싸인 월남 지도자들은 농촌에서 협동농장을 추진하였다. 통일 월남의 남쪽에 약 2,000개 자연 부락이 존재했었는데, 1978년까지 600여 개 부락에서 협동농장이 만들어졌다.[25]

2) 2차 보트피플

통일 월남의 남쪽에 진행된 사회주의화는 재앙을 초래하였다. 농촌에서는 협농농장화로 인한 사회적 불안은 쌀생산 저하로 이어졌다. 1975~1978년 사이 신경제지대의 개발로 인해 경작지가 5.2% 늘어났지만 단위면적당 쌀생산은 헥타르당 2.12톤에서 1.79톤으로 감소(-18.3%)하였다. 생산된 쌀의 총량도 1975~1978년 사이 18.7% 감소하였다. 반면 전후 신생아의 수가 급증하여 1976년부터 인구 증가가 2.2% 수준을 유지하였다. 쌀생산 감소와 인구 증가로 인해 1인당 쌀 소비량은 1975년 168.9kg에서 1978년 128.5kg으로 감소(-23.9%)하였다.[26] 쌀생산 감소의 원인은 농촌 사회주의화로 인한 불안이었다.[27]

도시에서는 사적 기업의 국유화가 생산성 향상으로 이어지지 않았다. 사적 기업을 운영하던 기법이 전수되지 않았기 때문에 국유화 이후 제대로 운영되지 않았다. 도시 경제에서도 침체가 따라왔다. 과거 사적 영역에 종사하던 사람들에게 어려운 선택이 눈앞에 다가왔다. 산악지대에 위치한 신경제지대로 이주하면 기존 사회적 관계망이 모두 사

---

25 Van Canh Nguyen, *Vietnam Under Communism 1975-1982*, pp. 30-35.

26 Ricepedia, "Vietnam", http://ricepedia.org/vietnam (검색일: 2019.2.10)

27 Prabhu L. Pingali and Vo-Tong Xuan, "Vietnam: Decollectivization and Rice Productivity Growth", *Economic Development and Cultural Change*, Vol. 40, No. 4 (1992), p. 706.

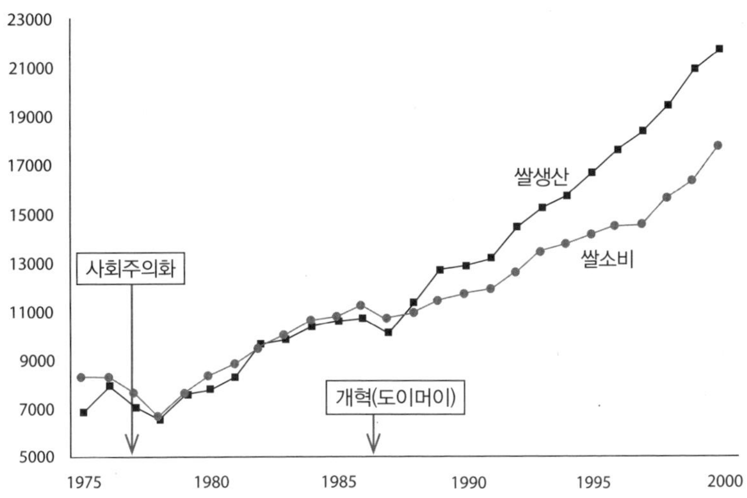

〈그림 4-1〉 월남의 쌀 생산과 소비, 1975~2000(단위: 10만 톤)[28]

라지며, 익숙하지 않은 육체노동을 해야만 하였다. 신경제지대로 이주하지 않으면 애국심 부족을 이유로 "반혁명분자"로 낙인 찍히며 도시 빈민으로 살아야 하였다. 이들은 월남에서 출구를 찾지 못하였다.

사회주의화의 압박 외에도 악화되는 국제 정세는 월남을 떠날 이유가 되었다.[29] 먼저, 월남과 주변국의 관계가 악화되었다. 1977년부터 크메르루주가 통제하던 캄보디아와의 관계가 악화되어 전운이 감돌았다. 1977년 4월 30일 캄보디아군이 월남으로 진격하면서 대규모 전쟁이 일어날 두려움이 커지자 젊은이들이 군대에 자원입대해야 하는 사회적 압박에 놓였다. 1977~1978년 축적된 전쟁의 압박은 1978년 12월 21일 월남군의 캄보디아 진격, 1979년 2월 17일 중국의 월남 침

28 Ricepedia, "Vietnam", http://ricepedia.org/vietnam (검색일: 2019.2.10)

29 B. Martin Tsamenyi, "The "Boat People": Are They Refugees?" *Human Rights Quarterly*, Vol. 5, No. 3(1983), p. 352.

공으로 악화되었다. 전쟁에 참전해야 한다는 사회적 압박을 느낀 젊은이, 대규모 전쟁에 휘말릴 수 있다는 두려움에 휩싸인 월남인이 월남을 떠나려 하였다.

화교들은 월남의 사회주의화로 인한 압박과 국제 정세로 인한 압박을 동시에 받았다. 통일 월남에는 화교가 150만 명 정도 거주했는데, 주로 상업과 금융 등 사적 영역에서 종사했었다. 1977~1978년 금융개혁, 1978년 상업금지 조치, 1978년 국유화 등 일련의 조치로 화교들이 경제적 기회를 박탈당하였다. 월남 당국의 사회주의화 조치로 피해를 당한 화교를 구호하기 위한 활동을 벌이자는 움직임이 중국에서 일어났다. 더욱이 1977년부터 월남-캄보디아 관계가 악화되자 캄보디아를 후원하던 중국과 월남이 멀어지기 시작하였다. 월남은 1978년부터 개혁 조치를 취하던 중국이 사회주의 노선을 배신한다고 비난하기 시작하였다. 양국 간 민족 감정이 화교를 둘러싸고 악화되었다.[30]

사회주의화와 국제 정세의 악화로 압박을 받던 월남인과 화교는 월남을 떠나기 시작하였다.[31] 1978년 2차 난민이 대규모 발생하였다. 북쪽 지방에 있던 화교는 국경을 넘어 중국으로, 남쪽에서는 해상으로 탈출하였다. 중국으로 넘어간 난민은 주로 북쪽에 거주하던 화교였다. 중국과의 인종적 유대감으로 인해 화교는 중국으로 넘어갔다. 남쪽에 거주하던 화교와 월남인은 해상으로 탈출하였다. 월남을 떠나려는 사

---

30 *Ibid.*, pp. 352-354.

31 남월남의 패망과 미국의 구조/소개작전이 종료된 후에도 해상으로 탈출한 월남인이 있었다. 1975년 태국에 1,420명, 필리핀에 690명이 도착하였다. 1976년 미국에 3,200명, 태국에 3,060명, 필리핀에 940명이 도착하였다. 1977년 말레이시아에 3,880명, 태국에 3,600명, 필리핀에 1,380명, 미국에 1,900명, 일본에 600명이 도착하였다[UNHCR, "UNHCR Statistics: The World in Numbers", http://popstats.unhcr.org/en/asylum_seekers (검색일: 2019.2.10)].

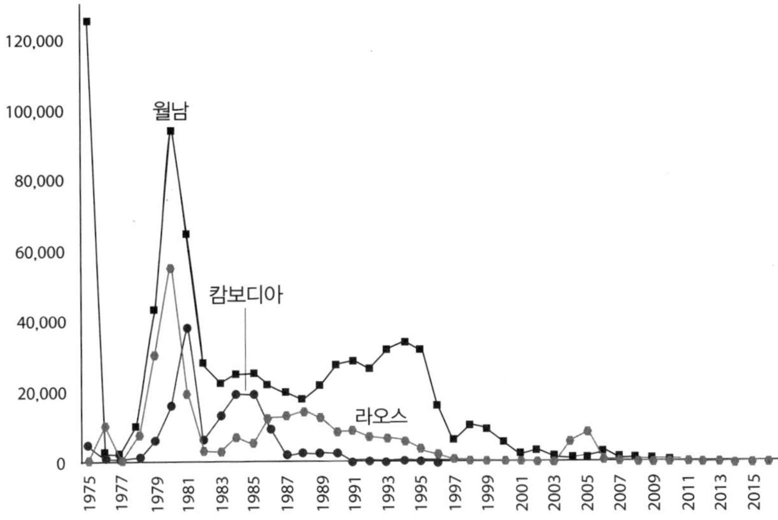

〈그림 4-2〉 미국에 들어온 인도차이나 난민, 1975~2016(단위: 명)[32]

람이 많아지자 보트피플이 아예 산업처럼 되었고, 심지어 월남 공무원마저 가담할 정도였다.[33] 말레이시아, 홍콩, 인도네시아, 필리핀, 태

32 Homeland Security, *Yearbook of Immigration Statistics*(St. Louis, MO: Government Printing Office, 1996-2016); Stacy M. Kula and Susan J. Paik, "A Historical Analysis of Southeast Asian Refugee Communities: Post-war Acculturation and Education in the U. S.", *Journal of Southeast Asian American Education and Advancement*, Vol. 11, No. 1(2016), p. 6.

33 1977년 10월 월남 난민 2,500명을 태우고 말레이시아 수역에서 맴돌던 Hai Hong 호 사건은 월남 보트피플의 현실을 드러내었다. Hai Hong 호 사건은 1978년 8월 Southern Cross 호 사건으로 거슬러 올라간다. Southern Cross 호는 원래 항해 목적상 방콕에 입항하여 소금을 선적할 예정으로 출항했지만, 사이공 항에서 정박하여 월남 난민 1,250명을 태우고 8월 24일 출항하였다. 출항 당시 승선자들은 1인당 2,000달러 또는 이에 상응하는 금괴를 관료들에게, 1,200달러 또는 이에 상응하는 금괴를 Southern Cross 호에 지급하였다. Southern Cross 호는 공해에 도착하기 전 정부 관료의 호위를 받았다. 공해에 도착한 후 운항 중 보트피플을 만났다고 거짓 보고를 하며 말레이시아로 귀항하려 했지만, 반대에 부딪히자 인도네시아의 무인도에 난민을 하선시켰다. 유엔난민기구가 인도네시아 무인도에 도착한 난민 구호에 개입하여 월남

국 등 자유 진영에 속한 국가에 대규모 난민이 도착하였다. 1979년 6월에만 5만 4천 명이 난민이 동남아시아국가에 도착했고, 자유 진영에 있던 난민촌에 30만 명이 수용되어 있었다.

2차 보트피플의 상당수가 난민촌을 거쳐 미국으로 향하였다. 포드 행정부와 카터 행정부는 월남 보트피플 가운데 미국 시민권자 또는 영주권자의 가족에게 난민으로서 미국으로 올 기회를 부여하였다. 또한 과거 미국 정부기관에 근무했거나 미국 정부와 협력관계를 맺었던 기업에서 근무했던 월남 보트피플이 미국으로 올 수 있도록 하였다. 이미 미국에 월남 난민 12만 5천 명이 영주권을 얻은 상태에서 이들의 가족이 보트피플로 월남 난민촌에 도착할 경우 미국으로 올 기회가 열렸다. 또한 과거 미국에 협력했던 인사들이 보트피플이 된 경우 미국은 이들을 받아들였다. 강대국으로서 체면을 유지하기 위해 친미 인사들을 계속 받아들이는 동시에, 이미 수용한 월남인의 가족 상봉을 허용하는 인도적 정책을 견지하였다.

3) '질서 있는 이주' 프로그램

보트피플의 참상은 인류의 양심에 큰 충격이었다. 일부 부유한 사람들은 기업식 보트피플 산업에 의해 상대적으로 안전하게 월남을 떠나는

난민은 결국 인도네시아에 있는 월남 난민촌으로 소개되었다.

Southern Cross 호로 난민을 수송하여 돈을 번 선원들은 Hai Hong 호를 구매하여 다시 월남에 도착하였다. 원래 1,200명을 승선시킬 계획이었지만 월남 관료들이 강권하여 1,300명을 더 승선시켰다. 월남을 떠나려는 사람이 많았기 때문에 보트피플과 관련된 사업은 위험하지만 수익이 많았다. 인도네시아와 말레이시아 정부는 이들이 난민이 아니라는 이유로 정박을 거부하였다. 공해상에서 표류하는 Hai Hong 호는 언론의 조명을 받았고, 결국 캐나다로 이주한다는 조건으로 난민촌에 들어갈 수 있었다[Dara Marcus, "Saving Lives: Canada and the Hai Hong", *Bout de Pier*, Vol. 28, No. 1(2013), pp. 24-26].

반면, 대다수 월남인은 목숨을 건 모험을 감내해야 하였다.[34] 남중국해를 항해하기에 부적합한 소형 선박을 타고 탈출을 감행할 경우 폭풍과 질병 등 자연재해는 물론 해적의 공격까지 감수해야 하였다. 최소 20만 명에서 최대 40만 명의 월남인이 탈출 중 남중국해에서 사망했다고 추정된다. 보트피플의 참상이 심각했지만 동남아시아국가의 수용 능력은 이미 한계에 도달하였다. 1979년 6월 동남아시아국가는 추가로 월남 난민을 수용할 수 없다는 공동입장을 발표하였다. 보트피플의 참상과 동남아시아국가의 수용 불가 선언 앞에서 국제사회는 새로운 길을 모색해야 하였다.

국제사회는 보트피플의 참상에 공동으로 대처하기 위한 합의에 도달하였다. 발트하임(Kurt Waldheim) 유엔사무총장의 제안에 따라 1979년 7월 20~21일 사이 제네바에서 열린 국제회의에 총 65개국이 참여했고, 참여국은 월남 난민을 추가로 최대 26만 명까지 수용할 의사를 밝혔다. 필리핀과 인도네시아는 추가 난민촌을 건설하고 난민의 해외 이주를 신속하게 처리할 수 있도록 약속하였다. 또한 보트피플회의에 참석한 국가 대표들은 유엔난민기구에 1억 6천만 달러를 기증하기로 약정하였다.

월남 당국은 보트피플이 발생하지 않도록 노력하는 동시에 질서 있게 이주할 수 있는 방법을 유엔난민기구와 모색하기로 약속하였다.[35] 월남 당국과 유엔난민기구는 '질서 있는 이주' 프로그램을 진행하기로 합의하였다. 월남인을 수용할 의사를 가진 국가가 특정 조건을 갖춘 월남인으로부터 신청을 받고 이를 심사한 후 수용 여부를 결정

34 1981년 태국에 도착한 난민선 452척 가운데 349척이 해적의 공격을 받았을 정도로 동남아시아 해적은 보트피플에게 가혹하였다[UNHCR, *The State of The World's Refugees 2000: Fifty Years of Humanitarian Action*(Oxford, UK: Oxford University Press, 2000), p. 87].

35 *Ibid.*, p. 83.

하는 방식이었다. 월남인을 수용할 의사를 갖춘 국가들은 자국의 정책적 목표에 따라 선별 기준을 정했고, 월남 당국으로부터 이주 허가를 받은 적격자를 수용하기로 하였다. 동시에 월남 당국은 해상탈출을 방지하기 위한 활동을 벌였고, 위반자에 대한 처벌 수위를 높였다. 월남을 합법적으로 떠날 수 있는 유인책과 불법 해상탈출을 처벌하는 채찍이 동시에 가해지면서 1980년부터 보트피플의 숫자가 급감하였다. 난민이 합법적 이민자로 바뀌게 되었다.

미국의 '질서 있는 이주' 프로그램의 선별 기준은 강대국으로서 체면과 관련되어 있다. 1979년 미국은 미국 시민권자와 영주권자의 월남 가족을 이주 대상자로 일부 선정했지만, 미국 정부기관에 근무했거나 미국 정부와 특별한 협력관계를 맺었던 기업에서 근무했던 월남인을 이주 대상자로 우선하여 고려하였다. 1979년 미국이 월남 당국에 제공한 명단에 4만 명이 있었는데, 월남전 당시 미국의 국익을 위해 활동했던 월남 인사가 다수였다. 월남전 관련 인사의 이주가 종료되자 미국은 남월남의 고위층으로 공산주의의 박해를 받은 사람으로까지 범위를 확대하였다. 1980~1997년까지 총 45만 8,367명이 '질서 있는 이주' 프로그램을 통해 미국에 합법적 이민자로 들어와 정착하였다. 같은 시기 '질서 있는 이주' 프로그램에 의해 이주한 모든 월남인 62만 3,509명 가운데 미국이 차지하는 비중이 73.5%에 달하였다.[36] 1994년 '질서 있는 이주' 프로그램이 종료되었지만 2005년 미국과 월남은 미국의 '질서 있는 이주' 조건에 부합하는 월남인의 이주를 지속하기로 합의하였다. 월남전과 관련된 미국의 책임은 종전 후 30년이 지나도 계속 유지되었다.

---

36 W. Courtland Robinson, *Terms of Refuge*(London, UK: Zed Books, 1998), Appendix 2.

4
결론

월남인의 미국 이주는 미국의 월남전 참전과 밀접하게 연결된다. 월남전쟁에서 승리하지 못하고 국내정치적 이유로 인해 월남을 포기하면서도 미국은 강대국으로서 명성과 체면을 유지하기 위해 월남전 당시 미국을 도운 월남인을 포기하지 않았다. 미국에는 월남전 패배와 월남 포기가 일회성 사건이 아니라 향후 미국의 상대국이 동맹국에 대한 미국의 공약을 평가하는 기준이 되기 때문이었다. 미국이 쉽게 동맹국을 포기하지 않는다는 인상을 주기 위해 포드 행정부는 월남전 막바지에 군사적 지원을 제공하고자 하였다. 미국 의회의 반대로 군사원조가 이루어지지 않자 친미 인사로 분류될 수 있는 월남인 20만 명을 소개할 계획을 세웠다. 소개계획은 남월남이 급격하게 붕괴되면서 제대로 진행되지 않았다. 미국이 직접 소개한 월남인은 4만 5천 명 수준이었다. 하지만 남월남의 해군함정을 통해 탈출한 3만 명, 해상으로 탈출한 4만 4천 명을 구조하였다. 또한 소형 선박으로 해상탈출을 감행하여 동남아시아에 도착한 난민도 거의 수용하였다. 1975년에만 12만 5천 명의 미국행을 받아들였다.

월남전에 관한 미국의 책무는 전쟁 이후에도 계속되었다. 미국은 과거 미국 정부에서 근무했던 월남인, 미국 정부와 특별한 협력관계를 맺은 기업에 근무하던 월남인, 공산주의의 박해를 받은 월남 고위층을 이후에도 계속 수용하였다. 미국의 월남인 수용 정책은 다른 국가들이 난민의 참상에 대한 인도주의적 반응에 따라 난민을 수용하면서 자국에 정착한 월남인의 가족 상봉이라는 인도적 목적에 집중하여 월남 난민을 추가로 수용하는 관행과 달랐다. 1976년부터 현재까지 월남인

약 65만 명을 난민으로 수용하여 미국에 정착시켰다. 월남전에서 잃은 강대국으로서의 체면을 월남 난민 수용으로 유지하려 하였다.

월남 난민에 대한 미국의 정책은 한국사회에 난민 수용 기준을 정하는 데 함의를 준다. 현재 예멘 출신 난민의 수용 여부를 두고 인도적 기준과 협소한 국가이익이 충돌하는 양상이다. 인도적 기준에 따라 난민을 수용하자는 입장은 난민 수용이 국제정치적 함의를 가지며 국내적 사회통합에 부정적 영향을 줄 수 있다는 점에 더 관심을 두어야 한다. 협소한 국가이익을 기준으로 난민 수용을 판단하자는 입장은 난민의 선별적 수용 기준과 국제사회에서 한국의 평판을 조금 더 고려해야 한다. 난민 수용을 두고 상충적 가치가 존재하는 상황에서 최대 효과를 찾아내기 위한 노력이 더 필요해 보인다.

| 참고문헌 |

Cao, Văn Viên. 1985. *The Final Collapse*. Washington, D. C.: Center for Military History US Army.

Chandola, Harish. 1977. "New Economic Zones". *Economic and Political Weekly*, Vol. 12, No. 4(January), pp. 83-85.

Desbarats, Jacqueline. 1990. "Repression in Socialist Republic of Vietnam: Executions and Population Relocations". In John N. Moore (ed.). *The Vietnam Debate*. Lanham, MD: University Press of America, pp. 193-201.

Dougan, Clark et al. 1985. *The Fall of the South*. Boston, MA: Boston Publishing Company.

Dunham, George Ross and David A. Quinlan. 1990. *U. S. Marines in Vietnam: The Bitter End 1973-1975*. Washington, D. C.: Headquarters, U. S. Marine Corps.

Hartsook, Elizabeth H. and Stuart Slade. 2012. *Air War: Vietnam Plans and Operations 1969-1975*. Newtown, CT: Defense Lion Publications.

Homeland Security. 1996-2016. *Yearbook of Immigration Statistics*. St. Louis, MO: Government Printing Office.

International Migration Organization. 2017. *Viet Nam Migration Profile 2016*. Hanoi, Viet Nam: International Migration Organization.

Johnson, Richard D. 1975. "Summary of the Evacuation of Saigon, South Vietnam Under Operation Frequent Wind". *Headquarters of the Commander in Chief Pacific Operations Analysis Group Report*, No. 2-75(May 16).

Kula, Stacy M. and Susan J. Paik. 2016. "A Historical Analysis of Southeast Asian Refugee Communities: Post-war Acculturation and Education in the U. S.". *Journal of Southeast Asian American Education and Advancement*, Vol. 11, No. 1, pp. 1-27.

Marcus, Dara. 2013. "Saving Lives: Canada and the Hai Hong". *Bout de Pier*, Vol. 28, No. 1, pp. 24-27.

Nguyen, Van Canh. 1983. *Vietnam Under Communism 1975-1982*. Stanford, CA:

Hoover Press.

Pingali, Prabhu L. and Vo-Tong Xuan. 1992. "Vietnam: Decollectivization and Rice Productivity Growth". *Economic Development and Cultural Change*, Vol. 40, No. 4, pp. 697-718.

Prosterman, Roy L. 1970. "Land-to-the-Tiller in South Vietnam: The Tables Turn". *Asian Survey*, Vol. 10, No. 8, pp. 751-764.

Robinson, W. Courtland. 1998. *Terms of Refuge*. London, UK: Zed Books.

Tobin, Thomas G., Arthur E. Laehr, and John F. Hilgenberg. 1978. *Last Flight from Saigon*. Washington, D. C.: Government Printing Office.

Tsamenyi, B. Martin. 1983. "The "Boat People": Are They Refugees?" *Human Rights Quarterly*, Vol. 5, No. 3, pp. 348-373.

UNHCR. 2000. *The State of The World's Refugees 2000: Fifty Years of Humanitarian Action*. Oxford, UK: Oxford University Press.

Văn, Tiến Dũng. 1977. *Our Great Spring Victory: An Account of the Liberation of South Vietnam*. New York, NY: Monthly Review Press.

Ford, Gerald R. "Opening Statement at Press Conference in San Diego, CA"(April 3, 1975). https://www.fordlibrarymuseum.gov/library/document/0122/ 1252273.pdf (검색일: 2019.2.10)

Ford, Gerald R. "Special Message to the Congress Requesting Supplemental Assistance for the Republic of Vietnam and Cambodia". *The American Presidency Project*(January 28, 1975). http://www.presidency.ucsb.edu/index.php (검색일: 2019.2.10)

Ricepedia. "Vietnam". http://ricepedia.org/vietnam (검색일: 2019.2.10)

"South Vietnam/Cambodia Aid, Federal Budget, Energy Legislation"(29 January 1975), Ford Cabinet Meetings on the Vietnam War.

UNHCR. "UNHCR Statistics: The World in Numbers". http://popstats.unhcr.org/en/asylum_seekers (검색일: 2019.2.10)

United States Agency for International Development. *Operation Babylift Report (Emergency Movement of Vietnamese and Cambodian Orphans for Intercountry Adoption, April - June 1975)*. Washington, D. C.: USAID. http://www.forensicgenealogy.info/images/babies_report.pdf (검색일: 2019.2.10)

United States Census. "American FactFinder-Results"(2018.4.10). https://factfinder.census.gov/faces/tableservices/jsf/pages/productview.xhtml?src=bkmk (검색일: 2019.2.10)

제5장

독백과 망각의 전쟁

중월전쟁과 아시아 냉전의 역설성

백지운
(서울대학교 통일평화연구원 HK교수)

1
서론: 중월전쟁과 아시아 냉전

베트남 북동부에 위치한 랑선성(省)의 성도 랑선(諒山, Lạng Sơn)은 수도 하노이에서는 130km 떨어진 반면 중국 서남쪽 국경과는 불과 18km밖에 되지 않는다. 인접한 중국 측 도시는 광시(廣西)성 핑샹(憑祥)시다. 험준한 산맥이 즐비한 베트남 북부 교통의 요지 랑선이 수도 하노이를 호위하는 병풍이라면, 핑샹은 중국과 동남아시아를 최단거리로 연결하는 관문이다. 핑샹과 랑선 사이 97km나 이어진 국경선에는 여우이관(友誼關), 푸자이(浦寨) 두 개의 1급 통관문과 농화이(弄懷) 2급 통관문이 있으며, 이들 주변으로 다섯 개의 호시(互市)가 열린다. 그중 중국의 9대 명관(名關)이라 불리는 여우이관은 중월 국경지대 최대의 무역 통관지이다. 중국에서는 공산품을, 베트남에서는 농산물을 실은 화물차가 이들 관문을 바쁘게 오간다. 중국 광저우(廣州)에서 발행하는 주간지 『난팡저우모(南方週末)』의 어느 기사에 따르면, 2011년 남중국해 영유권 문제를 둘러싸고 중국과 베트남 사이에 갈등이 불거지자 베트남 당국이 랑선을 포함한 몇 개의 국경 관문을 닫은 적이 있었다. 풍작을 맞은 과일들이 중국으로 들어가지 못해 썩어 나가게 되자 베트남 농민과 상인들의 불만이 하늘을 찔렀고 결국 여우이관은 닫은 지 3일 만에 다시 열렸다고 한다.[1] 국가 간 이해관계와 별도로 영위되는 국경 지역 삶의 한 단면을 보여 주는 일화이다.

1 "對越作戰中國廣播《血染的風采》越軍士兵也流淚", 『南方週末』(2013.10.12).

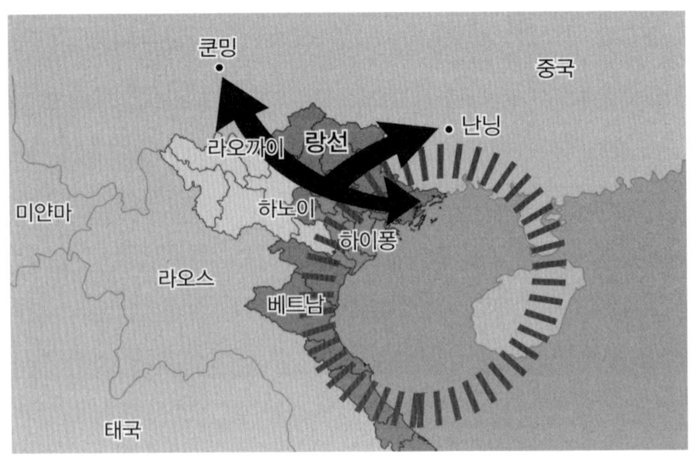

〈그림 5-1〉 '두 회랑과 하나의 경제권' 구상도

2017년 5월 중국과 베트남은 최근 중국의 역점 사업인 '일대일로(一帶一路)'의 연결을 가속화하고 그 일환으로 '두 회랑과 하나의 경제권(Two Corridors and One Economic Ring, 兩廊一圈)' 계획의 협력안에 조인하였다. 중국 윈난성의 쿤밍(昆明)-라오까이(Lao Cai)-하이퐁(Hai Phong)-광닌(Quảng Ninh)을 잇는 회랑과 광시성의 난닝(南寧)-랑선-하노이-하이퐁-광닌을 잇는 두 회랑, 그리고 베트남 북부만(灣) 경제권으로 구성된 이 국경무역협력지대는 중국의 광동성, 광시성, 윈난성, 하이난성 및 홍콩·마카오 특별자치구와 베트남의 10개 해안 도시를 아우르며, 포괄하는 인구는 약 3,900만 명에 이른다.[2] 두 개의 경제회랑이 교차되는 곳에 랑선이 놓여 있는 것을 보건대 향후 중월 간의

2 "China-Vietnam All-rounds Strategic Cooperation Pays Off", *CGTN*(2017.11.11), https://news.cgtn.com/news/344d444f34597a6333566d54/share_p.html (검색일: 2019.3.18). 이 계획은 2004년 6월 베트남 수상이 방중했을 때 처음 제기되어 2006년 11월 후진타오 주석의 베트남 방문 때 양해각서가 체결되었다. 유인선, 『베트남과 그 이웃 중국: 양국관계의 어제와 오늘』(파주: 창비, 2012), 484쪽.

경제합작특구가 실현되면 그 지경학적 위상은 한층 높아질 것이다. 중국으로서 이 경제특구는 중월 경제협력 차원을 넘어 '일대일로'의 건설을 위한 중국과 아세안 링크의 확보, 남중국해를 포괄하는 안보체제 구축이라는 측면에서 매우 중대하다. 베트남 입장에서도 최대의 수출처이자 세 번째로 큰 수입처인 중국과의 합작을 통해 외자 투자를 활성화하고 낙후한 북부 경제를 발전시킬 수 있다는 점에서 이 특구의 실현은 절실하다. 아직은 한산한 이곳 국경지대에 불어올 변화의 바람이 심상치 않다.

이 장이 랑선 국경 마을에 주목하는 더 큰 이유는 이곳이 1979년 중월 간의 피비린내 나는 전쟁의 격발지였기 때문이다. 예로부터 이 지역은 언어, 화폐, 문화가 서로 통용되었고, 양쪽 주민들은 서로 평화롭게 살았다.[3] 『난팡저우모』의 취재에 응한 한 랑선 주민의 인터뷰에 따르면, 중월 인민이 '동지이자 형제'였던 시절 랑선 교외의 집단 축사(畜舍)에 설치된 대형 나팔에서는 아침마다 "중월 우의는 아침 해와 같아라"라는 노래가 울려 퍼졌다. 그러던 것이 어느 날 축사 위로 국기가 휘날리고 울타리마다 혁명구호가 붙었으며, 대형 나팔에서는 "미제국주의처럼 수정주의 중국도 베트남의 가장 사악한 적"이라는 구호가 제창되었다. 인터뷰에 응한 또 다른 랑선 주민은 미국과의 전쟁 때 중국이 베트남에 제공한 '혁명원조'의 일환으로 1974년 광시성 구이린시(桂林市)의 육군지휘학교에서 군사훈련을 받았다고 하였다. 그가 받은 훈련은 지하 갱도를 파는 법을 비롯하여 항미원조전쟁 당시 중국 인민지원군이 세계 초강대국인 미국과 싸우면서 터득한 기술들이

3 Juhyung Shim, "Haunted Borderland: The Politics of the Border War against China in Post-Cold War Vietnam"(doctoral dissertation, Duke University, 2014), pp. 38-52. 이 글에 따르면, 중월전쟁 당시 랑선 주민의 인구 구성을 보면 베트남의 대표 종족인 낀(Kinh) 족은 10%에 불과했으며, 주민의 대다수는 토착 소수민족이었다.

었다. 이후 중월전쟁이 발발하자 이런 '혁명원조' 덕에 베트남군은 중국군의 전투 수법을 손바닥 보듯 훤히 알 수 있었다고 하니 이 또한 역사의 아이러니가 아닐 수 없다.[4]

중월전쟁은 1979년 2월 17일 중국 인민해방군이 베트남에 쳐들어와서 라이쩌우(Lai Chau), 라오까이, 하장(Ha Giang), 까오방의 4개 성도를 점령하고, 3월 5일 하노이로 가는 길목인 랑선을 장악하는 것으로 시작하였다. 협의의 의미에서 중월전쟁은 이로부터 중국군이 베트남 경내에서 전면 철수한 3월 16일까지의 한 달을 말하지만, 실상은 1980년대에도 뤄자핑대산(羅家坪大山), 파카산(法卡山), 커우린산(扣林山), 라오산(老山), 주인산(者陰山) 일대에서 피비린내 나는 전투가 지속되었다. 1991년 소련이 해체되고 1992년 덩샤오핑의 남순강화가 시작되면서 비로소 중월관계가 회복되었으니, 장샤오밍(Zhang Xiaoming)의 책 제목처럼 이 전쟁은 무려 13년에 걸친 '기나긴 전쟁'[5]이었던 것이다.

전쟁의 규모와 피해에 대해 쌍방이 공인하는 객관적 통계는 아직 없다. 전쟁 당시 하노이 방송은 중국군 사상자가 4만 2천 명이라고 한 반면, 중국 측은 베트남군 사상자가 5만 명이고 자기네는 2만 명이라고 하였다. 그러나 대체로 서양 학자들은 1979년 한 달 동안의 전쟁 중 중국과 베트남의 전사자를 각각 2만 6천 명과 3만 명, 부상자를 3만 7천 명 대 3만 2천 명으로 보고 있다.[6] 최근 연구에서 장샤오밍은 중국군 관련 자료를 기반으로 하여, 1979년의 전쟁에 중국 인민해방군 50만 명이 참전했고 1984년 이후에도 18만 명의 군대가 국경 전쟁에 순환

---

4 "對越作戰中國廣播《血染的風采》越軍士兵也流淚".

5 Xiaoming Zhang, *Deng Xiaoping's Long War: The Military Conflict between China and Vietnam, 1979-1991*(Chapel Hill: The University of North Carolina Press, 2015).

6 유인선, 『베트남과 그 이웃 중국: 양국관계의 어제와 오늘』, 454-455쪽.

배치되었으며, 1979~1991년까지 총 1만 2천 명의 중국군이 사망했고 군인과 민병을 합치면 부상자의 수가 2만 명이 넘는다고 기술하였다.[7]

서로가 승자라고 주장하지만 누구도 이겼다고 할 수 없는 이 전쟁은 이른바 '사회주의 형제국' 간의 전쟁이라는 점에서 중월 모두에게 명분이 궁색하였다. 전쟁의 발발 원인이나 당시 국내외 정세에 관해서는 기존의 연구들이 이미 상세하므로 여기서는 생략한다.[8] 간단하게 말해 중소갈등이라는 대패권과 인도차이나반도의 종주권을 다투는 소패권이 충돌하는 냉전시대 사회주의 진영 내 지정학의 산물이라 할 수 있을 텐데, 소련이 무너지고 아시아의 냉전 구조가 결정적으로 흔들리면서 중월전쟁은 더 이상 이념적인 정당성을 유지할 수 없게 되었던 것이다. 중월전쟁이 1990년대 이후 중국과 베트남 양쪽의 공적 기억에서 사라지게 된 것은 이런 연유에서였다. 그러나 공적 공간에서 사라졌다고 해서 민간의 기억마저 사라지는 것은 아니다. 억눌려 온 기억들은 적절한 틈이 생기면 예기치 못한 방식으로 삐져나올 것이다.

이 글은 공적 공간에서 억압되어 온 중월전쟁의 서사가 최근 중국의 대중매체에서 '말하지 못하는' 기억의 징표로서 재소환되는 장면을 포착하는 데서 출발한다. 그런 다음 1980년대 영화와 문학작품, 가요 등을 통해 대대적으로 이데올로기화되었던 중월전쟁이 1990년대 초 소련의 해체 이후 중소관계 회복, 중월관계 정상화로 연쇄되는 아시아 탈냉전 과정에서 한순간에 집단기억에서 사라지게 된 맥락을 추

---

7 Xiaoming Zhang, *Deng Xiaoping's Long War: The Military Conflict between China and Vietnam, 1979-1991*, p. 211.

8 중월전쟁의 원인과 배경에 관해서는 다음의 연구들을 참조. 정천구, "중월전쟁의 원인과 결과", 『한국과 국제정치』 제2권 2호(1986); 황병무, "베트남과 중공관계", 『한국과 국제정치』 제2권 2호(1986); 최영, "중월전쟁연구", 『아세아연구』 제27권 1호(1984); 김명섭 · 최정호, "1979년 중국-베트남 전쟁의 원인에 관한 재고찰", 『세계지역연구논총』 제26집 1호(2008); 유인선, 『베트남과 그 이웃 중국: 양국관계의 어제와 오늘』.

적할 것이다. 생각건대, 아시아에는 미소냉전이라는 지구적 냉전의 하위체제이면서 동시에 독자적으로 작동하는 또 다른 차원의 냉전이 형성되어 있었다. 이른바 '중소분쟁'이라는 이름으로 대표되는 아시아 냉전은 그 하부에 중월(中越), 중몽(中蒙), 중인(中印) 갈등이라는 대결구조를 안고 있었다. 중월전쟁은 거시적 의미에서 냉전의 산물이면서 또 아시아 사회주의 내부의 전쟁이라는 점에서 냉전을 이반하는 이율배반성을 띠고 있다고 볼 수 있다. 또한 1980년대 중국의 개혁개방이 미중 간 탈냉전의 산물이지만 사실상 중국이 미중 화해를 추진한 주요한 요인이 바로 중소갈등이었다는 점, 다시 말해 미중 간의 탈냉전이 중소갈등이라는 아시아 냉전에 의해 추동되었다는 점, 그리고 중월전쟁이 중국의 개혁개방을 이념적으로 지탱하는 역할을 했다는 점을 함께 생각한다면 중월전쟁은 아시아의 냉전과 탈냉전이 복잡하게 뒤얽힌 매듭의 한복판에 놓여 있었음을 알 수 있다. 이 장에서 분석할 중월전쟁 서사의 이념적 균열은 이 같은 아시아 탈/냉전의 복잡한 이율배반성을 보여 주는 한 단면이다.

2 말 못 하는 기억의 귀환

1) 불구의 기억

수십만의 군대가 동원되고 수만의 사상자를 낸 대규모의 전쟁이었음에도 중국에서 중월전쟁을 제대로 알고 있는 이는 드물다. 중월전쟁은 잊혔다기보다는 의도적으로 버려졌다고 하는 것이 더 적절하다. 역사책에 기록되지 않음은 물론이고 번듯하게 기념일도 지정되지 않았다. 2015년 9월 세계반파시즘승리 70주년을 기념하는 열병식에 아흔 살이 넘은 항일전 용사들과 열사 자녀 300여 명이 전국 각지에서 초대되어 전 국민의 경례를 받았던 것에 비하면, 중월전쟁 참전용사에 대한 대우는 너무나 초라하였다.[9] 기념은 고사하고 기억조차 되지 않는 이들의 처지는 2017년 연말 중국을 떠들썩하게 했던 영화 〈방화(芳華, Youth)〉에 대한 어느 네티즌의 소회에 잘 나타난다.

> "우리 막내 할아버지는 중월전쟁 중 다리를 다친 참전용사이다. 만년에 공장에서 잡일을 하며 생계를 유지하였다. 한번은 그가 이웃집 아이에게 왕년에 중월전쟁에서 싸운 이야기를 해 주었는데 아이가 허풍이라며 믿지 않았다. 아이는 더 나아가, 책에서는 항일전쟁과 조선전쟁밖에 못 들어 봤고, 영화나 드라마에도 대월반격전(對越反擊戰)[10]은 나온 적이 없다, 그리고 정말로 전쟁에서 싸워 다쳤다면 왜 평생 공장에서 굴러먹었느냐며 따져 묻는 것이었다. … 당시 막내 할아버지는 할 말이 없어 입을 다물었다. … 〈방화〉를 보고 막내 할아버지의 삶이 생각나 울었다."[11]

〈방화〉는 중국 영화계의 흥행 보증수표로 알려진 펑샤오강(馮小剛: 1958~) 감독의 최신작이다. 〈집결호〉(2006), 〈대지진〉(2010), 〈1942〉(2012) 등 중국 현대사의 감춰진 상처를 조명하는 작품들을 잇달아 성공시켰던 펑샤오강의 신작 〈방화〉는 개봉 2주 만에 박스오피스 10억 위안 돌파라는 믿기 힘든 기록을 세웠다.[12] 이 놀라운 기록에

---

9 중월전쟁 참전용사들의 대우가 어떤지 공식 기록을 찾기 어렵다. 온라인 게시판에 올린 참전용사들의 글을 종합하건대 부상이 없는 경우 월 200~500위안(한화 3만 5천 원~9만 원)의 위로금을 받는 것으로 보인다.

10 중국에서 중월전쟁의 공식 명칭은 '대월자위반격전(對越自衛反擊戰)'이다.

11 天涯社區(2017.12.18), http://bbs.tianya.cn/post-free-5833969-1.shtml (검색일: 2019.3.18)

12 劉卉, "《芳華》營銷方自述：從被撤檔到十億票房, 這一年我們經歷了甚麻"(2017.12.29),

는 〈방화〉에 대한 중국 정부의 상영 철회 조치가 한몫하였다. 원래 극장가의 최고 성수기인 국경절에 맞추어 2017년 9월 말에 상영될 예정이었던 이 영화가 일주일 전 철회 통보를 받고 간판을 내린 것이다. 공식적인 발표는 없었지만 이런 조치가 〈방화〉에 담긴 정치적인 민감성, 즉 중월전쟁을 소재로 했기 때문이라는 소문이 일파만파로 번져 갔다. 늘 그렇듯, 정치적 금기는 상업적 성공과 표리를 이룬다. 상영 철회를 둘러싸고 온라인과 SNS에서 벌어진 열띤 토론은 〈방화〉가 이후 수정과 편집을 거쳐 다시 상영되는 그해 12월까지 극장가를 뜨겁게 예열하였다.

물론 〈방화〉의 성공이 전적으로 정치적 요인만은 아니다. 국가 서사와 대중의 욕망 경계를 능숙하게 타고넘을 줄 아는 펑샤오강의 예의 천재적 재능은 〈방화〉에서도 유감없이 발휘되었다. 〈방화〉는 혁명의 시대를 지나 개혁개방의 가도를 숨 가쁘게 달려 'G2' 시민이 된 중국 대중들의 성취감 뒤에 숨은 공허한 영혼을 두드리는 데 성공하였다. '인민해방군의 꽃'이었던 문화공작단(이하 '문공단'으로 간칭)에 초점을 맞추어 '청춘'과 '전쟁'이라는 두 모티브로 1980년대를 표현해낸 〈방화〉는 1990년대 이후 각박해진 세상에서 퇴색해 가는 상상 속 혁명시대에 대한 노스탤지어를 자극하였다.

그러나 〈방화〉가 그리는 청춘 송가는 지난 세기말 중국 문예계를 휩쓸었던 노스탤지어와는 다르다. 1990년대의 노스탤지어가 감성적 과잉 속에 정치성을 소거하는 것이었다면, 〈방화〉는 중월전쟁이라는 정치적 금지구역을 보일 듯 말 듯 드러내며 대중을 정치영역으로 유인한다. 중월전쟁을 상당한 비중으로 다루고 있음에도 〈방화〉는 이 전

---

https://mp.weixin.qq.com/s/WRPRwWN-x1nGvMgrHOv5Ug (검색일: 2019.3.18)

쟁에 대해 명료하게 말하지 않는다. 세련된 특수효과와 스펙터클이 동원된 전투 장면들은 도대체 누구와 싸우는 전쟁인지, 왜 싸우는 것인지, 속 시원히 말해 주지 않는다. 그것이 중월전쟁이라는 사실은 해산을 앞둔 문공단의 마지막 공연장 무대 위에 걸린 붉은 플래카드에 쓰인 구호 — '자위반격하여 변강을 보위하는 영웅 전사들을 배우고 조국을 위해 공을 세운 전사들에게 경례하자' — 를 통해 아주 잠깐 드러날 뿐이다. 여기엔 물론 검열 탓이 작지 않겠지만, 의도했든 아니든 은밀한 노출은 〈방화〉가 중월전쟁을 말하는 무언의 방식으로 작동하고 있다.

〈방화〉의 이 같은 모호한 발화 방식은 이 영화가 전면에 내세우는 '청춘(youth)'의 양면성과도 맞물려 있다. 한편으로는 한때 젊음을 발산했던 문공단 시절을 그리워하는 것 같지만, 실제로 영화가 초점을 맞추는 것은 문공단에서 낙오한 두 패배자, 류펑과 허샤오핑의 간난한 삶이다. 대부분 성분이 좋은 집안 자제들인 단원들과 달리 반동파로 몰려 몰락한 집안 출신인 데다 격변하는 현실에 제대로 적응하지도 못하는 이들은 문공단에서 하차하여 중월전쟁의 전선에 배치된다. 결국 류펑은 전투에서 팔을 잃고, 간호병으로 참전한 허샤오핑은 전쟁의 트라우마로 인해 정신질환을 앓는다. 이후 개혁개방이 가속화되면서 문공단이 해산된다. 단원들은 하나둘 대학에 입학하거나 해외로 이민을 떠나지만 육체적·정신적 불구자가 된 류펑과 허샤오핑은 양극화된 중국사회의 하층민으로 전락한다. 필경 중국사회의 중산계층으로 안착한 문공단원들이 기억하는 1980년대는 류펑과 허샤오핑과 다르다. 전자에게 1980년대가 기억 저편으로 떠나보낸 아스라한 그리움의 대상이라면 시간의 상처를 온몸으로 살아온 류펑과 허샤오핑에게는 여전히 고통스러운 현재이다.

류펑과 허샤오핑의 육체적·정신적 불구는 중월전쟁의 발화 불가능성을 암시한다. 개혁개방의 세찬 급류가 혁명시대를 밀어냈던 시대의 격동은 중월전쟁으로부터 서사의 가능성을 박탈하였다. 전쟁에 참여했던 주인공들에겐 혁명의 논리로도, 개혁개방의 논리로도 설명되지 않는 이 전쟁을 말할 수 있는 언어를 지니고 있지 않다. 문공단 해체를 앞두고 마지막으로 올려진 위문공연을 초점 없는 멍한 눈으로 응시하는 상이군인들의 표정은, 무대 위와 무대 밖이 전혀 다른 세상으로 격절되어 있음을 보여 준다. 중월전쟁은 단순히 검열의 문제만은 아니다. 중월전쟁을 중국사회의 언설 공간으로 불러내기 위해서는 이제껏 제대로 설명되지 못했던 개혁개방과 냉전, 탈냉전이 함께 공모했던 복잡한 역사적 맥락을 소환해야 한다.

2) 일그러진 영웅의 귀환

항일전쟁, 항미원조전쟁, 국공내전이 영화와 드라마를 통해 수없이 다루어진 것과 대조적으로 중월전쟁은 그동안 거의 모든 주류 대중매체에서 외면당해 왔다. 그런데 얼마 전 이런 집단망각에 충격을 준 흥미로운 사건이 발생하였다. 중월전쟁 참전용사인 동구이셩(董貴生)이 중앙방송국(CCTV)이 선정한 '2015년의 인물'로 뽑힌 것이다.

2015년 8월 저장(浙江) 케이블 TV 프로그램 〈드림오브차이나[中國夢想秀]〉에 대월자위반격전(對越自衛反擊戰) 참전용사 동구이셩이 출연하였다. 육군 모 사단 포병정찰대 반장이라 자신을 소개한 그는 중월전쟁에서 함께 싸우다 전사한 전우들을 대신하여 지난 27년간 그들의 부모를 공양해 온 사연을 소개하였다. 전사한 열사들의 부모를 모시고 매년 윈난성 마리포(麻栗坡)에 소재한 열사 묘역에 참배를 다녔던 것이다. 중월전쟁의 참전용사들은 대부분 빈곤층이어서, 그 부모들이 멀리 떨어진 국경지대에 묻힌 자식을 보러 갈 형편이 못 되는 경우가 허다하였다. 매년 쓰촨(四川) 청두(成都)에서 윈난성 쿤밍을 거쳐 마리

〈그림 5-2〉 〈드림오브차이나〉에 출연한 동구이셩(출처: 『綜藝新聞』, 2015년 8월 18일)

포까지 왕복 8일에 걸리는 참배 여정을 지속해 온 동구이셩의 사연은 출연자와 청취자들의 눈시울을 적셨다.

방송에서 동구이셩은 이런 결심을 하게 된 계기가 1985년 부여받은 특수한 임무 때문이었다고 말하였다. 1981년 참전했다가 퇴역한 그에게 어느 날 전우들의 전몰통지서 85통을 식솔들에게 전달하는 임무가 부여된 것이다. 자식을 애타게 기다리는 부모들에게 사망 소식을 전하는 쓰라린 경험 속에서 그는 남은 평생 죽은 전우들을 대신해 그들 부모의 자식이 되기로 결심한다. 그 후 30년 가까이 동구이셩은 설날과 군인절마다 전우들의 부모를 보살폈고, 1989년부터 27년간 마리포 참배단을 조직하여 부모들의 열사 묘역 참배를 도왔던 것이다. 방송에서 그는 아직도 참배하지 못한 부모들이 살아생전에 참배를 마칠 수 있도록 도와달라고 호소하였다.

동구이셩의 행적이 공론장에 처음 등장한 것은 2010년 신좌파 매체인 '톈야꼬뮨(天涯社區)'의 온라인 게시판이었다. 이후 2013년 쓰촨 온라인 신문에 "약속을 지키기 위하여: 쓰촨 노병, 27년간 27명의 전우의 부모를 봉양하다"라는 기사가 실리면서 언론의 주목을 받기 시작하였다. 이후 점증하는 매체의 후광에 힘입어 2014년 중앙문화부로부터 '중국호인(中國好人)', 쓰촨 문화부로부터 '쓰촨호인'의 칭호를 받았고, 2015년 4월 홍콩 피닉스 TV에 소개되면서 전국적으로 전파를 타게 된다. 그 여세를 몰아 8월 〈드림오브차이나〉에 출연하고, 마침내 그해 CCTV의 〈감동중국〉이 선정한 '2015년의 인물'이 된 것이다.[13]

본격적인 사건의 전개는 그다음부터였다. 동구이셩의 사연이 전국으로 퍼지자 그동안 침묵 속에 있던 중월전쟁의 참전용사들이 하나 둘 목소리를 내기 시작한 것이다. 그 시작은 라오산 전투의 공격부대장을 지냈다는 창레이(臧雷)의 공개서한이었다. 그는, 전몰통지서는 부사단장급이 지방의 부현장이나 민정국 직원과 함께 송달하게 되어 있어, 일개 사병인 동구이셩이 그런 임무를 맡았을 리 없다면서 동구이셩의 진실성에 문제를 제기하였다. 또한 동구이셩과 가까운 친우라는 다른 참전용사는 동구이셩이 열사 묘역 참배단을 조직한 것이 최근 2, 3년의 일이라고 폭로하였다. 또 다른 참전용사는 동구이셩이 소속했던 부대가 공격부대를 보조하는 박격포 부대였으므로 정찰대원이었다는 동구이셩의 말은 거짓이라고 주장하였다.

이처럼 의혹들이 끊이지 않자 결국 쓰촨 지방정부까지 나섰다. 청두시 피현(郫縣) 문화부는 관련 문서들을 조사하고 동구이셩과 관련된 참전용사 및 식솔들을 모아 좌담회를 연 다음, 이를 기반으로 "참전용사 동구이셩 사적에 관한 조사와 사실관계"라는 문건을 게시하였다. 이 문건은 비록 동구이셩의 발언에 과장이 없지 않지만 그가 열사들의 식솔을 돌보고 열사 묘역 참배단을 조직한 것 자체는 사실임을 확인하였다.[14]

---

13 "老兵董貴生, 他該不該感動中國?", 『南方週末』(2016.1.16), https://read01.com/0dOmLB.html#.WwzlH0iFNPY (검색일: 2019.3.18)

14 "成都市郫縣精神文明辦回復: 關于參戰老兵董貴生事迹的調査和澄清"(2017.12.18), http://bbs.tianya.cn/post-no110-15465804-1.shtml (검색일: 2019.3.18)

그러자 또 다른 반전이 일어난다. 궁지에 몰린 동구이셩을 응원하는 전화들이 수백 통씩 걸려 왔고, 쓰촨 교외에서 운영하는 그의 식당 청도원(聽濤園老兵俱樂部)은 그를 지지하기 위해 찾아온 노병들로 북적이기 시작하였다. 또한 위챗 SNS에는 '전국참전용사협회'라는 단체가 결성되어 '올해의 인물' 투표에 참전용사들이 적극적으로 참여하도록 독려하였다.[15] 동구이셩을 둘러싼 진실공방이 전국 각지의 참전용사들을 일거에 결집시킨 것이다. 그 결과 2016년 1월에 실시된 〈감동중국〉 투표에서 동구이셩은 403만 4,586표를 얻어 거뜬하게 1위를 차지했던 것이다.

동구이셩의 에피소드는 오랜 시간 집단망각 속에 억눌렸던 중월전쟁이 자본과 매체를 통해 기형적으로 사회에 환기되는 장면을 보여준다. 〈드림오브차이나〉의 핵심은 사연이 주는 감동이다. 출연자의 최루성 사연으로 감정이 고조에 오르는 순간 기업가와 셀럽(celeb)들이 거액의 기부를 약속하면서 청취자들의 카타르시스를 불러내는 것이다. 분명, 동구이셩이 사연을 부풀려 말한 데는 매체의 속성과 무관치 않았을 것이다. 청취자들의 닳고 닳은 눈물샘을 자극하기 위해 한층 더 극적인 포장이 필요했을 것이다.

어쨌든 동구이셩을 둘러싼 헤프닝은 그동안 숨죽이며 살아온 중월전쟁 참전용사들의 목소리를 세상이 듣게 하는 계기를 만들었다. 개중에는 세속적이고 비도덕적인 언행으로 참전용사들의 명예를 실추시켰다는 비판적 목소리도 없지 않았지만, 동구이셩을 지지하는 쪽이 압도적으로 많았다. 대다수 참전용사에게 약간의 허풍과 과장은 잊힌 전쟁을 사회에 환기시키고 대중의 관심을 끌어낸 공에 견줄 바가 아니

15 "老兵董貴生, 他該不該感動中國?"

었던 것이다. 온라인 공간에서 참전용사들은 '동구이셩 덕에 사람들이 우리를 기억하게 되었는데 군이 먼지까지 탈탈 털어낼 게 뭐냐', '동구이셩이 전우들의 식솔을 돌볼 때 너는 뭐 했냐', '중월전쟁에서 싸웠다고 하면 사람들은 지금도 미친놈 취급한다'며 맺혔던 분을 쏟아내었다.[16]

동구이셩 사건은 기억되기를 갈망해 온 참전 노병들의 꺼져 가는 희망의 불씨를 지펴 올렸다. 그러나 결과적으로는 그것은 중국의 언설 공간에서 발언권을 지니지 못하는 중월전쟁의 현주소를 역설적으로 드러낸 것에 불과하였다. 참전용사들 간의 상호 비방과 격론으로 일그러진 '2015년의 인물' 동구이셩은 자본과 매체의 생리에 동원되는 형태로만 사회에 환기될 수 있는 중월전쟁의 상처 난 자화상일 뿐이었다.

3 전선과 배후, 균열하는 이데올로기

중월전쟁이 잊혔다는 사실보다 더 중요한 것은 그것이 단시간에, 집단으로 잊혔다는 사실이다. 1980년대 중월전쟁은 전 인민을 대상으로 대대적으로 선전되고 있었다. 〈방화〉 상영 직후 한 온라인 게시판에 올라온 어느 네티즌의 글은 그런 상황을 잘 말해 준다.

> 그러나 당시는 달랐다. 윈스 군(저자를 말함 — 인용자)이 초등학생 시절, 여름방학이 되면 학교는 전교생에게 라오산 전선에서 싸우

---

16 위의 글.

는 군인 아저씨들께 편지를 쓰게 했고, 극장에 모여 영웅에 관한 강연을 들어야 하였다. 시간이 오래되어 편지와 강연의 내용은 기억나지 않지만, 엄밀하게 말해 이 모두는 우리 세대가 받은 첫 번째 정치 수업이었다. 그러나 이런 상황은 오래가지 않았다. 몇 년이 지나자 학교는 더는 이런 임무를 부여하지 않았다. 당시엔 마냥 신나기만 해서 잘 생각해 보지 않았지만, 지금 생각하면 그게 중월전쟁의 망각의 시작이었던 듯하다. 더 구체적으로 말하면, 대체로 1990년 9월 즈음이었다.[17] 지도자가 청두에서 베트남공산당 괴수에게 "모진 세월 뒤에도 형제는 남는 법, 서로 한 번 웃으니 은원이 사라지네(度盡劫波兄弟在, 相逢一笑泯恩仇)"라는 시 한 소절을 읊자 10년에 걸친 전쟁이 매듭을 짓고 끝장을 본 것이다.[18]

관련 자료들을 찾아보면 위 네티즌의 말은 대체로 사실에 부합한다. 10여 년에 걸친 전쟁 동안, 중공 중앙은 중월전쟁에 대한 대대적인 정치선전을 진행하였다. 1979년 2월 17일 『런민르바오(人民日報)』가 "참을 것인가, 말 것인가(是可忍，孰不可忍)"라는 사설로 전쟁을 선포한 이래 군과 당은 작가와 예술가들을 대거 동원하여 전쟁에 관한 창작을 독려하였다. 1979년 3월 중국인민해방군 총정치부는 '자위반격보위변경영웅글짓기' 사업을 출범시켜 청년 문인들의 창작 열정을 격발시켰고, 인민해방군도 자체적으로 400여 명의 창작 요원을 전투부대로 투입시켜 현장답사를 보내거나 심지어 전투에 배치하기도 하였다.

---

17 1990년 9월 쓰촨성 청두에서 중국과 베트남의 정상회담이 비밀리에 마련되었다. 양국관계의 공식적인 정상화는 1991년 11월에 이루어졌다. 유인선, 『베트남과 그 이웃 중국: 양국관계의 어제와 오늘』, 470-473쪽.

18 雲石, "〈芳華〉背後: 對越自衛反擊戰爲甚麼會被淡化遺忘?"(2017.12.19), www.sohu.com/a/211525005_135239 (검색일: 2019.3.18)

전국적 작가 조직인 중국문련[中國文學藝術界聯合會]은 70~80여 명의 작가와 예술가단을 결성했고, 광시성과 윈난성은 별도로 작가·예술가단을 편성하여 전선으로 파견하였다. 이런 조직적 흐름 속에서 중월전쟁에 대한 대량의 예술 작품들이 출현하였다. 1980년대 중국인민해방군 총정치부가 주간하는 문학상에는 500여 편의 작품이 응모되었고, 그 후 수년간 중월전쟁을 소재로 한 작품들이 다수 수상하였다.[19] 영화나 음악 분야도 마찬가지였다. 1989년까지 20편에 달하는 중월전쟁에 관한 영화들이 제작되었으며, 인민해방군의 승리를 기원하는 100여 편의 노래가 기층으로 전파되었다.[20]

중국 맥락에서 전쟁에 대한 조직적 선전 활동은 새로운 것이 아니다. 그러나 1980년대의 중국사회는 항미원조전쟁을 치렀던 1950년대와는 크게 달랐다. 경제적 궁핍 속에서도 온 나라가 혁명에 대한 열기로 뜨거웠던 항미원조전쟁 시기에는 전선과 배후를 사상적으로 일치단결시킬 조건이 갖춰져 있었다. 그러나 1980년대는 달랐다. 개혁개방 이후 물질주의와 자유주의에 침식되기 시작한 기층 사회와 낙후한 장비로 열악한 조건 속에서 피를 흘려야 했던 남방의 전선 사이에는 좁히기 힘든 거대한 간극이 존재했던 것이다. 따라서 문예창작이 직면한 임무 역시 한층 복잡할 수밖에 없었다. 다시 말해 1980년대 중월전쟁에 관한 문예창작은 인민의 단결을 강화해야 한다는 사상적 요구와 더불어, 전선과 배후의 간극이라는 현실을 외면해선 안 된다는 예술적 책임을 동시에 만족시켜야 하는 이중의 과제를 짊어지고 있었다.

---

19 尚玥, “1980年代中越戰爭題材中短篇軍旅小說女性形象研究”(河北大学碩士學位論文, 2013), pp. 1-2.

20 Xiaoming Zhang, *Deng Xiaoping's Long War*, pp. 188-189.

1) 열사가 남긴 빚

이러한 모순된 상황은 당시 전국적으로 가장 많이 읽힌 것으로 알려진 「산기슭의 꽃다발(高山下的花環)」(이하 「꽃다발」)에 잘 나타난다. 종군작가 리춘바오(李存葆)의 중편소설 「꽃다발」은 1979년 봄부터 넉달간 윈난과 광시의 전선에서 작가가 군인들과 함께 생활하며 직접 보고 들은 것을 기반으로 쓴 작품이다. 1982년 베이징 소재 격월간지 『스위애(十月)』(제6기)에 발표된 이 작품은 이후 중앙과 각 성의 간행물에 다투어 전재(轉載)되었으며, 전국 각지 74개의 신문에 연재되었고 총 180만 부가 인쇄되었다. 1981~1982년도 '전국우수중편상' 수상작이기도 하다. 이런 명성을 기반으로 「꽃다발」은 연극과 드라마, 영화로도 개작되었다. 50여 개의 극단에 의해 무대에 올려졌고, 1983년에는 산둥방송국에서 드라마로 제작했으며 1984년에는 당대의 최고 영화감독인 셰진(謝晋)이 영화로 각색하였다. 영화 〈꽃다발〉은 1985년 중국영화금계상의 최고작품상, 남우주연상 등 8개 분야를 휩쓸었다.

영화 〈꽃다발〉은 윈난성 전선에 배치된 3영(營) 9련(聯)에 관한 이야기이다. 9련의 연장(聯長) 량산시(梁三喜)는 산둥성의 가난한 산촌 출신으로 혁명적 결기가 굳고 전우들과 우애가 돈독한 인물이다. 어느 날 9련에 새 지도원 자오멍셩(趙蒙生)이 부임해 온다. 도시 출신의 자오멍셩은 인민해방군 고위간부의 아들로서 출세를 위해 남방 전선의 대오에 들어왔지만 전투가 발발하기 전에 후방으로 배치될 예정이었다. 그런 소문이 부대에 퍼지면서 멍셩과 9련 대원 간의 갈등이 깊어진다. 자오멍셩과 량산시의 대조적인 인물상은 전선과 배후의 확연한 간극을 드러낸다. 산시의 검게 그은 얼굴과 대조되는 멍셩의 하얀 피부, 배달된 소포 꾸러미에 담긴 수입 과자와 담배, 애지중지하는 고급 카메라들은 멍셩이 남방의 전선에서는 상상할 수도 없는 다른 세계에서 왔음을 말해 준다.

산시와 명성의 대조는 중월전쟁 당시 중국사회의 간극을 알레고리적으로 보여 준다. 그것은 군(간부)과 인민 사이의 간극이다. 아내의 출산을 기해 휴가를 받았던 산시가 전투가 발발하자 곧바로 휴가를 반납한 데 비해 명셩은 하루하루 초조하게 전근 통지만을 기다린다. 그런 명셩의 태도에 격분한 산시는 이렇게 말한다. "모두가 농촌으로 하방되었을 때 너희 교육받은 것들은 군에 입대했어. 나중에 고생스러울 것 같으니까 또 모두가 도시로 떠났지. 중국은 내 것이지만 당신 것이기도 해." 선량한 산시의 입에서 터져 나온 매서운 비판은 문화대혁명 시절부터 누적되어 온 고위 간부층을 향한 인민의 분노를 대변한다. 이런 갈등은 명셩의 모친이 윈난 전선의 책임자 레이(雷) 군장(軍長)에게 직통 전화를 걸어 아들의 후방 배치를 노골적으로 종용하는 대목에서 절정에 이른다.

그러나 혁명문학의 전범(典範)답게, 〈꽃다발〉의 전반부가 그려낸 전선과 후방의 갈등 뒤에는 화해와 대단원이 준비되어 있었다. 하루가 다르게 고조되던 갈등은 전장에서 산시가 명셩을 구하기 위해 목숨을 희생하면서 극적으로 해소된다. 게다가 이 전투에서 레이 군장의 아들까지 희생당한 것이 알려지자 명셩은 부끄러움에 크게 뉘우친다. 부대를 찾은 모친에게 명셩은 이렇게 말한다. "어머니, 그동안 당신은 전쟁에서 너무 멀어졌어요. 우리는 인민에게서 너무 멀어진 겁니다." 이는 분명 〈꽃다발〉의 중요한 주제이다. 한때 조국해방전쟁에서 피 흘리며 싸웠던 군 간부인 명셩의 모친이 어느새 현실에 안주하는 기득권층이 되어 버린 상황은 중월전쟁이 타락한 간부와 희생하는 인민의 대조 위에 치러진 문제적 전쟁임을 날카롭게 드러냈던 것이다. 그러나 이런 간극은 작품 결미로 가면서 최대한도로 메워진다. 산시의 전사 소식도 모른 채 갓 태어난 아기를 안고 부대를 찾은 그의 모친과 어린 아내는 군장의 아들도 전투에서 희생되었다는 사실을 듣고 의연하게 말한다.

"군장님도 아들을 전장에서 희생시켰습니다. 그것만으로 됐어요. 중국은 희망이 있습니다." 산시 모친의 이 말은 배후와 전선, 간부와 인민 사이의 갈라진 간극을 날카롭게 조명하던 〈꽃다발〉의 렌즈를 다시 혁명문학의 스테레오타입 안으로 황급히 불러들인다.

주목할 지점은 〈꽃다발〉 안에는 '중국에 희망이 있다'는 주제의식 안으로 완전히 회수되지 못하는 껄끄러운 대목들이 여전히 존재한다는 것이다. 흥미롭게도 〈꽃다발〉은 영웅의 죽음보다 그가 남긴 빚에 더 주목하였다. 가난한 농촌 출신인 산시가 부대 동료들에게 빌린 돈의 출처와 액수를 적은 피묻은 메모지가 그의 사후 군복 주머니 안에서 발견된다. 이것은 작가 리춘바오가 윈난 전선에서 직접 들은 실화에 기반한 것으로, 그가 〈꽃다발〉을 쓰게 된 직접적인 동기이기도 하였다. 자신이 죽으면 그 빚을 대신 갚아달라고 아내에게 당부하는 산시의 유서는 일면 그의 인간적 성실성을 드러내는 듯하지만, 그 뒤에 감춰진 더 중요한 메시지는 중월전쟁에 참전한 용사들의 궁핍한 실상이다. 부대에서 받는 월급으로 최소한의 생계조차 유지할 수 없었던 전사들의 불편한 진실이 산시의 피묻은 메모지를 통해 드러난 것이다.

9연대 부연장 진카이라이(靳開來)의 죽음 이후에 벌어진 공방 또한 '영웅의 희생'이라는 혁명문학의 틀 안으로 회수되지 않는 중월전쟁의 껄끄러운 현실을 노출한다. 9연대에서 가장 충직하고 용맹했던 카이라이는 평소 험한 입담과 욱하는 성질 탓에 상부에 밉보이는 일이 잦았다. 그런 탓에 전투 중 식수 부족으로 곤경에 빠진 대원들을 위해 농가의 사탕수수를 서리하다 맞은 그의 죽음은 평소 그를 곱게 보지 않던 간부들에 의해 불명예 사고사로 처리되었고, 따라서 열사 칭호도 받지 못하게 되었던 것이다.

이처럼 〈꽃다발〉은 혁명문학의 가이드라인을 충실히 지키는 듯하면서도 그것을 균열시키는 부조리한 현실을 작품 곳곳에 슬쩍 남겨

둔다. 어쩌면 이런 미묘한 이율배반성이야말로 〈꽃다발〉이 당시 간부와 인민 모두에게 환영받을 수 있었던 주요한 원인이었을지 모른다. 〈꽃다발〉은 개혁개방 직후 사회에 만연한 정신적 오염을 극복하고 상하를 단결시켜야 한다는 상부의 요구와 더불어 이런 획일적인 계몽의 프레임을 미심쩍게 바라보는 내면적 자성이 공존하는, 1980년대라는 모순된 시대정신의 반영이었던 것이다.

2) 개혁개방의 비판과 정당화

유사한 모순적 상황이 1986년의 영화 〈열다섯의 달님(十五的月亮)〉(이하 〈달님〉)에서도 반복된다. 이 영화는 중월전쟁 당시 대중 사이에 널리 애창되었던 동명의 노래를 영화로 개편한 것이다.[21]

영화 〈달님〉은 라오산 전선에 애인을 떠나보낸 두 여인, 팡샤오메이(方少妹)와 텐징(田靜)의 이야기를 다룬다. 〈꽃다발〉과 마찬가지로 〈달님〉 역시 간부와 인민의 상반된 형상에서 출발한다. 작품 초반부에서 샤오메이가 개혁개방 시기 서구의 퇴폐문화에 흠뻑 빠진 도시 소녀로 그려진 반면, 시장(市長)의 딸인 텐징은 혁명의식이 투철한 간부로 묘사된다. 그러나 이런 겉보기의 대조는 작품 중반으로 가면서 뒤집힌다. 철없어 보였던 샤오메이가 주변 남자들의 유혹에 흔들리지 않고 전선에서 싸우는 애인 샤오린의 홀어머니를 극진히 보살피고 있었다면, 텐징은 '자유연애'를 주장하며 전선으로 떠난 애인을 가차 없이 버린다. 그뿐 아니다. 개혁개방의 바람이 든 텐징의 사촌 동생은 숙모(텐징의 모친)의 지위를 이용하여 샤오린의 모친의 집을 빼앗아 청바지 매장을 연다. 자식을 전장으로 보낸 노모의 재산을 강탈하여 이익을 챙

---

21 노래 〈十五的月亮〉은 1985년 石鐵源·徐錫宜 작곡, 石祥 작사로 만들어졌다. 1986년 李新 감독에 의해 영화화되었다.

기는 간부의 파렴치한 모습은 중월전선에서 흘린 인민들의 피에 기생하여 개혁개방의 풍요를 독점하는 배은망덕한 후방을 알레고리적으로 보여 준다. 물론, 〈달님〉에서도 전선과 배후의 이런 갈등은 곧 극적인 대단원을 통해 해소된다. 텐 시장 집안의 비위를 취재해 온 방송기자 우안(吳安)이 취재 내용을 담은 비디오테이프를 시장에게 들이대자 올곧은 시장이 가족들의 죄를 엄히 꾸짖음으로써 정의가 회복되는 것이다.

여기서 중요한 것은 정의를 회복하는 데 있어 TV의 역할이다. 우안이 가져온 비디오테이프를 받아들며 텐 시장은 이렇게 말한다.

> "자네 같은 젊은이들에게 이런 투쟁정신이 살아 있는 한 우리 당에 큰 희망이 있네. 이 테이프를 방송국에 가져가 모조리 방송에 내보내게. 텐 시장 집안에서 벌어진 일이라 폭로하게. 인민들은 알 권리가 있네."

'우리 당에 희망이 있다'는 익숙한 메시지 뒤에는 한 가지 중요한 역설이 담겨 있다. 바로, 개혁개방으로 인한 정신적 타락을 고발하는 매개가 바로 개혁개방이 낳은 물질적 풍요의 상징인 TV라는 사실이다. 텐 시장 가족들의 비도덕적인 행위가 개혁개방 이후 중국사회에 만연한 배금주의가 낳은 사상적 해이(解弛)라면, 그것을 폭로하고 비판하여 인민과 간부, 전선과 배후의 끊어진 관계를 회복시켜 중국의 '희망'찬 미래를 기약하게 하는 것 또한 개혁개방이 이룩한 물질문명인 것이다. 결국 개혁개방에 대한 비판적 시선은 결국 개혁개방에 대한 정당화로 되돌아온다. 중월전쟁은 바로 개혁개방에 대한 비판과 정당화 사이를 연결하는 매개 역할을 하고 있다.

이러한 역설성은 〈달님〉이 따르는 혁명문학의 정전(canon)적 패턴을 불안하게 만든다. 〈달님〉이 드러내는 개혁개방에 대한 양가적인 태도는 중월전쟁의 현실이 종래의 정전문학의 형식 안에 온전히 담길 수 없음을 말해 준다. 이처럼 당시에 모범적인 작품으로 호평을 받았던 〈꽃다발〉과 〈달님〉에서조차 중월전쟁이 규범적 이데올로기 안으로 온전히 회수되지 못하는 상황은, 중월전쟁이 1990년대 이후 급격히 집단망각 속으로 봉인되고 말 운명을 예고하고 있었다.

3) '숭고한 희생'이라는 신화

〈꽃다발〉과 〈달님〉이 최대한 신중하게 혹은 의도치 않은 방식으로 중월전쟁 서사의 균열을 드러냈다면 「한 여인과 반쪽 사내의 이야기(一個女人和一個半男人的故事)」[22] (이하 「반쪽 사내」)는 그 균열의 틈을 더 깊이 파고든다. 당시에 어떻게 이런 작품이 나올 수 있었는지 놀라울 정도로 이 소설은 소재나 주제 모두에서 대담하기 그지없다.

소설은 라오산 전투에 배치된 모 영의 영장(營長) 천화이하이(陳淮海)가 그의 부하이자 친구인 뤄이밍(羅一明)의 아내와 불륜 관계라는 설정에서 출발한다. 라오산의 고지를 점령하기 위해 보낸 결사대가 번번이 시체로 돌아오는 하루하루, 삶과 죽음의 경계를 분간하기 힘든 감각의 진공 상태 속에서 화이하이의 뇌리엔 대의와 우의, 그리고 욕망이 기계적으로 교차된다. 이미 5개 조의 결사대가 고지 점령에 실패한 가운데 그에게는 뤄이밍을 포함한 최후의 결사대만이 남아 있다. 모두가 죽기를 각오해야 하는 결전의 순간, 그는 사랑하는 그녀를 위해 이밍의 목숨만큼은 남겨두기로 결심한다. 이밍을 본부 연락병으로

22 劉亞洲, "一個女人和一個半男人的故事", 『文匯』(1985년 제2기에 발표). 이 글에서는 다음 사이트에 게시된 버전을 참조하였다. http://baogaowenxue.xiusha.com/l/liuyazhou/index.html (검색일: 2018.3.20)

보내기로 한 것이다. 그런데 그런 화이하이의 속마음을 몰랐던 이밍은 눈앞에 닥친 죽음을 모면하기 위해 총으로 자신의 팔을 쏘고 만다. 전투 중 자해를 한 병사는 즉결 처분하는 것이 원칙이다. 그렇게 되면 이밍의 죽음이 개죽음이 되는 것은 물론 그녀마저 배신자의 가족이라는 불명예를 안고 살아야 한다. 결국 화이하이는 이밍을 최후 결사대의 선두에 세워 명예를 회복할 기회를 주기로 한다.

죽음을 불사하고 고지를 향해 돌진하는 최후 결사대의 장면은 비장하기 이를 데 없다. 눈앞에서 대원들이 하나둘 꽃처럼 쓰러지고 화이하이 역시 총탄을 맞고 고꾸라진다. 고지를 눈앞에 둔 채 최후의 결사대 전원이 또다시 장렬하게 전사한 것이다. 생명이 경각에 이르는 순간, 눈 앞에 펼쳐진 죽음의 장관 앞에 화이하이는 감격이 솟구친다.

> 상처가 못 견디게 아파 왔다. 터져 나오려는 비명을 꾹 눌러 삼켰다. 산언덕은 고요하다. 함께 쓰러진 이들은? 그들은 왜 꿈쩍도 안 하는가? 그는 가까스로 고개를 들어 사방을 둘러보았다. 아, 이 장엄한 광경이여. 산골짜기를 메운 시체들, 온산을 물들인 피가 산언덕 곳곳에 붉은 깃발이 되어 펄럭인다. 누웠거나 엎어진 전사들의 모습이 아름답기 그지없다. 이런 아름다움은 빗발치는 총탄 속을 돌진해 본 자만이 감상할 수 있고 감상할 자격이 있다. 그는 온산을 가득 메운 비석을 보는 듯한 착각에 빠졌다. 삶이란 세 줄 묘비명보다 짧다지만 이들의 삶은 천추에 빛나리. (중략) '아--, 아--, 아아아--' 그것은 사자의 포효였다. 쓰러져 간 모든 사자가 부르짖는 함성이었다. 몸에서 힘이 빠져나가기 시작하였다. 마지막 절규를 쏟아 내고 깊숙이 숨을 들이켰다. 두 눈에서 눈물이 흘러내렸다. (「반쪽 사내」 중)

혁명문학에서 수없이 보아 온 익숙한 광경이다. 이 절정의 순간에서 작품이 끝났더라면 「반쪽 사내」는 혁명문학의 정전 반열에 들고도 남았을 것이다. 그러나 이 장엄한 순간 뒤에는 극적인 반전이 기다리고 있었다. 정신을 잃었던 화이하이는 누군가 자신을 등에 들쳐 메고 산에서 내려가고 있음을 깨닫는다. 그것은 조금 전 그의 눈앞에서 분명히 적의 총탄에 맞아 쓰러졌던 이밍 아닌가. 아뿔싸, 이밍은 총에 맞은 것이 아니었다. 또 한 번 죽음을 모면하기 위해 총에 맞은 시늉을 한 것이었다. 일순, 조금 전까지 화이하이의 눈앞에서 펼쳐졌던 장엄한 레퀴엠이 순식간에 사라지고 환멸이 밀려든다. 이 반쪽짜리 사내에 대한 분노와 경멸에 치를 떨며 화이하이는 그 자리에서 이밍을 즉결 처분한다.

그런데 이밍을 사살하고 부대로 귀환한 화이하이에겐 더 당혹스런 상황이 기다리고 있었다. 전부터 부대 안에는 화이하이와 이밍의 처에 대한 소문이 나돌던 터였다. 그는 이제, 전투의 혼란을 틈타 연적을 처리해 버린 게 아니냐는 무언의 추궁에 직면한다. 부대 안의 누구도 그의 숭고한 이상을 알아주지 않았다. 심지어 남편의 죽음을 미심쩍어하면서 모르는 척 넘어가려는 그녀의 노회한 반응에 화이하이는 바닥이 보이지 않는 절망 속으로 추락한다.

「반쪽 사내」에서 혁명문학의 단골 주제인 '숭고한 희생'은 두 번 전복된다. 첫째는 화이하이의 숭고한 이상주의가 삶에 대한 이밍의 비상한 집념에 의해 번번이 무력화되는 대목이다. 나약한 '반쪽 사내'의 강인한 삶의 집념은 역사의 사명을 온몸으로 끌어안으려는 영웅의 아우라를 비웃듯 가볍게 걷어 낸다. 더 결정적인 전복은 이상을 고집하는 결벽증적 집착이 결과적으로 화이하이를 이밍보다 더한 세속성의 덫에 걸려들게 만드는 대목이다. 궁지에 몰린 화이하이를 돕는다며, 이밍의 아내는 당국에 이밍이 처음부터 자해할 계획을 세웠다는 거짓

증언을 하겠다고 나선다. 숭고한 사랑도, 숭고한 이상도 없었다. 오로지 세속만 있을 뿐이다.

전복에 전복이 거듭하는 역설적 상황이 만들어 내는 효과는 '숭고한 희생'이라는 이데올로기의 탈신비화이다. 「반쪽 사내」는 피와 살이 튀는 급박한 상황에서 숭고함과 세속성이 원천적으로 구분되지 않는 전장의 리얼리티를 드러낸다. 숭고와 이상을 향한 주인공의 결벽증적 집착이 결국 치정이라는 세속적 프레임에 속수무책으로 당하고 마는 상황은, 전쟁에서 발생하는 모든 죽음이 평범한 것임을, 전장은 세속적인 현실의 연장일 뿐 결코 현실을 초월한 성스러운 공간이 아님을 냉혹하게 일깨워 주는 것이다.

4) 집단망각의 맥락

〈꽃다발〉, 〈달님〉, 「반쪽 사내」의 중요한 공통점은 중월전쟁을 다루면서도 정작 중월전쟁에 대해 침묵한다는 것이다. 세 작품 어디에서도 이 전쟁을 왜 하는지, 누구와 싸우는지에 대해 제대로 말하지 않는다. 적인 베트남에 대한 적개심이나 분노는 물론 적에 대한 제대로 된 묘사조차 없다. 전쟁의 서사는 철저하게 전쟁을 막후에 감추는 방식으로 구성된다.

중월전쟁의 이런 기이한 형상화는 이 전쟁이 당시 개혁개방의 추진이라는 국내정치적 요구와 긴밀히 맞물려 있다는 장샤오밍의 주장에 상당한 설득력을 부여한다. 기존의 연구들이 중월전쟁의 원인을 베트남의 친소정책과 캄보디아 침공, 베트남의 화교 박해 등 외적 원인에서 찾았던 것과 달리 장샤오밍은 중월전쟁의 국내정치적 측면에 초점을 맞춘다. 개혁개방 시기 밀려드는 물질주의와 자유주의 풍조로부터 인민을 재무장시킬 이데올로기가 요구되고 또 오랜 평화 시기 동안 노후화된 인민해방군을 개혁해야 하는 상황 속에서 중월전쟁이 적

절하게 동원되었다는 것이다.[23]

그러나 이런 견지에서 보면 앞의 세 작품은 개혁개방을 지탱하는 중월전쟁의 배후전적 성격을 드러내는 동시에 그 불철저성을 노출하고 있다고 보아야 할 것이다. 비록 중월전쟁을 다루는 문예창작이 사상교육 차원에서 조직적으로 추진된 것은 사실이지만, 오랜 정치적 암흑기를 반성하며 사상해방을 외치는 '문화열(文化熱)'이 중국의 문학예술계를 휩쓸던 당시 중월전쟁을 다룬 작품들 역시 현실의 부조리를 날카롭게 비판하는 당대 예술창작의 경향으로부터 자유로울 수 없었던 것이다. 그런 가운데 중월전쟁의 이데올로기화는 의식적·무의식적으로 자기모순에 봉착하며 균열을 노출하고 있었다.

이쯤에서 우리는 1980년대 전국적으로 선전선동에 동원되었던 중월전쟁이 1990년대 초 중월국교 정상화 이후 모든 공적인 언설 공간에서 일거에 사라지게 된 맥락을 조금은 짐작할 수 있게 된다. '자위반격전'이라는 공식 언명에도 불구하고 무엇에 대한 자위이고 반격인지 속 시원히 말하지 못하는 이념적 결핍성으로 인해 중월전쟁의 서사는 철저하게 '적'을 등진 채 '아'를 향하는 독백 속에서 진행되었다. 외부의 적을 이용하여 내부의 단결을 강화하려는 이데올로기적 기획은 오히려 이데올로기적 불철저성을 노출함으로써 내부의 균열을 드러내는 예기치 못한 상황을 발생시켰다. 1990년대 이후 중국사회에 내셔널리즘과 애국주의가 고조되는 상황에서 중월전쟁이 도리어 발언공간을 잃고 공적 기억 속에서 사라진 것은 이런 맥락에서일 것이다. 중월전쟁에 대한 중국사회의 집단망각은 중월전쟁 당시에 만들어진 서사의 균열에서 일찍부터 감지되고 있었다.

---

23 Xiaoming Zhang, *Deng Xiaoping's Long War*, pp. 211-219 참조.

4
결론: 사회주의 진영의 탈냉전

주류 언설로 모이지 않을 뿐 중월전쟁에 관한 이야기들은 지금도 파편처럼 온라인 공간을 떠돌고 있다. 2009년과 2014년, 중월전쟁 30주년과 35주년을 맞아 중앙정부의 통제로부터 비교적 자유로운 홍콩 피닉스 TV나 광저우의 『난팡저우모』 같은 일부 언론이 기획 기사를 내기도 하고 참전용사들의 인터뷰를 신기도 했지만, 대체로 '교훈전쟁'이라는 가이드라인 안에 있었으며 사회적 반향을 크게 얻지도 못하였다. 지금도 '중월전쟁'이나 '대월반격전'으로 인터넷 검색을 해 보면 당시 용사들이 얼마나 용감하게 싸웠는지 그리고 그 이후 얼마나 비참하게 살고 있는지 애환과 울분을 토하는 글들이 무수하다.

중월전쟁이 공적 언설 공간에서 축출된 상황은 베트남도 다르지 않았다. 베트남 현대사에서 항불전쟁(1946~1954)과 항미전쟁(1955~1975)이 국가 서사의 중요한 축인 데 반해 중월전쟁(the Border War against China)에 대한 서술은 극도로 조심스러웠다. 1980년 베트남사회주의공화국 헌법에서 중월전쟁은 "중국 패권주의 침략자들"이 "조국 건설을 위해 평화를 갈망하는 우리"를 공격했다고 기록되었으나 1992년에 제정된 신헌법에서 이 구절은 삭제되었다. (베트남의) "완전한 승리"라는 말도 함께 사라졌다. 심지어 중월전쟁은 항불전쟁과 항미전쟁이 관광상품으로 물신화되어 버린 신자유주의의 흐름에서도 배제되었다. 중국과의 관계를 의식한 베트남 당국은 시종 이 전쟁에 대해 '전략적 모호성'의 원칙을 견지해 왔다.[24] 이처럼 공적 공간에서 축출되어 민간의 잠재의식 층위를 떠돌던 기억은 최근 남중국해를 둘러싸고 격발된 반중(反中) 민족주의로 거세게 터져 나오고 있다.[25]

'두 회랑과 하나의 경제권'을 위시하여 최근 중월 간 형성되는 화해와 협력의 기류는 오랜 시간 수면 아래서 소리 없이 분한(resentment)의 정서를 형성해 온 민간의 기류와 심상찮은 대조를 이룬다. 합당한 기억과 기념을 얻지 못한 채 억눌려 온 역사기억은 자칫 일그러지고 왜곡된 형태로 귀환할 수 있다. 특히 중국의 메가급 국가기획 '일대일로'가 밀어붙이는 개발과 발전의 논리가 아직 처리되지 못한 양국의 역사기억을 또다시 압도해 버린다면, 그 후과는 더 감당할 수 없게 될 것이다.

역사기억으로서 중월전쟁은 지구적 냉전과 연동되어 있으면서 동시에 독자적으로 작동했던 아시아 냉전의 문제를 새롭게 직시할 것을 요구한다. 아시아의 냉전은 자본주의와 사회주의 진영 대결로는 설명되지 않는 복잡한 중층성과 역설성을 지니고 있다. 중소대결 양 축에서 미소대결과 미중대결의 두 구조가 서로 뒤얽혀 경쟁하고 있었고, 그것은 다시 사회주의 진영의 두 거인인 중국과 소련을 둘러싸고 몽골, 베트남, 캄보디아, 북한과의 복잡한 갈등관계를 형성하였다. 탈냉전으로 이런 대결구조들이 일순 사라진 듯했지만 중국이 강대국으로 부상하면서 그동안 수면 아래 가라앉아 있던 모순이 다시 모습을 드러내기 시작하였다. 최근 베트남에서 불거지는 반중(反中) 내셔널리즘은 그 단적인 예일 것이다. 중월전쟁은 냉전에서 탈냉전으로 이행하는 시기 사회주의 진영 내 모순이 농축된 동아시아 역사의 문제적 단면이다.

---

24 Juhyung Shim, "Haunted Borderland: The Politics of the Border War against China in Post-Cold War Vietnam", pp. 27-35, pp. 46-47.

25 남중국해를 둘러싼 베트남의 반중 정서에 대해서는 다음 글 참조. T. Nhung Bui, "Managing Anti-Chinese Nationalism in Vietnam: Evidence from the Media during the 2014 Oil Rig Crisis", *The Pacific Review*, Vol. 30, No. 2(2017), pp. 169-187.

중국에서 중월전쟁이 독백과 망각이라는 모호한 베일 속에 갇혀 있는 것은 이러한 아시아 냉전의 중층성과 역설성에서 기인한다. 중국의 공식 서사에서 베트남은 한 번도 '적(敵)'이었던 적이 없다. 그저 한때 형제간의 불화가 잠시 있었을 뿐이다. '혁명원조'에서 '교훈전쟁', 그리고 다시 '중월협력'으로 회귀하는 현대사의 독백적인 주선율 속에서 중월전쟁이 합당한 언설 공간을 회복하기는 여전히 어려워 보인다. 그러나 냉전시기 사회주의 진영 내 복잡한 은원관계를 건너뛰는 한 '중월협력'은 신자유주의의 옷을 입은 또 다른 이데올로기에 불과할 것이다. 독백의 벽을 깨고 적과 아의 실존적 관계로부터 중월전쟁을 새롭게 반추할 수 있는 합법적 언설 공간이 열릴 때, 그래서 사회주의 진영 내 진정한 탈냉전의 길이 열릴 때 비로소 아시아의 탈냉전이 완성될 수 있다. 그것은 또한 '일대일로' 건설 방향으로 내건 '오통(五通)'[26] 중 가장 중요한 항목인 '인심상통(人心相通)'을 진정한 의미에서 실현하는 길이기도 할 것이다.

26 2013년 시진핑 주석이 카자흐스탄 나자르바예프 대학교 강연에서 제기한 개념. '도로연통(道路聯通)', '무역창통(貿易暢通)', '화폐유통(貨幣流通)', '정책소통(政策溝通)', '인심상통(人心相通)'으로 구성된다.

| 참고문헌 |

김명섭 · 최정호. 2008. "1979년 중국-베트남 전쟁의 원인에 관한 재고찰". 『세계지역연구논총』 제26집 1호, 145-167쪽.

유인선. 2012. 『베트남과 그 이웃 중국: 양국관계의 어제와 오늘』. 파주: 창비.

정천구. 1986. "중월전쟁의 원인과 결과". 『한국과 국제정치』 제2권 2호, 127-154쪽.

최영. 1984. "중월전쟁연구". 『아세아연구』 제27권 1호, 129-140쪽.

황병무. 1986. "베트남과 중공관계". 『한국과 국제정치』 제2권 2호, 274-300쪽.

Bui, T. Nhung. 2017. "Managing Anti-Chinese Nationalism in Vietnam: Evidence from the Media during the 2014 Oil Rig Crisis". *The Pacific Review*, Vol. 30, No. 2, pp. 169-187.

Shim, Juhyung. 2014. "Haunted Borderland: The Politics of the Border War against China in Post-Cold War Vietnam". Doctoral dissertation. Duke University.

Zhang, Xiaoming. 2015. *Deng Xiaoping's Long War: The Military Conflict between China and Vietnam, 1979-1991*. Chapel Hill: The University of North Carolina Press.

尚玥. 2013. "1980年代中越戰爭題材中短篇軍旅小說女性形象研究". 河北大学碩士學位論文.

劉亞洲. "一個女人和一個半男人的故事". 『文匯』(1985년 제2기에 발표). http://baogaowenxue.xiusha.com/l/liuyazhou/index.html (검색일: 2019.3.20)

劉卉. "《芳華》營銷方自述: 從被撤档到十億票房, 這一年我們經歷了甚麻"(2017.12.29). https://mp.weixin.qq.com/s/WRPRwWN-x1nGvMgrHOv5Ug (검색일: 2019.3.18)

雲石. "〈芳華〉背後: 對越自衛反擊戰爲甚麼會被淡化遺忘?"(2017.12.19). www.sohu.com/a/211525005_135239 (검색일: 2019.3.18)

"China-Vietnam All-rounds Strategic Cooperation Pays Off". *CGTN*(2017.11.11). https://news.cgtn.com/news/344d444f34597a6333566d54/share_p.html (검색일:

2019.3.18)
“老兵董貴生，他該不該感動中國？”. 『南方週末』(2016.1.16). https://read01.com/0dOmLB.html#.WwzlH0iFNPY (검색일: 2019.3.18)
“對越作戰中國廣播《血染的風采》越軍士兵也流淚”. 『南方週末』(2013.10.12) (검색일: 2019.3.18).
“成都市郫縣精神文明辦回復: 關于參戰老兵董貴生事迹的調查和澄清”(2017.12.18). http://bbs.tianya.cn/post-no110-15465804-1.shtml (검색일: 2019.3.18)
天涯社區(2017.12.18). http://bbs.tianya.cn/post-free-5833969-1.shtml (검색일: 2019.3.18)

제3부

사회주의 베트남의 대외관계 변화

제6장

베트남에 대한 중국의 경제지원과 경제제재, 1960~1978

최규빈
(서울대학교 통일평화연구원 책임연구원)

1
서론

중국과 베트남은 사회주의 이념, 반제국주의 노선을 견지하며 정치, 경제, 사회문화 등 다방면에서 밀접한 관계를 유지해 왔다. 양국은 사회주의 체제하에서 자본주의를 적극적으로 도입하여 급속한 경제성장을 경험하고 있으며, 중국의 개혁개방(改革开放)과 베트남의 도이머이(Đổi mới)를 통해 산업화와 대외무역 확대를 전면으로 내세우며 시장경제 노선을 지속하고 있다.[1] 일당제하에 시장을 수용하면서도 중앙집권적 권위주의 체제를 유지해 나가는 중국의 모델은 베트남에 많은 점을 시사해 주고 있으며, 양국 간의 정치, 경제, 사회문화적 유대 형성에 배경이 되는 것은 사실이나 표면적인 협력과 연대 이면에는 수년간 반복된 적대와 화해의 역사가 존재한다. 적어도 베트남의 경우 중국에 대한 근본적인 위협과 경계인식을 갖고 있으며, 이러한 태도에는 1979년 중국의 무력침입에 대한 베트남의 기억과 베트남에 지배력을 행사하고자 하는 중국에 대한 오랜 저항이 뿌리 깊게 자리 잡고 있다. 이 점에서 오늘날 중국-베트남 관계의 복합성을 이해하기 위해 1960년대부터 1970년대 말의 중국의 베트남 전략 및 베트남의 대응을 살펴보는 것은 중요한 의미가 있다.

중국은 1950년대 초부터 동남아시아국가들에 대한 영향력 확보, 미국의 아시아 개입과 확장을 억지, 사회주의 진영 동맹관계 차원에서

---

* 이 글은 『국가안보와 전략』 제18권 2호(2018, 여름호)에 게재된 필자의 논문을 수정 보완한 것이다.

1 Dennis C. McCornac, "Vietnam's Relations with China: A Delicate Balancing Act", *China Currents*, Vol. 10, No. 2(August 2011), p. 1.

동남아 지역을 지원해 왔다. 그중 베트남은 중화인민공화국(中华人民共和国)이 1949년 설립된 후 가장 먼저 원조한 국가였으며, 그 지원액도 동남아 국가들 가운데 상당 기간 가장 많았었다. 그런데도 중국과 베트남 동맹은 제2차 인도차이나전쟁 후반기에 급격히 약화되어 1979년 두 국가는 전쟁을 돌입하기에 이른다. 약 30년 만에 '형제 같은 동지(brotherly comrades)'에서 '철천지원수(bitter adversaries)'가 된 것이다.[2] 1949년 이후 중국이 개입했던 또 다른 한국전쟁과 달리 베트남은 정치적, 이념적으로 공유했던 부분이 많았으며, 막대한 원조를 제공했던 대상국과의 전쟁이라는 점에서 이례적이었다. 여기에는 같은 기간 두 국가와 밀접한 관계에 있었던 제3의 행위자인 소련이 중요한 원인을 제공한다. 이 장에서는 1960년대 이후부터 1970년대 말 중국과 베트남의 관계를 '경제적 국가통치술(economic statecraft)'[3]의 운용의 관점에서 중국이 어떤 목적으로 경제적 수단을 사용했고, 이것이 중국-베트남 관계에 어떻게 영향을 미쳤는지 살펴본다.

---

2 Jian Chen, "China's Involvement in the Vietnam War, 1964-69", *The China Quarterly*, Vol. 142(1995), p. 380.

3 '경제적 국가통치술'은 국가 및 국제정치 행위자가 국가이익 증진을 위해 경제적 수단과 관계를 전략적으로 운용하는 것을 지칭한다. 경제적 국가통치술은 적용되는 과정에서 비용과 이익이 복합적으로 나타날 수 있으며, 위협과 약속을 수반하게 된다. 발송국(a sender state)이 대상국(a target state)의 상업이나 교역, 자본 거래를 의도적으로 제한하여 비용을 발생시킴으로써 상대의 행동을 억제하는 행위는 '부정적 제재(negative sanctions)', '경제제재(economic sanctions)'로 지칭되며, 대상국의 양보와 순응에 발송국이 보상을 제공하거나 중·장기적 교역관계 형성을 통해 상호이익을 발생시키면서 협력관계를 유인하는 것은 '긍정적 제재(positive sanctions)', '경제지원(economic incentives)', '경제유인(economic inducements)', '경제관여(economic engagement)'로 정의된다. David A. Baldwin, *Economic Statecraft*(Princeton: Princeton University Press, 1985); Michael Mastanduno, "Economic Statecraft", in Steve Smith, Amelia Hadfield, and Tim Dunne, eds., *Foreign Policy: Theories, Actors, Cases*(Oxford: Oxford University Press, 2008) 참고.

2
중국의 베트남 원조와 중국-베트남 관계, 1960~1978

1) 중국의 베트남 원조의 동기

중국이 베트남에 상당량의 경제원조를 제공하기 시작한 것은 1950년부터였다. 1950~1980년까지 30년 동안 중국은 200억 달러 이상의 경제, 기술 원조를 제공했고, 2만 명 이상의 고문단, 30만 명 이상의 군인을 파견하여 베트남을 지원하였다.[4] 1955~1975년까지 베트남에 가장 관대하며 최대의 원조를 제공했던 국가가 중국이었던 것이다.[5]

중국이 베트남을 원조한 동기는 네 가지 맥락에서 이해할 수 있다. 첫째는 역사적 관계에 근거한 도덕적 책임이다. 중화인민공화국 설립 후 양국 간 공식적인 외교관계가 수립된 것은 1950년 1월이지만 중국과 베트남은 훨씬 이전부터 정치, 경제, 사회, 문화 등 다방면에서 밀접한 관계를 지속해 왔다. 베트남이 중국으로부터 독립한 1939년 이후 및 19세기 말 프랑스의 식민지배하에서도 중국은 베트남의 종주국이라는 인식을 하고 베트남과 조공 무역제도를 통해 계급관계를 형성해 왔다.[6] 중국과 베트남이 오랜 형제 관계를 유지해 왔다는 점에서 초기 프랑스에 의한 식민지배 종식에 개입하고, 1945년 9월에 세워진 베트남민주공화국(Democratic Republic of Vietnam, DRV)을 인정하며, 미국과의 전쟁을 수행하고 있는 베트남을 중국이 지원하는 것은 역사적

---

4 이한우, "베트남-중국 관계의 역사적 전개와 현재: 협력과 갈등의 이중주", 『동아연구』 제44권(2003), 135쪽.

5 Kosal Path, "China's Economic Sanctions against Vietnam, 1975-1978", *The China Quarterly*, Vol. 212(2012), p. 1045.

6 유인선, "중월관계와 조공제도: 가상과 실상", 『역사학보』 제114권(1987), 102쪽; David C. Kang, "Hierarchy and Legitimacy in International Systems: The Tribute System in Early Modern East Asia", *Security Studies*, Vol. 19, No. 4(2010), p. 610.

맥락에서 비롯된 도덕적 의무감으로 이해할 수 있다.

둘째는 중국공산당의 반제국주의, 반식민주의 노선에 부합된 점이다.[7] 베트남은 1950년대 초 사회주의 진영을 확고히 하고 프랑스와 전쟁(제1차 인도차이나전쟁, 1946년 12월~1954년 8월)을 치렀다. 중국은 식민주의와 제국주의에 맞서 전투를 수행하고 있는 베트남을 지원하는 것은 피할 수 없는 국제적 · 정치적 책임으로 생각하였다. 이런 점에서 중국에 베트남 원조는 아시아에서의 국제공산주의운동을 돕고 베트남 혁명을 지지하는 중국공산당의 정치적 노선의 결과였다. 제1차 인도차이나전쟁이 끝났음에도 베트남의 분단이 지속되었기에 호찌민(Hồ Chí Minh)은 사회주의에 의한 완전한 민족통일을 꿈꾸고 있었다.[8] 베트남이 중국과 소련 두 사회주의 국가에 도덕적 · 물질적 지원을 계속해서 요청할 수 있었던 것 역시 미국과의 전쟁이 반제국주의 전쟁이며 민족독립해방 전쟁이라는 명분이 있었기 때문에 가능하였다.

셋째는 중국의 국가안보 이익과 일치하였다. 제1차 인도차이나전쟁 동안 중국의 가장 큰 우려는 미국의 직접적인 군사 개입으로 인한 인도차이나에서의 직간접적인 충돌 가능성이었다. 베트남과 인접해 있는 중국으로서는 베트남이 프랑스에 의해 점령되는 것은 중국 서남부 접경지역이 직접 위태로울 수 있음을 의미하였다.[9] 아이젠하워(Dwight David Eisenhower) 행정부는 당시 중국을 봉쇄하기 위해 반공산주의 입장을 가진 남베트남을 지원하고 있었다. 이 점에서 중국이 북베트남을 원조하는 것은 미국으로부터의 물리적 영향력을 사전에 차단하고, 전쟁을 피함으로써 자국의 안전을 보장하는 것과 직결되는 문

7 주홍, 『중국 대외원조 60년』, 김일산 외 역(서울: 푸른사상, 2015), 277쪽.
8 윌리엄 듀이커, 『호치민 평전』, 정영목 역(서울: 푸른숲, 2003), 675쪽.
9 주홍, 『중국 대외원조 60년』, 278쪽.

제였다.

끝으로, 신중국 설립 이후 베트남에 대한 중국의 원조는 사회주의 진영 내의 유연한 연대 및 역할 분담과 관련이 있다. 1949년 7월 류사오치(刘少奇)의 소련 방문 때 스탈린(Иосиф Сталин)은 소련은 서방과 동아시아를, 중국은 동방과 동남아시아 지역을 책임 범위로 제안하였다.[10] 실제 1950년 초 마오쩌둥(毛澤東)과 호찌민이 모스크바를 방문한 자리에서 스탈린은 호찌민에게 아시아 혁명 차원에서 베트남을 지원하는 역할은 주로 중국이 맡을 것이며, 이 과정에서 부족한 것은 소련이 제공할 것을 약속하였다.[11] 소련의 인도차이나에 대한 지정학적 관심이 부재했던 상황에서 스탈린은 마오쩌둥이 이 지역에서 적극적인 리더십을 발휘할 것을 기대했고, 이는 국가안보 차원에서 인도차이나를 중요하게 간주했던 중국으로 하여금 베트남에서 확장된 역할과 개입을 할 수 있는 계기를 마련한 것이다.[12]

1960년대 초반 중국의 대외정책에서 주목되는 점은 중국이 소련에 비해 베트남에 대한 경제지원에 적극적이었다는 것이다. 중국과 베트남 양국 정부는 1961년 1월 '중국-베트남 차관 제공 협정' 및 '중국-베트남 기술원조 및 플랜트 설비 제공 의정서'를 체결함으로써 사전에 합의된 종합생산시설(플랜트) 프로젝트를 뒷받침하고 장기 차관이 이루어질 수 있게 하였다.[13] 중국의 이런 경제, 기술 원조는 베트남의

---

10 Jian Chen, "China and the First Indo-China War, 1950-54", *The China Quarterly*, Vol. 133(1993), p. 89.

11 윌리엄 듀이커, 『호치민 평전』, 621쪽.

12 Thomas J. Christensen, *Worse Than a Monolith: Alliance Politics and Problems of Coercive Diplomacy in Asia*(Princeton: Princeton University Press, 2011), p. 22; Xiaoming Zhang, *Deng Xiaoping's Long War: The Military Conflict between China and Vietnam, 1979-1991*(Chapel Hill: The University of North Carolina Press, 2015), p. 16.

13 주훙, 『중국 대외원조 60년』, 303쪽.

전후 복구를 돕고 베트남 1차 5개년 계획(1961~1965)에 중요한 기반을 마련하였다. 베트남은 당시 중국과 소련 모두에게 원조를 받고 있었지만, 자신들의 지원 요청에 적극적으로 호응한 중국의 태도는 베트남 내 중국에 대한 우호 인식 형성에 기여했을 뿐 아니라 남베트남에서의 무장투쟁에 실질적인 도움을 제공하였다.

대조적으로 1960년대 초 소련의 베트남 정책은 중국과 비교하면 수동적이었고, 미국과 투쟁 중인 베트남에 관해 경제나 군사 지원보다는 도덕적 지원에 중점이 맞춰져 있었다. 흐루쇼프(Никита Хрущёв)는 당시 서방, 특히 미국과 '평화 공존 및 군축'을 시도하고 있었으며, 1950년대 말부터 표면화된 중소분쟁이 본격화되면서 중국과의 관계도 점차 악화되고 있었다.[14] 소련은 베트남 통일에 대해서도 정치적 투쟁 및 평화적 수단에 의한 통일을 선호했었다.[15] 소련의 이런 입장은 '미제국주의자'와 전쟁을 수행하며 민족통일에 사활을 걸었던 베트남의 입장과는 거리가 있었다.[16] 실제 1964년 2월 레주언(Lê Duẩn)이 이끄는 대표단이 모스크바를 방문하여 하노이에 대한 물자 지원을 요청했음에도 흐루쇼프는 적극적이지 않았다.[17]

그렇지만 소련의 태도는 1960년대 중반 들어 달라진다.[18] 베트남 문제에 대해 다소 방관자적 입장을 취하면서 베트남 지원에 적극적이지 않았던 소련이 1964년 10월 흐루쇼프 실각 이후 베트남에 대한 적

14 제프리 프란시스 허드슨 외, 『중·소 분쟁: 자료와 분석』, 김유 역(고양: 인간과 사회, 2004), 37쪽.

15 Mari Olsen, *Soviet-Vietnam Relations and the Role of China, 1949-64: Changing Alliances*(London: Routledge, 2006), p. 120.

16 Cheng Guan Ang, "The Vietnam War, 1962-64: The Vietnamese Communist Perspective", *Journal of Contemporary History*, Vol. 35, No. 4(2000), p. 614.

17 Mari Olsen, *Soviet-Vietnam Relations and the Role of China, 1949-64*, p. 131.

18 Anne Gilks, *The Breakdown of the Sino-Vietnamese Alliance, 1970-1979*(Berkeley: Institute of East Asian Studies, 1992), p. 23.

극적 관여로 전환하면서 베트남 원조 정책에도 변화가 있게 된다.[19] 1960년대 중반 이후 베트남을 둘러싼 중국과 소련의 견제와 갈등, 그리고 두 국가의 베트남과 협력 구도는 중국-베트남 관계에 핵심적인 영향을 미치는 요소가 된다.

2) 중국과 베트남의 유대와 갈등, 1965~1975

중국과 베트남의 관계강화는 미국의 아시아 개입을 반대하며 봉쇄할 것에 대해 양국 공산주의자들이 공유했던 전략적 이익이 있었기에 가능하였다.[20] 이는 1960년대 후반 미국의 개입으로 베트남전쟁(제2차 인도차이나전쟁)이 본격화되면서 분명해졌고, 중국의 베트남 원조 증대와 양국 간 유대로 이어졌다. 1964년 미국의 존슨(Lyndon Baines Johnson) 행정부에 의해 베트남에 대한 미국의 개입이 확대되자 베트남은 사회주의 국가들, 특히 중국과 소련의 물질적·정서적 지원이 절실히 필요하였다.[21] 중국으로서는 미국의 사이공(Sài Gòn) 정부지원 및 남베트남 협력강화 등이 전혀 반갑지 않았기에 미국의 침략에 적극적으로 대응할 필요가 있었다. 특히 존슨 행정부의 베트남전 개입은 마오쩌둥으로 하여금 미국에 대한 위협인식을 바꾸는 결정적인 계기가 되었다.[22] 중국으로서는 베트남전쟁이 확전되어 '지구상에서 가장 흉포한 적'인 미국과 직간접적으로 맞서게 됨으로써 자국의 국가안보가 위협받는 상

---

19 Mari Olsen, *Soviet-Vietnam Relations and the Role of China, 1949-64,* p. 125.

20 Nicholas Khoo, "Revisiting the Termination of the Sino-Vietnamese Alliance, 1975-1979", *European Journal of East Asian Studies*, Vol. 9, No. 2(2010b), p. 321.

21 Cheng Guan Ang, "The Vietnam War, 1962-64", p. 614.

22 Odd A. Westad et al., *77 Conversations between Chinese and Foreign Leaders on the Wars in Indochina, 1964-1977*(Washington, D. C.: Cold War International History Project, 1998), p. 8.

황은 반드시 피해야 했었다.[23]

북베트남군 참모총장 반띠엔중(Văn Tiến Dũng)과 일행이 1964년 6월 중국을 방문했을 때 마오쩌둥은 대표단에 중국과 베트남은 공동의 적에 대항하기 위한 투쟁을 위해 보다 긴밀히 연합할 것을 강조하며 '베트남의 일은 곧 중국의 일'이며 중국은 베트남 공산주의자들에게 '무조건적인 지원'을 약속하였다.[24] 1965년 4월 베트남 노동당 제1서기인 레주언과 보응우옌지압(Võ Nguyên Giáp)이 이끄는 베트남 대표단이 베이징을 방문했을 때 레주언은 중국은 베트남의 '가장 신뢰할 만한 친구'이며 중국의 원조는 양적인 면에서 가장 많고 질적인 면에서 최고라고 믿는다고 하며, 공군 조종사 및 철도와 도로, 다리 등을 건설할 수 있는 공병부대를 요청한다.[25] 이는 중국의 최초의 지원 부대가 1965년 6월 베트남에 들어가는 계기를 마련하였다. 중국은 당시 미국과의 전쟁에 직접적으로 개입되어 있는 북베트남뿐 아니라 남베트남의 민족해방전선(National Liberation Front, NFL)에까지 원조를 확대하였다. 1965년 7월 덩샤오핑(邓小平)은 NFL을 이끌고 있는 북베트남 지도자 레득토(Lê Đức Thọ)를 만난 자리에서 베트남의 원조 요청에 긍정적으로 화답했고, 마오쩌둥은 1965년 중국공산당 중앙정치국 회의에서 남부 NFL의 어떤 요청이 있든 무조건적으로 지원할 것을 지시하였다.[26]

1965년부터 1975년까지 중국의 베트남 원조는 현금, 생필품, 군

---

23 Qiang Zhai, *China and the Vietnam Wars, 1950-75*(Chapel Hill: University of North Carolina Press, 2000), p. 140.

24 Jian Chen, "China's Involvement in the Vietnam War, 1964-69", p. 368.

25 *Ibid.*, p. 360.

26 Shu Guang Zhang, *Beijing's Economic Statecraft during the Cold War, 1949-1991* (Washington, D. C.: Johns Hopkins University Press, 2014), p. 219.

수품, 군사 장비 등 다양한 항목에서 전방위적으로 이루어졌다. 미군의 공중 폭격이 확대되면서 수많은 공장이 파괴되는 등 북베트남 경제가 심각하게 타격을 입게 되자 중국 중앙 및 지방 정부는 일용품 지원에 적극적으로 나섰다. 경제원조로는 현금 및 식량 지원, 각종 자동차, 선박, 기관차, 트랙터 등의 운송 관련 지원, 석탄, 강재 등의 연료 자원 등 다방면에서 이루어졌고, 전쟁과 전시 상황을 대비한 제당, 화학, 조미료, 비료 공장 건설이 플랜트 프로젝트 형태로 함께 이루어졌다.[27] 군사원조와 관련하여 중국의 베트남 지원은 북베트남 방어시설, 비행장, 도로, 철로의 건설과 유지를 통한 중국 공병부대의 개입; 중국의 대공포병부대를 통해 북베트남 주요 전략 지역 및 표적에 대한 방어; 대규모의 군사 장비와 군 · 민간물자 지원 등 세 가지 형태로 주로 이루어졌다.[28] 1965년 6월부터 1968년 3월까지 총 32만여 명의 중국 군대가 북베트남에 주둔해 있었고, 가장 많을 때는 한 해 17만 명에 달하는 중국군이 활동하였다.[29] 군수품 지원은 소총, 탄환, 대포 지원이 주를 이루었다. 중국 측 통계에 따르면 1965~1970년 동안 중국의 북베트남 원조는 중국의 전체 대외원조의 57.6%를 차지했으며, 이 대부분은 무상으로 지원되었다. 1971~1975년까지의 중국의 북베트남, 캄보디아, 라오스 원조는 전체 대외원조에서 43.4%에 이르렀는데 이 중

---

27 1965~1975년까지 베트남전쟁 기간 중 중국의 경제원조는 Shu Guang Zhang, "Beijing's Aid to Hanoi and the United States-China Confrontations, 1964-68", in Priscilla Roberts, ed., *Behind the Bamboo Curtain: China, Vietnam, and the World beyond Asia*(Stanford, CA: Stanford University Press, 2006), p. 272 참고.

28 Jian Chen, "China's Involvement in the Vietnam War, 1964-69", p. 371; 1964~1975년까지 중국의 대베트남 군사원조는 *Ibid.*, p. 379 참고.

29 John W. Garver, "Sino-Vietnamese Conflict and the Sino-American Rapprochement", *Political Science Quarterly*, Vol. 96, No. 3(1981), p. 448; Qiang Zhai, *China and the Vietnam Wars, 1950-75*, p. 135.

93.1%가 베트남에 지원된 것이었다.[30]

중국의 적극적인 베트남 원조는 중국의 대외정책 목적과 결코 분리될 수 없었다. 첸(Chen)은 베트남전쟁이 진행되던 1965~1969년까지의 중국의 베트남에 대한 경제, 군사, 기타 물자 원조가 베트남으로 하여금 남쪽에서 미국과의 지상 전투에 집중할 수 있게 하고, 북과 남베트남 간의 물자수송과 의사소통을 유지하는 데 기여했을 뿐 아니라 미국으로 하여금 북베트남으로의 확전을 억지하는 데도 중요한 역할을 했음을 지적한다.[31] 중국은 북베트남이 미국과의 전쟁에서 직접적인 책임을 지게 하고 군사적 충돌이 인도차이나 갈등으로 확전되지 않는 이상 직접적 개입은 하지 않겠다는 입장이었지만, 자국의 경제 발전에 필요한 비용까지 조정해 가며 베트남을 지원한 것은 사실이다. 이는 중국 지도자들에게 베트남 원조가 단순히 북베트남의 경제와 산업 개발에 필요한 것을 제공하며, 소련과의 경쟁에서 우위를 점하는 차원을 넘어 잠재적 적인 미국의 개입을 이웃인 베트남을 통해 대리 방어하고 중국의 안보이익을 수호하는 차원과 연계되어 있음을 보여 준다.

1965년부터 확대된 소련의 베트남 원조가 중국, 소련, 베트남의 관계를 갈등 구도로 만드는 계기가 되었다는 점에서 주목할 필요가 있다. 제2차 인도차이나전쟁이 진행되는 동안 소련 역시 베트남에 대한 경제, 군사 원조를 시행함에 따라 소련과 북베트남의 유대가 점차 긴밀해졌다. 소련으로서는 북베트남군 및 남베트남의 민족해방전선[혹은 베트콩(Việt Cộng)]이 미국의 공세를 저지하고 있었고 인도차이나

30 Shu Guang Zhang, "Beijing's Aid to Hanoi and the United States-China Confrontations, 1964-68", p. 271.

31 Jian Chen, "China's Involvement in the Vietnam War, 1964-69", p. 378.

에서 미군과 직접적으로 충돌하거나[32] 베트남 내 모스크바의 영향력이 축소되는 것을 원하지 않았으므로 베트남을 지속해서 '친소련'화할 필요가 있었다. 1965년 2월 소련의 코시킨(Алексе́й Никола́евич Косы́гин) 수상이 하노이를 방문하여 북베트남 총리 팜반동(Phạm Văn Đồng)을 만난 자리에서 군사원조를 포함한 북베트남에 대한 지원을 약속했고 7월 양국은 경제와 군사 유대를 강화하는 협정문에 조인하게 된다. 이는 소련의 대베트남 정책이 소극적 관여에서 적극적 관여로의 전환을 의미했고 소련과 북베트남 관계에 활력을 불어넣는 중요한 계기가 되었다.

중국과 비교하여 소련원조의 특징은 북베트남의 요구를 수용하여 군사원조를 우선으로 제공한 것이다. 실제 1965~1968년 소련이 베트남에 제공한 경제원조는 918~988만 달러로 1960~1964년까지 400만 달러에 비해 250%가 증가했고, 군사원조는 14~18억 달러로 이전 기간 125~190만 달러에 비해 1,000%가 증가하였다.[33] 북베트남은 1960년대 중반 미국과의 전투가 보다 격렬해짐에 따라 선진화된 무기 및 전투부대 지원이 긴박했기에 당시 소련의 군사원조는 매우 중요하였다.[34] 이는 1968년 1월 베트남인민군(North Vietnamese Army, NVA)과 남베트남 민족해방전선이 군사력을 총동원해 전면적인 공세를 감행했던 이른바 구정 공세('뗏 공세', Tet Offensive)에서 여실히 드러났다. 하

32 소련은 1962년 10월 '쿠바 미사일 위기'를 통해 미국과 대립한다.

33 Douglas Pike, *Vietnam and the Soviet Union: Anatomy of an Alliance*(Boulder, CO: Westview Press, 1987), pp. 138-139; Nicholas Khoo, "Breaking the Ring of Encirclement: The Sino-Soviet Rift and Chinese Policy toward Vietnam, 1964-1968", *Journal of Cold War Studies*, Vol. 12, No. 1(2010a), p. 23.

34 John F. Copper, *China's Foreign Aid and Investment Diplomacy, Volume II: History and Practice in Asia, 1950-Present*(New York: Palgrave Macmillan, 2015), p. 5; Anne Gilks, *The Breakdown of the Sino-Vietnamese Alliance, 1970-1979,* p. 26.

노이의 이 같은 선택은 마오쩌둥의 지구전 전략, 즉 게릴라전 중심의 장기적인 인민 전투 모델을 거절하고 소련에 원조받은 정교한 중화기에 의존하여 대규모 작전을 펼친 것이었으므로 중국을 자극할 수밖에 없었다.[35]

중국-베트남-소련 간의 복잡한 갈등은 몇 가지 사건을 통해 더욱 악화된다. 1965년 3월 베트남 원조에 대한 중소 합의에서 북베트남은 중국이 동의와 협력하에 소련의 전투부대 및 군사물자들이 원활하게 북베트남까지 수송되기를 원했지만 중국은 철도를 통한 육상 수송을 제외하고 해상 및 항공 수송 지원은 허용하지 않았다.[36] 또한 1966년 3월 베트남을 지원하기 위해 소련과 중국의 '반제국주의 국제연대노선'이 제안되었지만 소련의 수정주의를 비판하는 마오쩌둥에 의해 무산되었다.[37] 1969년 3월 중국과 소련은 자신들의 영토라고 주장하는 우수리 강의 전바오다오(珍宝岛) 혹은 다만스키 섬(óстров Дамáнский)에서 군사적으로 충돌하면서 중국과 소련은 더욱 첨예하게 대립하게 되었다.

1968년 구정공세 이후 존슨 행정부의 평화협상(Peace talks) 제안을 당 서기장 레주언을 중심으로 하노이 정부가 수용하자 북베트남에 대한 중국의 의심과 불신은 강화되었다. 중국은 제2차 인도차이나전쟁 시작 초기인 1965년부터 반제국주의 투쟁을 강조하면서 베트남이

---

35 Manh Hung Nguyen, "The Sino-Vietnamese Conflict: Power Play among Communist Neighbors". *Asian Survey*, Vol. 19, No. 11(1979), p. 1038; Lien-Hang T. Nguyen, "The Sino-Vietnamese Split and the Indochina War, 1968-1975", in Odd Arne Westad and Sophie Quinn-Judge, eds., *The Third Indochina War: Conflict between China, Vietnam and Cambodia, 1972-79*(London: Routledge, 2006), p. 13.

36 Nicholas Khoo, "Breaking the Ring of Encirclement", p. 17.

37 Qiang Zhai, *China and the Vietnam Wars, 1950-75*, p. 154.

미국과 협상이나 대화에 나선다는 것 자체를 반대하였다.[38] 소련에 대한 적대의식이 강화되면서 반제국주의, 반수정주의 연대를 강화해야 한다는 중국의 태도는 1968년까지 이어졌다. 중국 정부는 베트남 정부가 미국과 북베트남의 협상에서 실패할 경우 미국을 남베트남에서 축출하지 못하게 될 가능성에 대해 우려했고, 협상에서 승리할 경우라도 이는 중국의 지위를 국제적으로 약화시키고, 미국을 안도하게 하며, 베트남 내 친소세력을 강화시키게 될 것으로 판단하였다.[39] 중국의 지도자들은 1968년 베트남 정부의 평화협상 참여 결정 뒤에는 자신들과 달리 평화협상에 지지를 보내왔던 소련의 영향력이 작용했다고 보았다.[40]

중국의 소련에 대한 위협 인식 증가 및 베트남과의 관계 악화는 1968~1970년 동안 베트남에 대한 원조 삭감으로 이어졌다. 1969년 중국의 베트남 원조는 1968년에 비해 20%가, 1970년에는 50%가 삭감되었다. 1969년 중반에는 북베트남에 파견되었던 대부분의 중국의 대공 포병 부대들이 철수했고, 1970년 7월 중국 공병부대가 베트남을

---

38 Jian Chen, "China, the Vietnam War, and the Sino-American Rapprochement, 1968-1973", in Odd Arne Westad and Sophie Quinn-Judge, eds., *The Third Indochina War: Conflict between Chin, Vietnam and Cambodia, 1972-79*(London: Routledge, 2006), p. 36; Zhihua Shen, "Sino-U. S. Reconciliation and China's Vietnam Policy", in Priscilla Roberts, ed., *Behind the Bamboo Curtain: China, Vietnam, and the World beyond Asia*(Stanford, CA: Stanford University Press, 2006), p. 351.

39 John W. Garver, "Sino-Vietnamese Conflict and the Sino-American Rapprochement", p. 449; Chris Connolly, "The American Factor: Sino-American Rapprochement and Chinese Attitudes to the Vietnam War, 1968-72", *Cold War History*, Vol. 5, No. 4(2005), p. 505.

40 John W. Garver, "The Tet Offensive and Sino-Vietnamese Relations", in Marc Jason Gilbert and William Head, eds., *The Tet Offensive*(Westport, CT: Praeger, 1996), p. 49; 유인선, 『베트남과 그 이웃 중국』(파주: 창비, 2012), 409쪽.

떠남으로 중국의 모든 부대는 귀환을 완료하였다.[41] 1968~1970년까지 중국은 여전히 베트남을 지원하고 있었지만 이전에 보였던 적극적인 관여와는 거리가 있었다. 베트남은 소련으로 경도되고 있었고 소련은 1969년 들어 베트남에 경제, 군사 원조 면에서 가장 중요한 공여국이 되었다.[42] 베트남이 소련으로부터 더 많은 원조를 받게 되면서 베트남과 소련의 유대는 강화되었고, 베트남에 대한 원조 확대의 정당성을 상실하게 된 중국은 베트남과의 간격이 점차 넓어졌다.[43]

1971~1973년은 중국이 미국과의 화해에 적극적으로 나섰던 시기임과 동시에 베트남에 대한 지원 역시 전쟁 막바지로 치달으면서 정점에 다다랐던 시기였다.[44] 중국은 1971년 7월 키신저(Henry Kissinger) 방문, 1972년 2월 닉슨(Richard Milhous Nixon) 방문 등 미국과의 대화를 진행하면서 전례 없는 화해 무드를 조성하였다. 중국은 미국과의 관계 개선 상황에 대한 베트남의 이해 차원 및 북베트남이 소련의 지배로 더 기울여지는 것을 저지하기 위해서라도 1970년대 초 대베트남 원조를 일시적으로 늘인 것은 사실이다. 중국은 정치 · 경제 · 사회적 혼란을 초래했던 문화대혁명의 여파로 국내 안정화가 우선이었음에도 베트남에 대한 원조 약속을 이행하기 위한 노력으로 소총, 탄알, 대포, 포탄을 포함한 군수품 원조를 1971~1972년까지 확대하였다.[45]

41 Jian Chen, "China, the Vietnam War, and the Sino-American Rapprochement, 1968-1973", p. 48.

42 Cheng Guan Ang, *Ending the Vietnam War: The Vietnamese Communists' Perspective* (London: Routledge, 2004), p. 32.

43 Jian Chen, "China's Involvement in the Vietnam War, 1964-69", p. 383.

44 Zhihua Shen, "Sino-U. S. Reconciliation and China's Vietnam Policy", p. 363.

45 Jian Chen, "China, the Vietnam War, and the Sino-American Rapprochement, 1968-1973", p. 56.

하지만 1971~1972년의 중국의 베트남 원조 증대가 베트남의 친소 성향에 대한 불만이 완화되었다는 증거는 아니었다. 베트남 역시 중국으로부터 원조는 받고 있지만 1972년 2월 '상하이 코뮈니케(Shanghai Communiqué)'를 체결하는 등 미국과 적극적인 관계 개선을 도모하는 중국을 더욱 경계한다. 중국의 베트남 원조는 1973년 1월 '파리평화협정(Paris Peace Accords)' 이후 다시 감소로 전환된다. 베트남전쟁 동안 미중 간의 화해는 이루어졌을지 몰라도 베트남은 중국의 태도, 즉 북베트남이 미국과 평화협상을 하는 것에는 반대했음에도 미중 관계 개선 이후 1973년 파리평화협정에 나서도록 종용한 것에 대해 분노하였다. 중국은 미국과의 대화 목적이 베트남에서 미국을 철수하게 하는 것이고, 동아시아 지역에서의 긴장을 완화하며 미국의 패권을 억제하도록 하는 것이라고 주장하였다. 그렇지만 베트남은 중국이 베트남전쟁 동안 주장해 왔던 반제국주의, 반수정주의 혁명노선과는 다른 길을 가고 있는 것으로 생각하고, 베이징의 모호하고 의심스러운 태도에 대해 불만과 불신을 갖게 되었다.[46]

1972년 중미관계 개선과 1973년 파리평화협정 체결 이후 중베관계는 한층 더 복잡해진다. 분명한 사실은 베트남전쟁 막바지 소련은 베트남민주공화국에 대한 영향력 강화에 성공했고, 북베트남은 더 이상 중국에만 의존하지 않게 되었다는 점이다.[47] 중국 입장에서는 소련과 이미 대립하고 있는 상황에서 베트남에 대한 원조 축소로 발생하는 손해보다 미국과의 관계 개선을 통해 얻는 이익이 클 것으로 판단하였다. 이런 계산 뒤에는 베트남과 중국의 소련과 미국에 대한 인식

46 *Ibid.*, p. 59.
47 Nicholas Khoo, "Breaking the Ring of Encirclement", p. 41.

의 불일치가 존재한다.[48] 1972년 미·중 화해부터 1975년 전쟁 종식까지 중국은 베트남과 달리 미국을 적으로 간주하지 않았지만, 소련을 주적이라 생각한 반면 베트남은 중국과 달리 소련을 적으로 간주하지 않았지만, 미국을 여전히 주적으로 간주하고 있었다.

3) 형제적 우호관계의 종말, 1975~1978

베트남이 1975년 군사적 통일을 이루고 미국의 위협이 부재해진 이후 베트남의 대중국 정책은 다시 한번 전환을 맞는다.[49] 형제적 우호관계였던 중국과 베트남은 1970년대 후반까지 많은 이슈에서 충돌하면서 갈등과 불신은 깊어졌고, 국경분쟁으로 촉발된 1979년 2월 중국-베트남전쟁으로 끝내 파국에 이른다. 1975년 이후 중국과 소련이 베트남에 제공했던 원조도 중소의 대외정책 변화를 분명히 보여 준다.

1973년 1월 파리평화협정으로 미국이 베트남에서 철군하고 1975년 4월 베트남인민군과 남베트남 민족해방전선이 사이공을 함락함으로써 베트남전쟁은 종식된다. 남베트남을 신속히 흡수하여 새로운 공산주의 국가를 건설해야 하는 북베트남으로서는 전후 재건에 필요한 경제원조를 중국으로부터 지속해서 받을 필요가 있었다. 중국은 베트남에 잔재하고 있는 친소 요소 및 소련과의 경쟁을 의식했기에 베트남의 요청을 무시할 수 없었다. 그렇지만 베트남 지도자들은 중국의 태도가 이전과는 분명한 차이가 있음을 인지하였다. 1975년 8월 저우언라이(周恩来)가 베트남 국가계획위원회 의장 레타인응이(Lê Thanh Nghị)를 면담한 자리에서 기존에 양국 간 합의에 의해 진행되던 원조 프로그램을 마무리하는 것에는 약속하지만 베트남이 요청한 1976~1980

48 Manh Hung Nguyen, "The Sino-Vietnamese Conflict", p. 1039.
49 황귀연, "베트남의 對중국관계 변화에 관한 연구", 『아시아지역연구』 제2권(1999), 16쪽.

년 5개년 계획에 대해서는 확답을 줄 수 없으며 추가적인 경제원조도 제공하기는 어렵다는 입장을 전달하였다. 레주언이 이끄는 베트남 공산주의 지도자들은 1975년 9월 베이징을 다시 방문하여 관계 개선에 대한 희망을 피력하며 베트남과 소련 관계에 대한 이해를 구하였다. 당시 덩샤오핑은 '양국 간 일부 문제가 있지만 중국은 베트남을 힘껏 도울 것이다. 그러나 중국은 현재 문화대혁명으로 경제발전이 영향을 받고 있다. 베트남이 전쟁에 승리했음으로 중국에 숨 돌릴 기회를 주었으면 한다'고 밝혔다.[50]

중국-베트남 관계의 퇴행은 분명했고 그 영향은 중국의 베트남 경제지원에서 분명히 드러났다. 1975년 하반기 중국의 북베트남 원조는 급격히 줄어들었고, 1976년 초반부터 북베트남에서 각종 건설사업에 종사하던 중국의 전문기술자들이 베이징으로 소환되기 시작했으며, 중국 원조로 진행 중이던 많은 프로젝트의 작업이 지연되었다.[51] 베트남에 대한 중국의 태도는 전과 달리 냉랭해졌으며 신규 원조에 대한 협정도 맺지 않게 된다. 보걸(Vogel)은 베이징의 인색해진 원조가 단순히 모스크바와 원조 수량에 대한 경쟁이 어려웠기 때문이라기보다 베트남인들이 소련과의 협력을 통해 동남아시아에서의 패권을 도모했기 때문이라고 주장한다.[52] 실제 베트남은 1977년 캄보디아와 라오스 등 주변국에 대해 영향력을 확대하고자 했고, 중국은 인도차이나에서 베트남의 세력 확장을 경계하였다.[53]

---

50 주홍, 『중국 대외원조 60년』, 328쪽.

51 Stephen J. Morris, "The Soviet-Chinese-Vietnamese Triangle in the 1970s: The View from Moscow", in Priscilla Roberts, ed., *Behind the Bamboo Curtain: China, Vietnam, and the World Beyond Asia*(Stanford, CA: Stanford University Press, 2006), p. 420.

52 에즈라 보걸, 『덩샤오핑 평전: 현대 중국의 건설자』(서울: 민음사, 2014), 심규호·유소영 역, 373쪽.

53 Xiaoming Zhang, *Deng Xiaoping's Long War*, p. 36.

미국이 베트남에서 철수한 이후 중국은 1975~1979년 동안 소련의 대외정책으로 인해 상당한 위협의식을 갖게 되었다. 소련은 1969년 중소 국경 분쟁 이후 1978년 러시아 극동지역에서 중거리 미사일 배치를 통해 군사력을 증대시켰고, 몽골 등 중국 주변국과의 동맹을 강화했으며, 제3세계의 전통 마르크스-레닌주의자들을 적극적으로 지원하여 1974년 소말리아, 1976년 앙골라, 1977년 모잠비크, 1978년 에티오피아 국가들과 각각 우호협정을 맺게 된다.[54] 제3세계 아프리카 국가들에 대한 친소련 정책은 아시아로 확대되어 소련은 아시아 지역을 위한 집단안보시스템(Collective Security System)을 제안한다. 하지만 중국의 관점에서 이는 소련과 베트남의 세력 확장의 명백한 기회가 됨과 동시에 중국을 포위하는 형국이 될 수 있음을 의미하였다. 소련의 공세정책은 베트남을 포함한 동남아시아에서의 영향력을 확대하려는 조치였다는 점에서 중국의 불안은 고조될 수밖에 없었다.[55]

중국이 소련에 대해 날로 증가하던 위협을 느끼는 동안 소련과 베트남의 유대는 더욱 밀착되었다. 1975년 이후 베트남 원조에 대해 소련과 중국은 정반대의 태도를 취한다. 1975년 5월 소련은 베트남이 갖고 있던 4억 5천만 달러에 이르는 차관 원조를 탕감해 주었고, 1975년 10월 한 달 전 중국이 약속해 주지 않았던 1976~1980년 5개년 계획에 대한 장기 원조(30억 달러)를 약속하였다.[56] 베트남과 소련의 유대는 군사 부문까지 확대되었다. 보응우옌지압 장군은 1977년 3월과 5월 모스크바를 방문하여 양국 간 군사협력을 확대하는 협정에 서명하고 다낭(Đà Nẵng)과 깜라인 만(Vịnh Cam Ranh) 해군기지 접근을 허용

---

54 Nicholas Khoo, "Revisiting the Termination of the Sino-Vietnamese Alliance, 1975-1979", p. 335.

55 *Ibid.* p. 336.

56 Anne Gilks, *The Breakdown of the Sino–Vietnamese Alliance, 1970-1979*, p. 152.

해 준다.[57] 특히 소련군의 깜라인 만 접근은 군사적으로 중국 연안 접근을 용의하게 한다는 점에서 중국과 물리적인 마찰 가능성을 열어 두는 것이나 다름없었다. 1975년 이후 중국으로부터 차관을 제외한 무상 군사원조 중단, 신규 경제원조 제한, 기존 원조 이행 지연을 겪고 있던 베트남으로서는 소련의 원조가 한층 더 중요해질 수밖에 없었다.[58] 소련의 적극적인 관여와 압박 속에 베트남은 그동안 가입을 유예했었던 소련 주도의 경제상호원조회의(Council for Mutual Economic Assistance, COMECON)에 1978년 4월 첫 가입 조치를 밟기 시작하여 같은 해 6월 정식 가입하게 된다. 코메콘 가입은 베트남에 가입국 간 무역과 환율 특혜를 가져다줄 수 있다는 점에서 긍정적이었지만 자국의 경제적 자율권을 양도해야 한다는 점, 소련이 압박에 의한 비자발적 가입이며, 중국의 베트남 원조 중단에 명분을 제공할 수 있다는 점에서 양날의 칼과 같은 결정이었다.

1975년 이후 소련과 베트남의 유대가 강화되는 동안 중국과 베트남 관계는 캄보디아(Democratic Kampuchea)와 남베트남의 화교 문제로 정면충돌하면서 악화 일로로 치닫고 있었다. 베트남은 인도차이나에서 독자 세력을 넓혀 가고자 하였다. 베트남은 1975년 이후 라오스를 통제하는 데는 성공하지만 캄보디아에서는 그렇지 못하였다. 여기에는 반베트남 노선을 갖고 있던 캄보디아를 대상으로 관계강화를 모색했던 중국의 영향이 컸다. 중국은 소련의 지원을 받는 베트남에 대항하여 동맹인 캄보디아의 크메르루주(Khmer Rouge)를 지원하고 있었고 캄보디아 역시 베트남의 군사적 위협에 대응하여 중국에 의존하고 있었다. 폴포트(Pol Pot) 정권은 1975년 중반 영토 문제 및 친베트남 당원

---

57 에즈라 보걸, 『덩샤오핑 평전』, 375쪽.

58 Kosal Path, "China's Economic Sanctions against Vietnam, 1975-1978", p. 1049.

숙청으로 하노이에 대한 적대 노선을 분명히 하였고, 1977년 9월 베트남 국경 지역에 대한 폭격을 감행하게 된다. 이에 대해 베트남은 같은 해 12월 6개 전투사단을 동원하여 캄보디아를 침공한다.[59] 중국은 하노이와 프놈펜의 관계를 진정시키고자 중재 노력을 해 보지만 1978년 캄보디아 문제로 베트남과 정면충돌하게 된다.

중국과 베트남 관계를 악화시켰던 또 하나의 사태는 중국 화교들에 대한 베트남의 탄압이었다. 남베트남에 거주하거나 그곳에서 출생한 중국인들을 대상으로 그들의 국적을 강제로 베트남화하거나 일부 화교들의 중국 무역을 제한하는 시도는 1950년 중반부터 시작되었다.[60] 하지만 아이러니하게 1977~1978년 베트남이 소련으로 기울어지고 중국의 대외원조가 축소되고 베트남이 캄보디아와 국경에서 대규모의 군사행동에 착수했던 시기에 남베트남 화교 공동체에 대한 탄압도 본격화되었다. 베트남 정부는 1977년 2월 다시 한번 베트남 거주 화교들을 대상으로 시민권 등록을 강제로 실시했고, 1978년 2월 베트남공산당 4차 총회에서 남베트남에서의 자본주의 거래를 금지시키는 결정을 내린다. 3월 하노이는 모든 사기업을 국유화한다는 발표 이후 대다수 화교에 의해 소유된 남베트남 3만 곳 이상 사기업을 예고 없이 무력으로 장악했으며, 5월에는 지금까지 분리되었던 통화를 강제로 통합시킨다.[61] 결국 베트남의 강압적인 동화정책은 중국-베트남 국경 지역에 거주하던 26만 명의 넘는 화교들이 베트남에서 추방당하

59 Robert S. Ross, *The Indochina Triangle: China's Vietnam Policy, 1975-1979*(New York, NY: Columbia University Press, 1988), p. 156.

60 Pao-min Chang, "The Sino-Vietnamese Dispute over the Ethnic Chinese", *The China Quarterly*, Vol. 90(1982), p. 198.

61 Nicholas Khoo, "Revisiting the Termination of the Sino-Vietnamese Alliance, 1975-1979", pp. 356-357.

는 계기를 초래하여 대규모의 난민들을 발생시켰다.[62]

이러한 사태들은 중국과 베트남의 관계를 파국으로 몰고 가기에 충분하였다. 중국은 1978년 6월 16일 호찌민시의 자국 영사관 폐쇄를 결정하고 베트남은 6월 캄보디아 국경 지역에 군사력을 증가시켰다. 특별히 6월 29일 베트남이 소련 주도의 코메콘에 정식으로 가입한 것은 작지 않은 파장을 불러일으켰다. 중국은 제재조치로 1978년 5월 12일과 30일 베트남에 대한 83개의 경제원조 프로젝트 가운데 52개와 25개의 군사원조 프로젝트 가운데 22개에 대해 취소를 통보한다.[63] 또한 1978년 7월 3일 최후 각서를 통해 베트남에 대한 모든 경제와 기술원조를 중단하며 베트남에 파견된 모든 전문기술자를 철수하기로 결정하였다.[64] 중국은 베트남에 대한 기존 원조를 축소, 연기 및 신규 원조를 중단한 것에 멈추지 않고 무역특혜협정 중단, 물류이동 제한, 수송비 상승, 수출입 할당제(quotas) 부과, 플랜트 프로젝트 취소와 중단 등을 통해 베트남에 대해 경제제재를 실시하였다.[65]

결국 베트남은 1978년 11월 3일 소련과 '우호협력조약(友好協力條約)'을 체결한다. 소(蘇) · 베트남 우호협력조약 체결은 중국에는 명백히 소련 편에 선 베트남에 대한 배신감을 넘어 베트남과 소련의 중국 포위를 저지해야 하는 절박한 사태에 직면했음을 의미했고, 베트남으로서는 소련과의 동맹을 공식화함으로써 경제와 안보 문제에 긴밀히 연루되는 것을 의미하였다. 덩샤오핑은 중국이 경제지원을 계속한다 하더라도 소련으로 경도된 베트남을 변화시킬 수 없을 것이라 보고, 이런

62 Kosal Path, "China's Economic Sanctions against Vietnam, 1975-1978", p. 1044.

63 *Ibid.*, p. 1055.

64 주홍, 『중국 대외원조 60년』, 330쪽.

65 Kosal Path, "China's Economic Sanctions against Vietnam, 1975-1978", pp. 1054-1056.

상황에서 베트남에 대한 원조는 베트남의 야망을 지지하는 소련의 원조를 줄이게 되는 것이 아닌 베트남의 확장을 지원하는 결과를 초래하기 때문에 이 원조는 중단될 수밖에 없다고 판단하였다.[66] 12월 25일 베트남이 캄보디아를 전면적으로 침입한 것은 소련의 지원을 등에 입은 '베트남의 공격성'을 확정해 주었다. 중국은 동남아시아국가들에 대한 소련과 베트남의 위협을 저지하기 위해 경제제재를 넘어 군사대응이 불가피하다고 판단하였다.

베트남전쟁에서 미국과 전쟁을 수행했고 1975년 이후 전후 재건이라는 중요한 도전에 직면했던 베트남으로서는 중국과 소련 두 공산주의 후원국이 제공하는 원조는 매우 중요하였다. 중국은 북베트남이 소련의 영향력하에 들어가는 것을 막기 위해서라도 하노이에 대한 원조를 지속할 수밖에 없었고, 베트남에서의 소련의 영향력, 즉 혁명투쟁에 있어서 권위적 역할 혹은 우월적 지위가 베트남에서 약화되길 원하였다.[67] 소련은 중베관계가 소원해지는 틈을 이용하여 베트남이 원했던 군사원조를 확대해 나갔고, 인도차이나에서의 그들의 야망을 부추기면서 베트남을 직간접적으로 압박해 나갔다. 소련을 통해서는 군사원조, 중국을 통해서는 경제원조가 지속되는 것이 생존과 투쟁, 국가재건을 위해 절실했던 베트남으로서는 양국과 대립해야 하는 상황은 절대 유리하지 않았다. 베트남은 두 강대국에 대응해야 하는 약자의 입장이었지만 교묘하게 중국과 소련으로부터 원조를 최대한 얻어내는 균형게임을 해 온 것이다.[68]

1965~1978년까지 베트남-중국-소련의 삼각관계에서 한 가지

---

66 에즈라 보걸, 『덩샤오핑 평전』, 393쪽.

67 Shu Guang Zhang, *Beijing's Economic Statecraft during the Cold War*, p. 235.

68 Nicholas Khoo, "Revisiting the Termination of the Sino-Vietnamese Alliance, 1975-1979", p. 360.

명백한 사실은 중국이 사회주의 진영의 선도적 지위, 경제력과 군사력의 우위에도 오랜 전쟁으로 피폐해지고 경제적으로도 파탄에 직면했던 약소국 베트남에 온전한 승자가 되지 못했다는 것이다. 무엇보다 중국 원조의 핵심적인 동인이라 할 수 있는 베트남에서의 소련의 영향력 감소가 의도한 대로 되지 않았다. 결과는 오히려 그 반대였다. 중국의 대규모 경제, 기술, 군사 원조가 베트남의 혁명과 독립투쟁을 돕고 중베 관계를 유지시키는 데 주요한 수단이 되었을지 몰라도 수 세기 동안 양국 간에 누적된 관계의 불신을 극복하는 데는 한계가 있었던 것이다.

3
결론

중국은 '동지(同志)'로서 미국에 대항하는 베트남의 전쟁을 지원하는 동시에 인도차이나에서의 주도적 영향력을 확보하기 위해 장기간 베트남에 대한 경제지원을 시행하였다. 냉전기간 아시아에서의 공산주의 운동을 도와야 한다는 이념적 · 도덕적 의무감과는 별개로 프랑스와 미국, 소련 그 어떤 나라도 중국의 남서지역 이웃인 베트남을 통제할 수 없도록 호찌민의 투쟁에 많은 인력과 자원을 투입한 것이다. 그렇지만 결과는 처음의 의도와는 다르게 전개되었다. 1950년부터 시작된 중국의 베트남 원조가 양국 간 동맹을 유지, 관리하는 데 중요한 수단이 되었음에도 30년도 되지 않은 채 두 국가는 전쟁에 돌입할 정도로 파국을 맞이했기 때문이다.

베트남은 중국과 비대칭적 상호의존 관계에 있었음에도 중국의 정치적 영향력을 제한하고 때로는 충돌하면서 균형을 맞추고자 하였다. 여기에는 중국의 베트남 영향력을 경계하고 중국과 적대관계에 있었던 소련이 1960년대 중반부터 베트남에 적극적인 개입을 한 것이 중요한 동인을 제공하였다. 소련은 베트남에 필요한 원조를 제공하는 대안적인 공여국이 되었을 뿐 아니라 중국의 원조 축소와 경제제재로 인한 손실을 만회해 주며 베트남의 세력 확장을 돕는 강력한 동맹국이 된 것이다. 1975년 이후 통일된 베트남이 전보다 강해진 것은 사실이나 여전히 약소국이었으며, 경제발전과 사회주의 전환을 위해서도 강대국 중국의 원조는 여전히 필요하였다. 그렇지만 28년 동안의 막대한 원조에도 베트남은 중국에 순응하지 않았고 중국은 베트남을 장악하지 못하였다. 1979년 1월 덩샤오핑은 이런 베트남에 대해 값비싼 대가를 치르게 함으로써 '따끔한 교훈'을 가르쳐 주겠다고 작정했고, 이는 다음 달 중국이 베트남에 대한 국경 전쟁을 착수되면서 현실이 되었다.

국가이익이 존재하는 한 중국과 베트남 간의 연대와 반목, 대립과 화해의 과정은 앞으로도 지속될 수밖에 없다. 1991년 중국과 베트남 간 수교 이후 무역과 투자 확대를 통한 경제적 유대는 오늘날에도 지속되고 있지만 파라셀(Hoàng Sa, 西沙, Paracel) 및 스프래틀리(Trường Sa, 南沙, Spratly) 섬들을 둘러싼 영유권 문제에 있어서는 첨예하게 대립하고 있다. 강대국들의 지배에 저항하며 약소국으로서 자율성을 확보하고자 하는 노력은 베트남 역사에서 익숙하다. 중국은 더 이상 아시아 이웃 국가들을 대상으로 '분리와 지배(divide and conquer)' 전략[69]을 사용하지 않겠다고 안심시키고 있지만, 글로벌 'G2(Group of Two)'로 부

69 Phillip C. Saunders, "China's Role in Asia: Attractive or Assertive?", in David Shambaugh and Michael Yahuda, eds., *International Relations of Asia*(Lanham, MD: Rowman & Littlefield Publishers, 2014), p. 157.

상한 중국의 압도적인 경제적·군사적 영향력은 베트남에 여전히 두려움을 주고 있는 것이 사실이다.

| 참고문헌 |

에즈라 보걸. 2014. 『덩샤오핑 평전: 현대 중국의 건설자』. 심규호 · 유소영 역. 서울: 민음사.

윌리엄 듀이커. 2003. 『호치민 평전』. 정영목 역. 서울: 푸른숲.

유인선. 1987. "중월관계와 조공제도: 가상과 실상". 『역사학보』 제114권, 89-127쪽.

유인선. 2012. 『베트남과 그 이웃 중국』. 파주: 창비.

이한우. 2003. "베트남-중국 관계의 역사적 전개와 현재: 협력과 갈등의 이중주". 『동아연구』 제44권, 131-163쪽.

제프리 프란시스 허드슨 · 리차드 로웬탈 · 로데릭 맥화쿼. 2004. 『중 · 소 분쟁: 자료와 분석』. 김유 역. 고양: 인간과 사회.

주홍. 2015. 『중국 대외원조 60년』. 김일산 · 정순희 · 양홍정 · 임승빈 · 김미란 역. 서울: 푸른사상.

황귀연. 1999. "베트남의 對중국관계 변화에 관한 연구". 『아시아지역연구』 제2권, 11-31쪽.

Ang, Cheng Guan. 2000. "The Vietnam War, 1962-64: The Vietnamese Communist Perspective". *Journal of Contemporary History*, Vol. 35, No. 4, pp. 601-618.

Ang, Cheng Guan. 2004. *Ending the Vietnam War: The Vietnamese Communists' Perspective*. London: Routledge.

Baldwin, David A. 1985. *Economic Statecraft*. Princeton: Princeton University Press.

Chang, Pao-min. 1982. "The Sino-Vietnamese Dispute over the Ethnic Chinese". *The China Quarterly*, Vol. 90, pp. 195-230.

Chen, Jian. 1993. "China and the First Indo-China War, 1950-54". *The China Quarterly*, Vol. 133, pp. 85-110.

Chen, Jian. 1995. "China's Involvement in the Vietnam War, 1964-69". *The China Quarterly*, Vol. 142, pp. 356-387.

Chen, Jian. 2006. "China, the Vietnam War, and the Sino-American Rapprochement, 1968-1973". In Odd Arne Westad and Sophie Quinn-Judge (eds.). *The Third Indochina War: Conflict between Chin, Vietnam and Cambodia, 1972-79*. London: Routledge.

Christensen, Thomas J. 2011. *Worse Than a Monolith: Alliance Politics and Problems of Coercive Diplomacy in Asia*. Princeton: Princeton University Press.

Connolly, Chris. 2005. "The American Factor: Sino-American Rapprochement and Chinese Attitudes to the Vietnam War, 1968-72". *Cold War History*, Vol. 5, No. 4, pp. 501-527.

Copper, John F. 2015. *China's Foreign Aid and Investment Diplomacy, Volume II: History and Practice in Asia, 1950-Present*. New York: Palgrave Macmillan.

Garver, John W. 1981. "Sino-Vietnamese Conflict and the Sino-American Rapprochement". *Political Science Quarterly*, Vol. 96, No. 3, pp. 445-464.

Garver, John W. 1996. "The Tet Offensive and Sino-Vietnamese Relations". In Marc Jason Gilbert and William Head (eds.). *The Tet Offensive*. Westport, CT: Praeger.

Gilks, Anne. 1992. *The Breakdown of the Sino–Vietnamese Alliance, 1970-1979*. Berkeley: Institute of East Asian Studies.

Kang, David C. 2010. "Hierarchy and Legitimacy in International Systems: The Tribute System in Early Modern East Asia". *Security Studies*, Vol. 19, No. 4, pp. 591-622.

Khoo, Nicholas. 2010a. "Breaking the Ring of Encirclement: The Sino-Soviet Rift and Chinese Policy toward Vietnam, 1964-1968". *Journal of Cold War Studies*, Vol. 12, No. 1, pp. 3-42.

Khoo, Nicholas. 2010b. "Revisiting the Termination of the Sino-Vietnamese Alliance, 1975-1979". *European Journal of East Asian Studies*, Vol. 9, No. 2, pp. 321-361.

Mastanduno, Michael. 2008. "Economic Statecraft". In Steve Smith, Amelia Hadfield, and Tim Dunne (eds.). *Foreign Policy: Theories, Actors, Cases*. Oxford: Oxford University Press.

McCornac, Dennis C. 2011. "Vietnam's Relations with China: A Delicate Balancing Act". *China Currents*, Vol. 10, No. 2(August), pp. 1-7.

Morris, Stephen J. 2006. "The Soviet-Chinese-Vietnamese Triangle in the 1970s: The View from Moscow". In Priscilla Roberts (ed.). *Behind the Bamboo Curtain: China, Vietnam, and the World beyond Asia*. Stanford, CA: Stanford University Press.

Nguyen, Lien-Hang T. 2006. "The Sino-Vietnamese Split and the Indochina War,

1968-1975". In Odd Arne Westad and Sophie Quinn-Judge (eds.). *The Third Indochina War: Conflict between China, Vietnam and Cambodia, 1972-79*. London: Routledge.

Nguyen, Manh Hung. 1979. "The Sino-Vietnamese Conflict: Power Play among Communist Neighbors". *Asian Survey*, Vol. 19, No. 11, pp. 1037-1052.

Olsen, Mari. 2006. *Soviet-Vietnam Relations and the Role of China, 1949-64: Changing Alliances*. London: Routledge.

Path, Kosal. 2012. "China's Economic Sanctions against Vietnam, 1975-1978". *The China Quarterly*, Vol. 212, pp. 1040-1058.

Pike, Douglas. 1987. *Vietnam and the Soviet Union: Anatomy of an Alliance*. Boulder, CO: Westview Press.

Ross, Robert S. 1988. *The Indochina Triangle: China's Vietnam Policy, 1975-1979*. New York, NY: Columbia University Press.

Saunders, Phillip C. 2014. "China's Role in Asia: Attractive or Assertive?" In David Shambaugh and Michael Yahuda (eds.). *International Relations of Asia*. Lanham, MD: Rowman & Littlefield Publishers.

Shen, Zhihua. 2006. "Sino-U. S. reconciliation and China's Vietnam Policy". In Priscilla Roberts (ed.). *Behind the Bamboo Curtain: China, Vietnam, and the World beyond Asia*. Stanford, CA: Stanford University Press.

Westad, Odd A., Chen Jian, Stein Tønnesson, Vu Tungand Nguyen, and James G. Hershberg. 1998. *77 Conversations between Chinese and Foreign Leaders on the Wars in Indochina, 1964-1977*. Washington, D. C.: Cold War International History Project.

Zhai, Qiang. 2000. *China and the Vietnam Wars, 1950-75*. Chapel Hill: University of North Carolina Press.

Zhang, Shu Guang. 2006. "Beijing's Aid to Hanoi and the United States-China Confrontations, 1964-68". In Priscilla Roberts (ed.). *Behind the Bamboo Curtain: China, Vietnam, and the World beyond Asia*. Stanford, CA: Stanford University Press.

Zhang, Shu Guang. 2014. *Beijing's Economic Statecraft during the Cold War, 1949-1991*. Washington, D. C.: Johns Hopkins University Press.

Zhang, Xiaoming. 2015. *Deng Xiaoping's Long War: The Military Conflict between China and Vietnam, 1979-1991*. Chapel Hill: The University of North Carolina Press.

제7장

베트남과 미국의 관계정상화 과정, 그 요인과 함의

서보혁
(통일연구원 연구위원)

1
서론

베트남과 미국은 전쟁을 치른 후 20년 동안 적대관계를 유지해 오다가 1995년 국교를 정상화하였다. 그에 비해 미국과 북한은 전쟁을 치른 후 65년이 지나가는 지금도 국교를 정상화하지 못하고 적대관계를 지속하고 있다. 이런 차이를 보이는 두 사례는 북미관계를 연구해 오고 있는 필자는 물론 한반도 평화를 염원하는 모든 사람에게 관심사가 아닐 수 없다. 또 오바마 행정부 시기에는 미국이 쿠바와 관계정상화를 했는데, 이 사례 역시 미국과 적대해 온 한 사회주의 국가와 미국의 관계 정상화라는 점에서 국제사회의 이목을 끌기에 충분한 사건이었다.

이 장에서는 베트남전쟁 이후 적성국 관계에 있던 베트남과 미국의 관계정상화 과정을 '이익균형'이란 개념으로 살펴보고 그 요인도 분석해 볼 것이다. 이를 통해 양국관계의 정상화가 베트남의 탈사회주의화에 미친 영향을 평가하고 한반도 평화에 주는 의미도 생각해 보고자 한다. 이상과 같은 문제의식을 바탕으로 이 연구는 1975년 4월 베트남전쟁 종식에서부터 2007년 1월 베트남의 세계무역기구(WTO) 가입까지 30여 년을 몇 개의 소시기로 나누어 살펴볼 것이다.

베트남전쟁은 한국전쟁과 함께 제2차 세계대전 이후 최대의 인명 피해를 초래한 참극이었다. 더욱이 베트남전쟁은 민간인에 대한 무차별 살육과 장기간의 전쟁이라는 점에서 그 비극이 극심하였다. 전쟁을 치른 베트남과 미국은 평화협정 체결 이후에도 관계정상화가 이루어지기까지 20년이 더 걸렸다는 점에서도 주목할 만하다. 평화협정 체결 이후 관계정상화까지의 기간이 그렇게 필요했던 이유는 무엇일까? 상호 적대의식 외에도 관계정상화를 촉진하는 환경을 조성하는 데 적지 않은 시간이 필요했을 것이고, 관계정상화 이전에 해결하거나 충족시켜야 할 상호 관심사도 적지 않았을 것이다. 이에 관한 논의는 오늘날과 같은 베트남의 탈사회주의 현상을 평가하는 데 유용한 근거를 제공해 줄 뿐만 아니라, 전쟁 이후에도 오늘날까지 적대관계를 지속하고 있는 북한과 미국의 관계정상화를 전망하는 데도 시사점을 줄 수 있을 것이다.[1]

2 베트남전쟁 종식 이후 베-미 관계, 1975~1985

베트남전쟁의 결과 미군이 철수하고 베트남은 공산화 통일이 되었다. 또 베트남전쟁의 결과를 베트남 민족해방운동의 승리로 볼 수도 있겠지만 그 대가로 베트남이 직면한 국제적 고립과 경제 침체를 함께 언급해야 할 것이다. 베트남공산당은 제4차 대회(1976년 12월 14~20일)를 개최하여 당의 지배력을 강화하고 제2차 5개년 경제계획(1976~1980년)을 추진하였다. 그러나 당대회 이후 심각한 권력투쟁과 당 관료들의 무능으로 경제가 회복되지 않았다. 국민소득은 1977년 -2.8%에서 1978년에는 -2.3%, 국민총소득(GNP)도 1977년 -4.4%에서 1978년에는 -4.0%로 나타나 사회주의 경제정책은 성공하지 못하였다.[2]

1 이교덕, 『미국의 대중 · 대베트남 관계정상화 과정 비교: 북 · 미관계 개선에 대한 함의』, 통일연구원 연구총서(서울: 민족통일연구원, 1998); 홍규덕, "미국 · 베트남 관계정상화 과정과 요인분석", 『한국과 국제정치』 제7권 2호(1991), 181-204쪽.

2 Tran Hoang Kim, *Economy of Vietnam*(Hanoi: Statistical Publishing House, 1992), pp. 107-109; 권경희, "베트남-미국 관계정상화 과정에 관한 연구: 1975-1995", 『국제정치논총』 제36집 1호(1996), 247-265쪽.

전쟁 이후에도 미국과 베트남은 적대관계를 지속할 수밖에 없었다. 미국의 베트남 제재가 베트남의 고립과 침체의 제일 요인으로 작용하였다. 양국 간 적대관계는 베트남의 발전을 옥죄고 있었다. 베트남공산당이 당시 미국과 관계 개선을 위해 적극적인 움직임을 보인 사례가 발견되지 않지만 미국의 베트남 제재와 고립이 약화될 조짐도 없었다. 미 포드 행정부는 1975년 이후 베트남에 통상금지조치(embargo), 원조금지조치를 포함한 광범위한 경제제재 조치를 취하였고, 미국 내 베트남인의 자산을 동결시켰다. 베트남의 공산화 통일 이후 미국은 베트남을 소련의 팽창주의적 동맹권의 일부로 간주했기 때문에 베트남을 고립시켰다.[3] 미국은 베트남의 유엔 가입 신청에 대해서도 유엔안전보장이사회 상임이사국의 거부권을 행사하였다. 다만 미국 정부는 양국관계 정상화 협상의 선결 조건으로 베트남전쟁 기간 실종 미군 및 미군 포로(POWs/MIAs) 문제 해결을 제시하였다.

평화협정 체결 이후에도 베트남과 미국의 관계(이하 베-미 관계)가 정상화하지 못한 데는 베트남 측이 미국에 전쟁 배상과 전후 복구 원조 공약 이행을 고집스럽게 주장한 데 원인이 있다. 동시에 5만 8천여 명의 미군[4]이 희생된 미국민들의 베트남에 대한 반감과 트라우마도 작용하였다. 그 위에 중국과의 관계정상화를 통한 미국의 대소 봉쇄와 그와 관련된 베-중 관계 악화와 같은 국제정치적 역학 구도 역시 미국의 대베트남 적대 정책에 영향을 미쳤다. 그런 흐름은 1980년대 중반까지 변함이 없었다. 물론 카터 정부 들어서 하노이와 파리 등지에서

---

3 미국이 1970년대 중국, 베트남과의 관계정상화를 동시에 추진하다가 캄보디아 사태로 중국과 베트남의 관계 악화로 중국과의 관계정상화만 추진하기로 했다는 논의는 이교덕(1998)의 제II장을 참조.

4 베트남전쟁 희생자들에 대한 다양한 집계는 서보혁, 『배반당한 평화: 한국의 베트남·이라크 파병과 그 이후』(서울: 진인진, 2017), 217-219쪽을 참조.

양국 간 접촉이 있었지만 관계 개선을 향한 일보의 전진도 이루어지지 않았다.

그런데 1978년 12월 베-미 관계를 더욱 악화시키는 사태가 발생하였다. 베트남이 캄보디아를 침공해 친베트남 정권을 수립한 것이다.[5] 베트남은 캄보디아 침공 이후 더욱 국제적 고립에 직면하게 되었고 원조 중단과 과도한 군비 지출 및 예기치 못한 일련의 천재 등으로 국민소득과 GNP는 계속해서 감소하였다.[6] 제3차 경제계획(1981~1985)의 실패는 필연적이었는지도 모른다. 베트남 경제는 더욱 피폐해졌다. 베트남의 캄보디아 침공과 군대 주둔은 미국의 제재와 봉쇄,[7] 그리고 중국과의 대결을 초래하였다.

베트남공산당은 당의 지도력을 포기하지 않는 전제하의 개혁을 모색하였다. 1986년 6월 제6차 전당대회에서 '도이머이(Doi Moi)'라는 경제개혁정책을 채택했고, 그 정지작업으로 내각 개편과 대규모 당원 숙청, 당 지도력 교체와 같은 정치개혁을 실시했고, 경제정책에 있어서도 계획경제하의 자유화 조치를 시도하였다. 그러나 외교 안보 정책면에서는 캄보디아 주둔 지속, 중국과의 대결과 소련과의 우호관계라는 기존 정책을 변경시키지 못하였다. 거기에 베트남을 고립과 침체에 몰아넣어 온 미국의 적대 정책이 지속되었다. 1980년대 들어 베트남에서 미국의 제일 관심사인 미군 실종자 문제와 민간교류를 계기 삼아 미국과의 관계 개선 필요성이 부상하기 시작하였다. 1984년 12월

---

5 베트남의 캄보디아 침공 배경에 관해서는 권경희, "베트남 외교정책의 성향변화연구: 1975-1990", 성신여자대학교 박사학위 논문(1994), 제3장을 참조.

6 Tran Hoang Kim, *Economy of Vietnam*, p. 31; 권경희, "베트남-미국 관계정상화 과정에 관한 연구", 251쪽.

7 Christopher Goscha, *Vietnam: A New History*(New York: Basic Books, 2016), pp. 238-289.

에 개최된 공산당 중앙위원회에서 베트남 지도부는 이른바 "전략적인 외교정책"을 결정하였다. 그 주요 내용은 베-미 관계 현안에 적극적으로 협력함으로써 미국과의 관계를 조속히 정상화한다는 것이었다.[8]

베트남의 적극적인 접근으로 1980년대 초반부터 베-미 관계는 어느 정도 진전을 보는 듯하였다. 양국의 전직 고위관리, 과학자, 사업가 등이 상호 방문하였다. 1982년에는 미군 실종자 문제에 있어 가시적인 진전이 일어났다. 베트남 관리가 하와이의 합동희생자해결센터(Joint Casuality Resolution Center)를 방문했고, 베트남 정부가 미군 유해 5구를 미국 측에 인도하기로 함으로써 앞으로 양국 간 미군 실종자 문제 협의 채널이 마련될 발판이 만들어졌다.[9] 미군 실종자 문제는 인도적 문제인 동시에 미 행정부로서는 국내 여론과 직결된 정치적 소재이기도 하였다. 레이건 행정부가 1985년 8월 28~29일 하노이에서 개최된 양국 회담에서 미군 실종자 문제를 관계정상화와 연계하겠다는 입장으로 선회하였다.[10] 베트남 관련 미국의 3대 관심사 — POWs/MIAs, 베트남군 캄보디아 주둔, 베트남 인권문제 등 — 중 POWs/MIAs 문제를 양국관계의 미래와 관련지어 보기 시작했다는 점이 눈에 띈다. 이러한 미국의 태도 변화는 이후 국교정상화까지 베-미 협상이 본격화되는 계기를 제공했다는 점에서 의의가 있다.

이 시기는 베트남전쟁 종식 이후 베트남과 미국이 상대에 대한 자국의 이익을 형성하고, 비록 미흡하지만 양국에 걸쳐 있는 이익의 내

8 권경희, "베트남-미국 관계정상화 과정에 관한 연구", 253-254쪽.

9 Carlyle A. Thayer, "Vietnam's Two Strategic Tasks", *Southeast Asian Affairs, 1983*(Singapore: Institute of Southeast Asian Studies, 1983), p. 324.

10 Nayan Chanda, "No More Bones to Pick", *Far Eastern Economic Review*(September 19, 1995); 황귀연, "도이머이 이후 베트남의 대외관계의 변화와 전망", 『국제문제논총』 제17집(2007), 10쪽.

용과 그 범위를 부각시켜 나갔다. 말하자면 이익균형을 추구할 틀이 형성되어 간 때가 이 시기였다. 베트남은 미국을 향해 원조 제공과 경제제재 해제 등 경제적 이익을 추구했고, 미국은 베트남에 POWs/MIAs 문제 해결과 캄보디아에서의 철군을 요구하였다. 그리고 1985년 8월 양국 회담에서 이들 상호 관심사들이 양국관계 정상화의 틀 속에 놓여 있다는 데 공감함으로써 이후 양국 간 활발한 상호작용의 발판이 이 시기에 마련되었다.

3 개혁 천명 이후 베-미 관계, 1986~1989

1986년 12월 15~18일 열린 제6차 베트남공산당대회는 개혁파의 실권 장악과 개혁개방정책을 공식화한 사건이었다. 응우옌반린(阮文灵, Nguyen Van Linh) 서기장을 중심으로 개혁세력은 장기간 침체에 빠진 경제를 회복하고 사회에 활력을 불어넣기 위해 대대적인 개혁을 천명하였다. 개혁의 성공 열쇠가 두 개라면 하나는 베트남공산당이 갖고 있었고, 다른 하나는 미국이 갖고 있었다고 할 수 있다. 베트남공산당은 가진 열쇠로 개혁을 적극적이고 일관되게 전개하는 한편 미국이 가진 열쇠를 베트남의 개혁에 유용하게 쓰도록 유도해야 할 과제를 안고 있었다. 그런 점에서 결국 두 열쇠는 베트남공산당이 가진 셈이었다. 1988년 5월 베트남공산당 정치국 제6차 회의에서 '경제발전과 평화유지'라는 제목으로 '새로운 상황에서의 대외정책과 임무'라는 결의안을 채택하였다. 이 결의안에서 베트남공산당은 "주권과 독립보전 및 상호이익의 원칙에 입각하여 국제관계를 다양화하고, 친구를 더 많이 만들고 적을 줄이자."라는 외교 방침을 제시하였다. 1989년 3월 베트남

공산당은 제6차 중앙위원회를 통해 "앞으로의 외교활동을 정치적 관계에서 경제적 관계로 강력하게 전환해야 한다."[11]라고 강조하였다.

1986년 이래 베트남 정부는 미국 작가나 기자들의 여행을 허락하는 식으로 문화 교류를 증진시키고, 베트남 태생 미 혼혈아의 미국 이주를 허락하는 조처를 하였다. 그러나 베트남의 캄보디아 철수와 POWs/MIAs 문제 해결에 우선순위를 두고 있던 미 레이건 행정부의 눈에는 베트남의 그런 조치들에 만족할 수 없었다. 정체된 양국관계의 분위기는 1988년에 들어서 약간의 활기를 띠게 되었다. 하노이 정부는 재교육장에 있던 수천 명의 정치범을 석방할 것을 선언했고, POWs/MIAs 문제를 담당할 합동팀을 구성하자는 미국의 제안에 동의하였다.[12] 이는 미국의 주요 관심사에 관한 큰 진전이었다.

그러나 베트남 측에서 미국과의 관계정상화를 전망하려면 또 다른 중대 사안인 베트남군의 캄보디아 철수가 이루어져야 하였다. 미국 입장에서는 베트남군의 캄보디아 철수 없이는 관계정상화를 목표로 하는 협상은커녕 양국관계 개선도 논의할 수 없는 일이었다. 당시 미국 조야에서는 베트남군의 캄보디아 철수 없이 베트남과의 관계 개선 움직임을 경계하는 지적이 일어나고 있었다. 1988년 7월 미 의회에서 베트남과 외교관계를 재개하는 것을 계속 반대한다는 개스턴 시거(Gaston Sigur) 미 국무부 동아태 차관보의 증언은 그런 비판 여론에 대한 반응으로 간주할 만하다.[13] 그에 대해 베트남 측에서 불만이 터져 나왔지만 철군하지 않는 상태에서는 실종 미군 발굴사업에 협력하는 수밖에 없었다.

11 황귀연, "도이머이 이후 베트남의 대외관계의 변화와 전망", 36-37쪽.

12 권경희, "베트남-미국 관계정상화 과정에 관한 연구", 256쪽.

13 위의 논문, 256쪽.

베트남공산당 지도부는 개혁의 성과, 곧 경제발전과 국제사회와의 교류협력을 위해서는 미국의 대베트남 정책 전환이 필수적이고, 그를 위해서는 미국의 최대 관심사인 캄보디아 철수에 관해 결단을 내려야 한다는 것을 잘 알고 있었다. 실제 위 베트남공산당 정치국 회의에서 채택된 결의에 이어 1989년 9월 전격적으로 베트남군의 캄보디아 전면 철수를 단행한 것은 미국과의 관계정상화 의지를 강력하게 과시한 것이었다. 베트남은 이제 미국의 3대 관심사 중 핵심 두 사안—POWs/MIAs, 베트남의 캄보디아 철군—에 모두 호응했다고 보고, 미국을 비롯한 서방 선진 국가들과 국제금융기구로부터 투자, 무역, 기술 이전, 차관 도입을 적극적으로 추진하였다. 철군으로 베트남은 국제사회에 본격적인 개혁개방을 추진하겠다는 의지를 보여 주며 투자와 교역의 문을 활짝 연 것이다.

미국의 입장에서는 급할 것이 없었다. 1980년대 미국은 베트남과의 관계정상화를 POWs/MIAs 문제와 캄보디아 문제 해결의 지렛대로 삼았지만 관계정상화에 깊은 비중을 두지는 않았다.[14] 또 베트남군 철수로 캄보디아 문제가 종식되었다고 보기는 힘들었다. 철군 이후 캄보디아의 미래를 예측 가능하고 안정되게 설계하는 일이 국제사회, 특히 관련 국가들 사이의 과제로 남아 있었기 때문이다. 또 베트남 주도의 일방적인 철군에 대한 검증 작업도 필요하였다. 실종 미군 문제 해결도 베트남 측의 협조가 있었지만 완전히 해결된 것은 아니었다. 그런 배경 아래서 미국은 베트남이 기대한 국제통화기금(IMF)의 베트남 경제복구 원조 제공을 보류시키고 IMF와 세계은행의 베트남 차관 제공에도 반대하였다. 그 대신 미국은 캄보디아의 민주적 이행 과정에

14 Lewis M. Stern, *Defense Relations between the United States and Vietnam*(Washington, DC: McFarland, 2005), p. 10.

대한 베트남의 태도와 베-미 관계 정상화 대화를 연계하는 전략을 취하였다.

베트남군의 캄보디아 철수 단행은 미국의 대베트남 최대 관심사가 해결되는 전기를 마련한 것이었다. 또 베트남의 전향적인 태도가 지속되면서 미국 내에서 관계정상화 검토 논의가 일어나기 시작하였다. 베트남은 선제 양보를 통해 미국의 태도 변화를 유도하는 식으로 이익균형을 전개해 나갔다.

4 관계정상화를 향하여, 1990~1995

1990년 베트남과 미국은 양국관계의 새로운 미래를 준비하려는 듯 전례 없는 고위급 회담을 잇달아 가졌다. 1990년 여름, 제임스 베이커(James Baker) 미 국무장관은 캄보디아 문제에 관해 베트남과의 직접 대화를 시사하고, 캄보디아 내 반베트남 저항세력에 대한 그동안의 지지를 포기하고 유엔에서의 크메르루주의 대표권을 거부한다고 밝히면서 베트남과의 관계 개선을 시사하였다. 베트남이 미국의 최대 관심사인 캄보디아에서의 철군과 민주적 이행을 수용하자 미국은 관계정상화의 신호를 던질 시점이 다가왔다고 판단하였다. 위 양국 정부 간 회담 자체가 그런 신호였을뿐더러 솔로몬 차관보는 베트남과 관계정상화를 목표로 하는 회담을 시작할 준비가 되어 있다고 말할 정도였다.

1991년은 국제적으로 냉전 질서가 급격히 해체되는 시점이자 21세기를 준비하는 20세기 마지막 10년을 시작하는 해였다. 5년 전 개혁개방을 천명한 베트남으로서는 그 노선을 지속하면서 급변하는 세계 질서에 편승하며 국가발전에 도약을 추진하였다. 1990년 6월 24~27

일 열린 베트남공산당 제7차 전당대회는 그런 입장을 분명하게 드러냈다. 당대회 결과 개혁 성향의 도무이(Do Muoi)가 서기장으로 선출되고 지도부에 변화를 가져왔다. 도무이는 당대회에서 베트남은 평화 독립과 발전을 추구하기 위해 모든 국가와 우호적이 되길 원하며, 생산구조의 점진적 개선, 산업화의 가속화, 경제발전을 위한 유리한 상황 조성 등 국가경제 발전전략을 위해서도 대외경제관계를 확대시켜 나가야 한다고 역설하였다. 또 당대회에서는 도이머이 정책의 새로운 외교노선을 실현시키기 위해 "국제사회의 모든 국가와 친구가 되고, 신뢰받는 파트너로서 국제사회의 평화, 독립, 발전을 위해 기여할 준비를 항상 갖추고 있다"는 외교방침을 발표하였다.[15]

미 부시 행정부가 베트남과 관계정상화를 논의할 준비가 되어 있음을 선언한 후 1991년 양국 정부 사이에 일련의 접촉이 전개되었다. 이제 미국도 베트남과의 국교정상화 전략을 구체적으로 준비할 때가 된 것이다. 1991년 4월 솔로몬 차관보가 유엔 주재 베트남 대사에게 밝힌 양국관계 정상화를 향한 소위 '4단계 로드맵(road map)'은 그 구상의 일단이었다. 이 로드맵은 유엔 감시하의 캄보디아 자유 총선거 실시까지의 순서를 제시한 것으로 베트남에 대한 경제제재 완화와 양국관계 정상화 논의 가능성이 있다는 것이 요지이다.[16] 베트남 입장에서도 1993년 캄보디아 총선거가 원만히 치러지는 것이 베-미 관계의 장애물에서 사라지는 것이므로, 이제 POWs/MIAs 문제와 인권문제를 처리하면 국교정상화에 다다를 수 있게 되는 것으로 기대되었다.

베트남은 1991년 4월 20일 하노이에 POWs/MIAs 문제를 다룰

---

15 권경희, "베트남-미국 관계정상화 과정에 관한 연구", 257-258쪽; 황귀연, "도이머이 이후 베트남의 대외관계의 변화와 전망", 37쪽.

16 Lewis M. Stern, *Defense Relations between the United States and Vietnam*, p. 11.

미국사무소 설립에 동의하였다. 미국 측은 사무소 개설의 목적이 단지 인도차이나에서 실종자로 기록된 2,278명에 대한 조사이며, 존 베시(John Vessey)를 단장으로 한 미국 대표단의 베트남 방문 목적은 베트남이 과연 관계정상화를 위해 많은 조건을 수용할 것인가 여부를 알아보기 위한 것이라고 밝혔다. 이제 베트남과 미국 사이에는 POWs/MIAs 문제, 관계정상화, 인도적 문제, 각종 민간교류 등 다양한 접촉과 회담이 이어져 갔다. 1991년 10월 23일 미국, 중국, 베트남 등이 참여한 가운데 캄보디아 평화조약이 체결되면서 베-미 관계는 더욱 급진전되었다. 베트남의 캄보디아 평화조약 서명은 중국과의 관계정상화도 이끌어 내었다. 베트남은 중국과의 관계정상화로 안전보장, 경제적 이득을 크게 보았다.[17] 미국 측 관리는 베트남이 미군 실종자 문제에 전적으로 협력한다면 2년 이내에 외교관계를 재개하겠다고 약속하는가 하면, 솔로몬 차관보는 베트남전쟁 이후 최초로 베트남에 100만 달러의 지원 방침을 발표하였다.

1992년 베트남은 미국의 로드맵 구상에 맞대응하는 차원에서 POWs/MIAs 문제와 양국관계를 분리해 접근하자는 입장을 표명하였다. 베트남이 정상화 '모델'이라고 부른 이 구상에 대해 미국은 직접 답하는 대신 인도주의, 비정치, 비영리, 전화 통신, 생활필수품 등의 분야에 관해서는 제재를 축소해 나갔다. 1992년 3월 솔로몬은 하노이를 방문하여 인도적 원조로 300만 달러를 제공할 것을 선언하였다.

베-미 관계 정상화 이전 해결할 최대 문제였던 캄보디아 문제가 해결되자 관심은 협력 일로에 있던 POWs/MIAs 문제에 집중되었다. 미 클린턴 행정부도 POWs/MIAs 문제 해결을 촉진하기 위해 베트남

17 *Ibid.*, pp. 15-16; 권경희, "베트남-미국 관계정상화 과정에 관한 연구", 259쪽.

에 대한 경제제재를 부분 해제하였다. 그러나 그 길이 순탄하지는 않았다. 러시아 정보국 기록보관소에서 1972년 당시 하노이는 그들이 인정한 수보다 837명이나 많은 1,205명에 달하는 미군 포로를 수용하고 있었다는 자료가 발견되었다. 이 사건을 계기로 미 행정부는 대통령이 베트남으로부터 POWs/MIAs에 대한 완전한 보고가 있을 때까지 베트남과의 관계정상화를 위해 움직이지 않을 것을 결정했다고 강조하면서 베트남 측에 그 문제에 대한 완전한 설명을 요구하였다. 베트남은 미국의 단호함에 양보하여 미국에 관련 서류 6건을 추가 전달하였다. 그러자 클린턴 행정부는 IMF와 세계은행 등이 베트남의 외채 1억 4천만 달러를 갚는 것에 반대하던 기존 입장을 철회한다고 선언하였다.

베트남이 미국과 국교정상화를 추구하는 목적 중 하나는 세계경제질서로의 완전 편입을 통한 경제발전이었는데, 그 커다란 장애물이 미국의 경제제재였다. 그 관문은 기업을 제외하더라도 미 행정부와 의회의 이중 철문이었다. 이제 행정부의 관문은 통과했고 마지막 남은 의회의 제재 철문을 통과해야 하였다. POWs/MIAs 문제에 대한 베트남의 적극적인 협조에도 불구하고 미 의회는 국교정상화까지 대베트남 제재를 완전히 해제하지는 않았다. 거기에는 베트남으로부터 그 문제에 관한 완전한 양보를 얻어내려 하는 미 의회의 굳은 의지와 실종 미군 유가족들의 강경 태도, 그리고 베트남 인권 상황에 대한 미국내 비판 여론도 작용하였다.

베-미 관계 정상화의 필요성은 우선 경제적 측면에서 찾을 수 있는데 이는 이념 중심의 냉전시대의 종식과 시기적으로 맞물린다. 개혁개방을 통한 빈곤 퇴치와 사회경제 발전을 추구해 온 베트남의 대미관계정상화에 관한 경제적 필요는 앞서 언급하였다. 미국의 입장에서도 경제의 세계화 시대가 도래함에 따라 미국 기업의 베트남 시장 진출과 저임금 노동력에 대한 매력이 높아졌다. 그래서 완전한 POWs/MIAs 문제 해결을 촉구하는 미국 내 유가족 단체의 반대 여론에도 불구하고 미국 행정부는 POWs/MIAs 문제 해결을 전개하면서도 관계정상화 방침을 바꾸지 않았다.

관계정상화에 관한 양국 간 공통 이익은 경제적 측면 이외에 지정학(地政學)적 측면에서도 형성되었다. 소련 해체 이후 미국의 안보 우려의 표적은 부상하는 중국으로 이동했고, 베트남은 전통적으로 중국을 견제하는 입장에 있었던 점으로 인해 베-미 간 전략적 협력의 필요성이 높아졌다. 이제 양국의 관계정상화는 선택의 문제가 아니었다. 그에 대한 양국 간 컨센서스가 이제 공공연하게 표명되었다. 1993년 로드(Winston Lord)와 라슨(Charles Larson)과 같은 미 고위인사들의 베트남 방문이 있었고, 방(Le Van Bang) 주유엔 베트남 대사와 베트남전 당시 해군 조종사로서 몇 년 동안 하노이에 감금되었던 맥케인(John McCain) 미 공화당 상원의원은 동남아 역내 안보와 세력균형을 언급하며 양국 간 전략적 협력의 필요성을 지지하였다.[18] 결국 1994년 2월 4일 미 클린턴 행정부는 베트남에 대한 경제제재의 해제를 선언하고 대통령이 직접 1995년 7월 11일 베트남과의 관계정상화를 선언할 때까지 베트남과 관계정상화를 향한 실무협의에 들어갔다. 1995년 1월 28일 양국은 하노이와 워싱턴에 연락사무소를 설치한다.

이 시기는 베-미 관계 정상화, 곧 양국 간 이익균형이 실현되는 단계이다. 베트남은 캄보디아 평화조약 지지에 이어 POWs/MIAs 문제 해결에 적극적으로 협력함으로써 미국으로부터 경제제재 해제에 이어 관계정상화를 이끌어 내었다. 베트남의 일관되고 인내심 있는 접

18 권경희, 위의 논문, 261쪽.

근이 미국의 긍정적 반응을 유도하는 방식으로 양국 간 이익균형이 형성되었다. 여기에 국제질서의 변화, 곧 소련 붕괴와 중국 부상으로 베-미 관계 정상화 논의가 탄력을 받았던 것이다.

5
WTO 가입과 탈사회주의, 1995~2007

베-미 관계 정상화 이후 베트남은 본격적인 개혁개방을 전개할 수 있게 되었는데, 국제사회와 활발한 무역 · 금융거래, 특히 선진 자본과 기술의 도입으로 경제발전을 촉진할 수 있게 되었다. 미국과의 관계정상화와 미국의 대베트남 경제제재 해제는 양국 간 급격한 교역 확대에 대한 기대를 불러일으켰다. 실제 미국은 베트남의 최대 수출국이 되었다. 또 베트남은 미국의 대중 견제를 위한 주요 전략적 제휴 상대국이 되었다.

베-미 관계 정상화 이후 양국은 경제협력을 전개해 나갔다. 이때 베트남의 최대 관심사인 WTO 가입에 대한 미국의 협조가 나타나기 시작하였다. 베트남의 WTO 가입은 도이머이를 촉진해 베트남의 경제 및 사회 발전을 의미했기 때문에 베트남으로서는 가급적 빨리 추진하고자 하였다. 그러나 일국의 WTO 가입은 그 회원국들과의 양자무역협정(BTA) 체결이 전제되어야 하였다. 베트남으로서는 미국과의 양자무역협정 체결이 최대 관건이었다. 그 문제는 1995년 베-미 관계 정상화 발표 때도 언급되었지만, 양국 간 본격적인 협의는 1997년부터 시작되었고 기본 양자협정은 1999년 7월 체결되었다. 그러나 베트남 내에서 계획경제체제하에서 기득권을 누려 온 국영기업과 보수적 당관료들의 경계로 BTA 체결이 늦어졌다.

2000~2001년 사이 베트남공산당 지도부는 베-미 양자무역협정 체결을 지지하였다. 2001년 11월에는 미국과 합의한 양국 간 무역협정이 베트남 의회에서 비준되었다. 미국 내에서도 클린턴 정부에서 부시 정부로의 정권교체와 베트남 인권문제에 대한 비판 여론 등 국내 정치적 요소들로 인해 양자무역협정의 의회 비준은 2001년 10월에 이루어졌다. 제9차 공산당 전당대회에서 처음으로 '사회주의 시장경제'라는 용어를 채택할 정도로 베트남은 WTO 가입을 계기로 탈사회주의의 길을 걸어갔다.[19]

베-미 국교정상화 직후 베트남은 동남아시아국가연합(ASEAN)에 가입하여 캄보디아 침공 이후 경색된 역내 국가 간 관계를 청산하고 역내 안보협력의 파트너가 되었다. ASEAN과 활발한 교류를 벌인 결과 베트남은 1995년 ASEAN의 일곱 번째 회원국으로 가입하였다. 베트남의 ASEAN 가입은 ASEAN으로의 경제권 확대를 의미하며, 아세안은 자유무역지대(AFTA) 계획을 가속화할 수 있는 추진력을 얻었다. 또한 남사군도에 대한 영유권을 놓고 중국과 갈등을 벌여 온 ASEAN 국가들에는 베트남의 가입은 중국에 대한 견제력을 높이는 효과를 얻은 것이다. 베트남은 또 아시아유럽정상회의(ASEM) 회원국으로도 가입했고, 2004년에는 하노이에서 열린 제5차 ASEM 회의를 성공적으로 주재하였다. 베트남은 또 2014년에는 유럽연합(EU)과 자유무역협정을 타결하여 저관세로 유럽시장에 진출하는 데 성공하여 대외교역을 확대해 나가고 있다.

미국과의 국교정상화는 베트남이 지역 및 세계체제에 편입하여 고립과 제재를 탈피해 경제발전과 국제적 지위 향상을 전개하는 결정

---

19 David W. P. Elliott, *Changing Worlds: Vietnam's Transition from Cold War to Globalization*(New York: Oxford University Press, 2012), pp. 195-201.

적인 계기였다. 베-미 관계 정상화에 이어 베트남은 아세안(1995), 아세안자유무역협정과 아셈(1996), 아시아태평양경제정상회의(APEC, 1998), 그리고 WTO(2007)에 연이어 가입하는 한편 유엔경제사회이사회, 유엔개발프로그램, 유엔인구기금, 유엔인권위원회 회원국이 되었고, 2008~2009년에는 유엔안전보장이사회 비상임이사국으로도 활동하였다. 나아가 베트남은 미국으로부터 영구정상무역관계(PNTR) 국가 지위를 획득해 완전하게 세계경제질서에 편입되고 성장세가 뚜렷한 국가 중 하나로 두각을 보였다.

한편 국교정상화 이후 베-미 관계는 경제 분야는 물론 군사협력으로 양국관계를 확대 발전해 나가고 있다.[20] 물론 관계정상화에도 POWs/MIAs 문제 해결을 위해 양국은 협력을 계속해 나갔고, 그것은 양국관계의 수준을 격상시키는 촉진제 역할을 하였다. 2003년 양국 국방장관의 상호 방문이 이루어졌고, 2005년 3월에는 미 해군함정이 베트남에 기항하였다. 베트남전쟁이 끝난 지 30년 만인 2005년 6월 판반카이 수상의 미국 방문에서 양국은 상호이익, 평등, 상호존중에 기초하여 안정적이고 지속적인 협력관계의 틀을 확립하기에 이르렀다. 이 방문을 통해 베트남은 미국으로부터 WTO 가입 지원 약속을 받아내었다. WTO 가입은 베트남 경제발전과 대외관계 개선의 필수조건이었고, 베트남의 WTO 가입 열쇠를 쥐고 있는 미국이 지원을 약속한 것은 미국이 더 이상 베트남을 적대국으로 여기지 않고 새로운 동반자 관계를 형성하겠다는 것이었다. 2006년에는 미 부시 대통령이 APEC 정상회의 참석차 하노이를 방문하기도 하였다.

도이머이 이후 베트남의 GDP 추이를 보면 1995년 베-미 국교

20 Lewis M. Stern, *Defense Relations between the United States and Vietnam*.

정상화, 1999년 베-미 양자 무역협정 체결, 2007년 WTO 가입 등을 계기로 2015년까지 지속적으로 성장하고 있음을 알 수 있다. GDP가 263억 달러(1986년)-207억 달러(1995년)-286억 달러(1999년)-774억 달러(2007년)-1,932억 달러(2015년)로 증가 일로를 보이고 있다.[21] 이런 수치들은 베트남의 일관된 개혁개방정책의 성과를 보여 주는 것이다.

6
결론: 평가와 시사점

1) 베-미 관계 정상화 평가

베트남공산당이 지난 30여 년 동안 추진해 온 개혁개방정책은 중국의 경우와 마찬가지로 성공적이라고 평가할 수 있다. 정치적 안정 속에서 사회경제적 발전과 국제협력의 길을 닦아 왔기 때문이다. 이때 발전과 협력은 구 사회주의권의 세계관과 정치행태를 탈피한다는 점에서 탈사회주의 경향을 띠고, 냉전시대의 이분법적 사고방식을 지양했다는 점에서 탈냉전적이라고 말할 수 있다. 베트남과 미국의 관계정상화는 베트남이 가난과 고립, 그리고 대결의 수렁에서 벗어나 발전과 공존 그리고 협력의 길로 전환하는 데 결정적인 계기가 되었다. 베-미 관계 정상화 이후 베트남의 눈부신 발전은 관계정상화 효과를 빼고 말하기 어려울 것이다.

베트남과 미국의 관계정상화 과정은 양국의 상대방에 대한 요구, 즉 국가이익의 균형적인 교환을 추구하는 시간이었다. 베트남은 미국에 원조 제공 및 제재 해제, 궁극적으로 관계정상화를 추구했고, 미국

21 세계은행 자료, https://data.worldbank.org/country/vietnam?view=chart (검색일: 2017.11.13)

은 베트남에 POWs/MIAs, 캄보디아에서의 철군 그리고 베트남 인권문제 해결을 주장하였다. 1980년대 중반까지는 상호 관심사를 협의할 틀 자체가 팽팽한 입장 차이로 인해 불가능하였다. 그 이후 베트남의 정책 전환을 계기로 양국의 이해관계는 관계정상화를 목표로 하나의 패키지로 묶어 상호 이익균형을 추구할 틀을 형성할 수 있었다. 국제정치질서와 관련된 지정학적 이해관계도 양국관계에 영향을 미쳤다. 1980년대 후반부터 전개된 냉전 해체에 따른 국제질서 변화 — 미소 대립 해소, 미중 경쟁 개시 및 베-중 대립 해소 등 — 가 양국 간 이익균형을 촉진하면서 상호 관심사를 단계적으로 해결해 나가도록 하였다.

베트남과 미국의 관계정상화는 베트남전쟁 종식 이후 20년이 지나 이루어졌다. 시간이 그렇게 걸린 것은 관계정상화에 관한 양국 간 이해관계에 큰 차이가 있었고 그런 차이를 조정, 해결해 나가는 과정 또한 간단하지 않았기 때문이다. 전후 미국 여론에서 가장 주목한 POWs//MIAs 문제 그리고 캄보디아 주둔 베트남군의 철수가 미국의 최대 관심사였다. 미국이 처음 이들 문제를 베트남과의 관계정상화와 연계해 접근한 것도 아니었다. 그에 비해 베트남은 미국과의 관계정상화에 훨씬 높은 이해관계를 갖고 있었다. 전후 미국의 전면적인 경제제재 해제가 최대의 관심사였고 인도적 지원도 미국에 기대한 바였다. 나아가 베트남은 미국과의 관계정상화 그 자체가 대미정책 목표였다. 미국과의 수교 없이 국제무대로의 진출과 세계경제와의 접속이 불가능했기 때문이다. 베-미 관계 정상화 시간이 길어진 미국 쪽 변수를 보자면, 미국 행정부의 신중한 접근 태도 외에도 패전으로 인한 미국인들의 트라우마와 다원주의 사회의 특성에서 연유하는 다양한 이해집단의 관여도 꼽을 수 있다.

베-미 관계 정상화 이후 양국은 이익균형에 머무르지 않고 관계

발전을 추구해 온 사실도 확인하였다. 양국관계 정상화 이후 베트남은 비록 정치체제는 사회주의를 고수하고 있지만 경제를 비롯한 그 외 분야는 국제사회와 전면적인 교류협력을 전개하면서 전반적인 발전을 지속해 나갔다. 베트남의 도이머이 정책과 실용주의 외교 노선의 결실임이 틀림없다. 이런 베트남 사례는 중국 사례와 유사하게 '붉은 자본가'에 의한 국가자본주의의 길을 잘 보여 주고 있다. 이것은 유럽의 구 공산국가들의 급진적 탈사회주의 양상과 명백히 다른 것이다.

2) 한반도에 주는 시사점

이상과 같은 베-미 관계 정상화가 한반도 평화, 특히 북한과 미국의 관계에 주는 함의를 몇 가지 측면에서 생각해 보자. 베-미 관계와 북미관계는 사회주의 국가와 자본주의 국가의 관계 그리고 전쟁을 겪은 적성국 관계라는 점에서 공통점이 있다. 반면에 둘은 차이점도 갖고 있는데 베트남은 집단지도체제의 공산국가, 통일된 상태에서 미국에 접근했고, 핵문제가 없었던 데 비해 북한은 유일지도체제의 공산국가, 분단체제하에서 미국과 장기 적대관계를 유지하고 있고, 핵문제가 양국관계의 최대 이슈로 부상해 있다.

이러한 전제하에서 베-미 관계 정상화 사례에서 북미관계를 전망해 볼 때 우선, 그 가능성이 난망해 보일 정도로 관계정상화는 단기적(5년 이내)으로는 실현 불가능한 이슈이다. 한국전쟁 이후 65년 이상 북한과 미국은 휴전상태를 유지하고 있다. 평화협정을 맺은 후 20년간의 관계 개선을 통해 국교를 수립한 베-미 관계를 고려할 때 북미관계는 평화협정을 맺지 않은 상태에서 적대관계를 유지하고 있고, 북한의 핵·미사일 위협이 국제적 우려 사안으로 부상한 상태에서 관계정상화는커녕 평화협정 체결 논의도 공론화되지 않은 상태에 있다. 다만 2018년 4월 27일 남북정상회담에서 김정은 국무위원장이 "완전한 비핵화"를 공약하고 이후 핵·미사일 실험 중단, 풍계리 핵실험장 붕락 등 비핵화 이행 의지를 보이고 있어 비관적 전망을 약화시켜 주고 있다. 이어 6월 12일 김정은 국무위원장과 트럼프(Donald Trump) 대통령이 싱가포르에서 양국관계 발전과 비핵화 등에 합의하였다. 싱가포르 공동선언은 9월 남북 정상 간의 평양 공동선언으로 이어졌지만, 2019년 2월 북미 정상 간 하노이 정상회담의 결렬로 비핵평화 프로세스는 새로운 계기(momentum)가 필요하다. 6월 30일, 판문점에서 남북미 세 정상이 회동한 것이 본격적인 비핵평화 프로세스의 계기가 될지 지켜볼 일이다.

둘째, 북미관계 정상화의 동기와 이해관계의 대칭성 측면에서는 베-미 관계의 경우와 유사하지만 그 정도 면에서 북미관계가 더 심각하다. 북미관계에서 국교 수교의 동기도 양국, 특히 미국에서 낮은 상태이고 상호 이해관계의 비대칭성도 뚜렷하다. 김정은 정권 들어 북한은 일방적인 협상을 거부하고 미국의 핵위협을 이유로 핵개발을 '자위적 핵억제력'이라고 주장하면서 핵개발을 지속해 왔다. 트럼프 행정부 역시 북한의 비핵화 공약 준수 없이는 협상은 없다고 하며, 북한 지도부 제거를 위한 군사연습을 공공연하게 실시해 왔다. 그런 가운데 북한은 미국에 핵공격 독트린 철회, 평화협정 체결, 주한미군 철수, 제재해제 등을 주장하고 있고, 미국은 북한에 핵·미사일 프로그램 및 무기의 완전 폐기, 인권 침해 중단, 미군 유해 발굴 수용 등을 요구해 왔다. 이는 북미 양측 사이에 놓여 있는 문제들이 베-미 관계에 비해 비대칭성이 더 크다는 점을 보여 준다. 북미관계 정상화가 장기 과제라는 점을 재확인시켜 주고 있다. 북미관계 정상화 이전에 북한의 핵포기와 평화협정 체결을 묶어 평화체제를 구축하는 일이 선결 과제로 부상해 있다.

셋째, 다만 북미관계가 양국의 전략적 타협과 한국의 교량자 역할로 개선의 길로 들어설 경우, 베-미 관계 정상화 과정에서 나타난 바와 같이 양국은 이익균형의 틀을 형성한 후 점진적이고 상호주의적인 방식으로 관계 개선이 이루어질 개연성이 있다. 그러나 그 과정은 베-미 관계 정상화 사례보다 더 복잡할 것이다. 많은 상호 관심사, 비대칭적 이해관계와 더불어 베-미 관계 정상화 과정과 같이 상이한 양국의 정책 결정방식이 작용할 것이기 때문이다. 미국은 행정부 내 관련 기관들 사이의 입장 조율도 필요하지만 다원주의 사회의 특징을 고려해 다양한 이해집단들이 관여할 소지가 크다. 그에 비해 북한은 상대적으로 단순한 정책 결정방식을 취하겠지만 장기간에 걸쳐 굳어진 대미 적대의식과 강온파의 경쟁이 일어날 수도 있다.

위와 같은 전망하에서 한국은 한반도 평화 구축에 어떤 역할을 할 수 있을 것인가? 분단체제를 고려할 때 이 질문은 베-미 관계 정상화와 직접 관련이 없다. 그럼에도 한국은 베트남과 같은 전쟁통일을 반대하고 한반도 비핵화를 전제로 한 평화체제 수립 이후 평화통일을 추구해 나가야 할 입장이다. 이를 위해 한반도 비핵화와 평화협정 체결 그리고 남북관계 발전을 선순환적으로 전개해 나갈 틀을 수립하는 것이 기본적인 과제이다. 북한이 안보문제에서 남한을 무시하고 미국과 직접 협상을 추구해 온 기존 태도를 포기하고 남북미 3자 간 협의가 불가피하다는 점을 인식시키는 노력이 중요하다. 판문점 남북정상회담의 성공적 개최와 싱가포르 북미정상회담 개최 합의는 북한의 기존 태도 변화와 한국의 평화정책이 주효했음을 보여 주고 있다. 반면, 하노이 북미정상회담의 결렬은 본격적인 비핵평화 프로세스를 위해서는 상호 핵심 이익을 이익균형의 틀에서 묶어 낼 지혜가 필요함을 말해 준다. 훗날 사가(史家)들이 남북미 세 정상의 6·30 판문점 회동이 한반도 정전체제와 냉전구조를 해체하는 역사적 계기가 되었다고 기록하길 기대해 본다.

| 참고문헌 |

권경희. 1994. “베트남 외교정책의 성향변화연구: 1975-1990”. 성신여자대학교 박사 학위 논문.

권경희. 1996. “베트남-미국 관계정상화 과정에 관한 연구: 1975-1995”. 『국제정치논총』 제36집 1호, 247-265쪽.

서보혁. 2017. 『배반당한 평화: 한국의 베트남 · 이라크 파병과 그 이후』. 서울: 진인진.

이교덕. 1998. 『미국의 대중 · 대베트남 관계정상화 과정 비교: 북 · 미관계 개선에 대한 함의』. 통일연구원 연구총서. 서울: 민족통일연구원.

홍규덕. 1991. “미국 · 베트남 관계정상화과정과 요인분석”. 『한국과 국제정치』 제7권 2호, 181-204쪽.

황귀연. 2007. “도이머이 이후 베트남의 대외관계의 변화와 전망”. 『국제문제논총』 제17집, 35-51쪽.

Chanda, Nayan. 1995. “No More Bones to Pick”. *Far Eastern Economic Review*. September 19.

Elliott, David W. P. 2012. *Changing Worlds: Vietnam's Transition from Cold War to Globalization*. New York: Oxford University Press.

Goscha, Christopher. 2016. *Vietnam: A New History*. New York: Basic Books.

Herod, Bill June. 1981. “The Unfinished Business of America's MIAs”. *Indochina Issues*, No. 17.

Kim, Tran Hoang. 1992. *Economy of Vietnam*. Hanoi: Statistical Publishing House.

Stern, Lewis M. 2005. *Defense Relations between the United States and Vietnam*. Washington, DC: McFarland.

Thayer, Carlyle A. 1983. “Vietnam's Two Strategic Tasks”. *Southeast Asian Affairs, 1983*. Singapore: Institute of Southeast Asian Studies.

세계은행 자료. https://data.worldbank.org/country/vietnam?view=chart (검색일: 2017.11.13)

제8장

베트남의 대중국 정책

남중국해 이슈를 중심으로

김성철
(서울대학교 통일평화연구원 HK교수)

1
서론

필자는 베트남 현장답사(2017년 1월)를 활용하여 베트남과 중국의 관계를 더욱 깊이 알아보고 싶었다. 베트남의 역사는 수천 년 동안 중화의 영향권 안에 있으면서도 중국에의 복속, 이에 대한 저항과 독립을 반복하는 것으로 점철되었다. 베트남은 베트남전쟁 중 중국의 원조에 힘입었던 한편 캄보디아 침공을 둘러싸고 중국과 전쟁을 감수해야만 하였다. 오늘날에도 양국 간에는 협력과 갈등이 교차하는 긴장관계를 유지하고 있다. 예를 들어 베트남과 중국은 2014년부터 심화된 남중국해 해양권 분쟁의 직접 당사자이면서도 베트남은 2017년 베이징 일대일로 포럼에서 일대일로에 적극적으로 참여할 것을 선언하기도 하였다. 이 같은 베트남의 딜레마를 외교아카데미 원장 응우옌부똥(Nguyen Vu Tung)은 국제관계에서 약소국은 강대국에 대해 모호성을 띨 수밖에 없다는 말로 대신하였다. 이 장에서는 대중관계에서 드러나는 약소국 베트남의 딜레마를 남중국해 분쟁에 대한 대응방식을 중심으로 분석해 보고자 한다.

파라셀 군도[Paracel Islands; 베트남에서는 Hoang Sa, 중국에서는 Xisha Qundao(西沙群岛)라고 칭함]과 스프래틀리 군도[Spratly Islands; 베트남에서는 Truong Sa, 중국에서는 Nansha Qundao(南沙群岛)라고 칭함]을 포함하는 남중국해에서의 해양권 분쟁에는 중국을 비롯하여 베트남, 필리핀, 말레이시아, 브루나이 등 연안 국가들이 관련되어 있다. 중국의 이른

* 이 글은 『중소연구』 제41권 4호(2018. 2)에 게재된 필자의 논문을 일부 수정한 것이다.

바 "구단선(nine-dash line)" 주장과 공세적 행태는 2000년대 말부터 이들 연안 국가들뿐 아니라 미국, 일본, 호주 등 주변국들도 관여하는 국제문제가 되었다. 2013년 필리핀은 상설중재재판소(Permanent Court of Arbitration, 네덜란드 헤이그 소재)에 15개의 내용을 정리하여 중국의 주장과 행태에 관한 판단을 요청하는 제소를 하였다. 2016년 7월 12일 재판소는 필리핀의 입장을 대부분 수용하는 결정을 내렸다. 이에 대해 로드리고 두테르테(Rodrigo Duterte) 필리핀 대통령은 대중국 압박 전략보다는 재판소의 결정 직후 시진핑과 정상회담을 하는 등 헤징(hedging) 전략을 구사하였다. 정상회담에서 필리핀은 중국으로부터 막대한 규모의 경제원조(135억 달러 규모의 13건의 협력사업 계약, 90억 달러의 차관)를 약속받았다. 베트남은 남중국해 문제에 대해 필리핀과 동일한 입장이면서도 상설중재재판소에 제소하지 않았으며, 더욱이 7월 상설중재재판소의 결정이 나오자 이를 환영한다는 짤막한 코멘트만을 하는 데 그치고 적극적 의사표명마저 자제하였다.

베트남은 왜 제소하지 않았는가? 베트남은 중국에 불리한 상설중재재판소의 결정을 왜 기회로 활용하지 않았는가? 베트남의 행태는 필리핀과는 다른 방식의 대중국 헤징이라고 볼 수 있다. 베트남은 상설중재재판소의 결정과 같은 첨예한 사안에 대해 전략적 모호성을 보이며 강압 외교를 회피하였다. 물론 기존의 해양권 주장을 포기한 것은 아니다. 헤징의 요인을 설명하는 요인으로 베트남이 대중국 밸런싱을 위해 편승할 만한 강대국이 없었다는 점을 지적할 수는 있으나 이것은 행위의 최종 단계에서의 결정 요소일 뿐이라는 점도 고려해야 한다. 근원적인 요인인 역사적 경험에서 나오는 정세 인식 그리고 안보 및 경제 역량들의 영향을 따져 보아야 한다.

이 장은 베트남의 대중국 헤징을 인과의 깔때기(funnel of causality)의 관점에서 파악하고자 한다. 인과의 깔때기는 앵거스 캠벨(Angus

Campbell) 등에 의해 투표 행태 분석 도구로 개발되었으며,[1] 리차드 호퍼버트(Richard Hofferbert)가 정책연구에 도입하여 활용한 이래 다양한 정책 결정 분석의 유용한 틀의 하나로 활용되고 있다.[2] 예를 들어 호퍼버트는 정책이란 역사-지리적 조건, 사회경제적 구성, 대중정치 행태, 정부기구, 엘리트 행태 등의 층을 거쳐 나온다고 설명한다. 깔때기의 입구는 넓고 출구는 좁다. 역사-지리적인 조건은 연원(淵源)이며, 반면 최종 결정은 행위자에 달려 있으면서도 그 이전의 요소들에 의해 제약된다. 인과의 깔때기는 행위자의 최종 결정이 단순히 합리적 선택이라기보다는 근원적인 제약 속에서 출발하여 연쇄적이고 다층적인 요소들에 의해 결정된다고 본다. 이런 맥락에서 인과의 깔때기가 공공선택이론이나 합리적 선택이론에 비판적이며 대신 신제도주의와 연결되기도 한다. 인과의 깔때기에 대한 학술적 토론은 지금도 지속되고 있다.[3]

베트남 대외정책에도 인과의 깔때기는 유용한 분석 틀이 될 수 있다. 선진국 정책연구와는 달리 베트남 사례에서는 분석 대상이 되는 인과 과정이 단순할 수는 있다. 선진 민주주의에서는 대중정치와 정부기구가 정책 결정자의 행태를 다양한 형태로 제약하겠지만 베트남의 경우에 비정부기구의 역할이나 선거정치에 한계가 있을 것이며, 정

1 Angus Campbell et al., *The American Voters*(Chicago and London: University of Chicago Press, 1960) 참조.

2 Richard Hofferbert, *The Study of Public Policy*(Indianapolis, IN: Bobbs-Merrill, 1974); Richard Simeon, "Studying Public Policy", *Canadian Journal of Political Science*, Vol. 9, No. 4(1976), pp. 548-580; Richard Simeon, "Afterword: 'New' Directions in Canadian Policy Studies", in L. Dobuzinskis, M. Howlett, and D. Laycock, eds., *Policy Studies in Canada: The State of the Art*(Toronto: University of Toronto Press, 1996) 등 참조.

3 예를 들어 Matt Wilder, "Wither the Funnel of Causality?" *Canadian Journal of Political Science*, Vol. 49, No. 4(December 2016), pp. 721-741.

부기구 내에서의 경쟁, 견제, 협력 등의 구조도 비교적 단순할 것이다. 그럼에도 남중국해를 둘러싼 베트남의 구체적 대중정책인 헤징에는 연원적 제약 조건으로부터 시작하여 직접적 요인에 이르기까지 정책 결정과 관련한 인과의 층들이 있음이 틀림없다. 즉, 역사적 · 지정학적 조건이라는 제약 조건이 있고 이와 관련한 안보, 경제 역량이라는 요소가 있으며, 중국 이외 국가들과의 관계라는 요소가 있다. 선행하는 인과의 층들을 규명하지 않은 채 베트남의 헤징을 동맹관계에만 근거한 선택으로 설명할 수는 없다.

여기서 말하는 헤징이란 용어는 원래 국제관계를 설명하는 균형(balancing) 또는 편승(bandwagoning) 개념이 지닌 한계를 극복하고 균형도 편승도 아닌 모호한 시그널 혹은 행위를 설명하고자 고안되었다.[4] 헤징은 강대국 간 이익갈등의 결과가 불확실한 상황 속에서 일종의 유연성(flexibility)을 보이는 것을 설명하는 이점이 있다.[5] 헤징이 주로 약소국의 선택이기도 하지만 강대국 간에도 사용되기도 한다.[6] 그런데 헤징이 개념적으로 균형, 편승이 아닌 제3의 개념으로 정립되지 않은 이유는 무엇보다도 이 행위가 안정적이고 지속적인 형태를 지니기 힘들기 때문이다. 다시 말해 한 국가의 전략이 헤징으로만 지속되지는 않는다는 점이다. 헤징이 위험부담에 따른 비용을 일시적으로 감소하기 위한 선택된 행위이지 어느 국가가 그 자체만으로 지속적인 대외정책을 펼 수는 없다. 하지만 헤징은 중대한 사안과 관련해 입장을 표

---

4 Evelyn Goh, "Understanding 'Hedging' in Asia-Pacific Security", *PacNet* 43(August 31, 2006); Evelyn Goh, "Great Powers and Hierarchical Order in Southeast Asia", *International Security*, Vol. 32, No. 3(August 2007), pp. 113-157.

5 Darren J. Lim and Zack Cooper, "Reassessing Hedging: The Logic of Alignment in East Asia, *Security Studies*, Vol. 24, No. 4(2015), pp. 696-727.

6 Alexander Korolev, "Systemic Balancing and Regional Hedging: China-Russia Relations", *Chinese Journal of International Politics*, Vol. 9, No. 4(2016), pp. 375-397.

명해야만 하는 상황에서 특히 약소국이 보이는 행태를 설명하기에 유용한 개념이다. 약소국으로서는 그 자체가 국가이익의 훼손 또는 침해를 막는 수단이기 때문이다. 이 헤징을 단순히 기술만 하는 것으로 분석의 의미는 없다. 헤징이라는 한 행태를 낳게 하는 요인이 있기 때문이다.

베트남은 역사적·지정학적 이유에서 그리고 약소국으로서 협력-갈등의 중첩적 정세 인식을 지니며 이에 근거하여 안보 및 경제 역량의 강화를 추구한다. 이들 역량은 기본적으로 역외 국가들과의 파트너십 확대, 외교 및 군사협력이며, 경제발전을 도모하면서도 대중국 경제 의존성을 회피하려는 방향으로 전개된다. 이는 국가의 독립과 주권을 유지하고 핵심 이익을 수호하기 위해 필수적 역량이다. 남중국해 분쟁, 특히 상설중재재판소의 결정과 관련한 첨예한 상황에서, 부상하는 중국을 둘러싼 불확실성 속에서 그리고 밸런싱이라는 대안의 부적절성 속에서 베트남은 자국의 위험부담을 줄이고 일정한 보험을 드는 특별한 방식의 헤징을 택하게 된 것이다.

이 장은 대중 헤징에 이르는 인과 과정으로 (1) 역사적 정세 인식이라는 연원으로 시작하여 (2) 안보 및 경제 역량이라는 중간 단계를 거쳐 (3) 해당 이슈(남중국해 분쟁) 관련 파트너 국가의 약속 또는 헌신[커미트먼트(commitment)]에 대한 판단이라는 종반 단계를 통해 (4) 최종적으로 상설중재재판소 결정 이후의 대응까지를 분석한다. 역사적 정세 인식은 가장 근원적인 요소로서 뒤따르는 요소들에 영향을 미치지만 최종의 헤징이라는 행위는 파트너 국가의 커미트먼트에 대한 불신에 기초한 선택이다.

이 장의 구성은 먼저 남중국해 분쟁의 성격을 개관하고, 상설중재재판소 결정 관련 드러난 베트남의 대중국 헤징 행위를 서술하고, 그 헤징 행위를 인과의 과정으로 설명하려고 한다. 첫째, 연원에 해당하는 것으로서 냉전 종식 후 베트남의 역사적 교훈에 근거한 협력-갈등의 이중적 정세 인식을 분석하며, 둘째, 안보 역량 요소로서의 내적·외적 밸런싱 전략 및 한계(파트너십, 다양화, 다자화, 군비 강화 등) 그리고 경제 역량 요소로서의 대중 의존성 탈피 노력을 설명하고, 셋째, 인과 깔때기의 종반부 요소로서 미국의 커미트먼트 문제와 ASEAN의 분열로 인한 대안 부재를 규명한다.

2
남중국해에서의 중-베 분쟁

1) 분쟁의 역사적 개관

남중국해 분쟁이 첨예화되고 격화된 데는 지경학적 · 지정학적 중요성이 중요한 몫을 하고 있다. 남중국해는 아태 지역과 인도양을 연결하는 해상교통의 요충지인 동시에 대규모의 오일, 가스 자원을 보유하고 있다. 남중국해의 서쪽 통행로로서 말라카 해협(Strait of Malacca)은 말레이시아, 인도네시아, 싱가포르 사이의 매우 좁은 해협으로서 호르무즈 해협(Strait of Hormuz) 다음으로 유조선의 통행이 잦은 곳으로 2016년 기준 일일 평균 1,600만 배럴(b/d)에 이른다.[7] 이들 유조선은 중동 지역에서 남중국해를 통과하여 중국, 대만, 일본, 한국 등 주요 동아시아 국가들을 왕복하는데, 말라카 해협의 안보, 안전은 남중국해의 안정적 관리와 밀접하게 관련되어 있다. 만일 남중국해 분쟁으로 말라카 해협에 통행 장애가 발생할 경우 우회 통행로의 사용에 따른 수송 지

7 U. S. Energy Information Administration, "The Strait of Malacca, a Key Oil Trade Chokepoint, Links the Indian and Pacific Oceans"(2017.8.11), https://www.eia.gov/todayinenergy/detail.php?id=32452 (검색일: 2018.11.30)

연과 원유가의 상승은 불가피할 것이다. 이런 까닭에 남중국해는 연안국들이 직접 이해 당사국이지만 미국, 한국, 일본, 호주 등도 이해관계가 얽혀 있다고 할 수 있다.

최근 분쟁의 계기는 1947년 중화민국의 지도에 표기되었던 이른바 "구단선(nine-dash line)"을 중국이 2009년 5월 UN 대륙붕한계위원회에 제출한 지도에 포함시킨 것이었다. 당시 중국은 구단선의 성격을 공식적으로 밝히지 않았으나 해를 거듭함에 따라 구단선 내 해양권을 기정사실로 하였다. 중국의 구단선 주장은 연안 국가들의 해양권 근거가 된 1982년의 UN 국제해양협약(United Nations Convention on the Law of the Sea, UNCLOS)와 충돌하였다. 2016년 7월의 상설중재재판소 결정으로 중국의 구단선이 UNCLOS 위반임이 규명되었지만 남중국해를 둘러싼 해양권 분쟁이 해결된 것은 아니다. 중국은 재판소의 결정을 수용할 의사가 없다고 밝히면서 분쟁 당사국들에 대한 양자해결 원칙과 경제지원을 통한 설득을 꾀하고 있다.

분쟁의 난해성은 19세기 및 20세기의 역사 속에 고스란히 담겨 있다. 난해성은 19세기부터 유럽의 열강들이 파라셀 군도와 스프래틀리 군도의 일부 지형물들을 통제하고 점령한 적이 있지만 이후 영유권을 주장하지 않았던 점으로부터 시작된다. 한편 1975년 통일 베트남이 프랑스의 식민지 지배와 남베트남의 정당성을 인정하지 않는 조건에서 이들의 과거 행동의 결과(지형물의 발견, 통제, 점령 등)를 승계하는 것이 불가능했을 것이다. 또 국민당의 중화민국(대만)의 정치적 실체를 인정하지 않는 중화인민공화국이 중화민국의 이름으로 출판된 구단선 내의 지형물들에 관한 주장을 승계하는 것도 불가능하였다. 이는 구단선의 비합법적 성격과는 별개의 문제이다. 빌 해이턴(Bill Hayton)의 지적처럼 과거 유럽 열강들의 지형물에 대한 영유권 미주장이 오히려 분쟁의 불씨가 된 셈이다.[8] 물론 냉전기부터 중국의 남중국해에 대한 해양권 공세는 거셌다. 중국은 1974년 및 1988년 두 차례의 해군작전을 통해 파라셀 군도 해역과 스프래틀리 군도의 몇 개의 암초들을 장악하였다. 냉전 종식 후, 1995년 중국과 필리핀 사이의 미스칩암초 사건(Mischief Reef incident)[9]을 계기로 중국과 ASEAN이 처음으로 남중국해에서의 갈등을 둘러싼 행동지침을 마련하는 공동노력을 기울이기도 하였다. 그 결과가 2002년 서명한 「남중국해 당사국들의 행동에 관한 선언(The Declaration on the Conduct of Parties in the South China Sea)」이다.[10] 이 선언은 아직 행동강령(code of conduct)으로 발전하지는 못하고 있다.

남중국해 분쟁은 2000년대 말부터 격화되는 양상을 보였는데, 중국 대(對) 타 연안 국가 사이의 갈등에 더해 중국의 공세적 해양전략과 미국의 대아시아정책 간의 경쟁이 시작되었기 때문이다. 중국 측에서는 UN 대륙붕한계위원회 상주대표단(Permanent Delegation to the United Nations Commission on the Limits of the Continental Shelves)이 2009년 U자형 구단선을 포함한 지도를 제시함으로써 남중국해 연안국가들이 1982년 UNCLOS에 기초하여 해양권을 주장한 것과 전면 충돌하게 되었다. 베트남, 필리핀, 말레이시아, 브루나이 등 직접 분쟁 당사국은 물론 인도네시아도 중국의 구단선은 아무런 법적 근거가 없다고 반박하였다. 미국의 오바마 행정부는 출범과 동시에 중국의 부상에 주목하

---

8 Bill Hayton, *The South China Sea: The Struggle for Power in Asia*(New Haven: Yale University Press, 2014).

9 필리핀이 영유권을 주장해 온 미스칩 암초(Mischief Reef)에 중국이 1995년 몇몇 구조물을 건설하는 것에 대해 마닐라 당국이 강력히 반발했고, 중국은 다시 이를 무시하고 어부 주거지를 건설하였다.

10 Hong Thao Nguyen, "Vietnam's Position on the Sovereignty over the Paracels & Spratlys: Its Maritime Claims", *Journal of East Asia and International Law*, Vol. 1 (2012), pp. 165-211.

면서 아시아 재균형(rebalance to Asia)에 기반한 대외정책을 택하고 남중국해를 미국의 "국가이익"이 걸려 있는 지역으로 보면서 적극적 개입을 시도하였다.

중국은 2011년 「중국의 평화적 발전(China's Peaceful Development 2011)」이라는 백서에서 핵심 이익(core interests)으로 국가 주권, 국가안보, 영토 보전, 국가통일, 정치체계와 사회안정, 지속적 경제사회발전 보호장치 등을 기술한 바 있다. 핵심 이익이란 국가생존의 중심성 그리고 타협 불가능성을 의미하는 것으로, 중국이 이를 통해 남중국해 수호를 위해 전쟁이라도 불사하겠다는 의지를 표명한 것이다. 중국은 이제 남중국해에 대한 해양권을 대만, 티베트, 신장 등의 영토주권과 동일하게 본 것이다.[11] 중국은 또한 남중국해 문제를 국내 정서를 유도하는 데 연관시켰다. 예를 들어 2013년 『중국국가지리』 6월호는 구단선이 중국인들의 가슴과 마음에 오랫동안 새겨져 왔다고 기술하면서 민족주의적인 정서를 불러일으키기도 하였다.[12]

2) 중-베 해양권 분쟁

베트남은 남중국해 분쟁에 대해서 1982년의 UNCLOS에 근거하여 해결한다는 입장을 견지해 왔다. 정부는 1982년에 UNCLOS에 기초한 영해권을 선언했고, 국회는 1994년 6월 23일 UNCLOS를 승인하는 결의안을 채택하였다. 이후 베트남은 파라셀 군도와 스프래틀리

---

11 Suisheng Zhao, "A New Model of Big Power Relations? China-US Strategic Rivalry and Balance of Power in the Asia-Pacific", *Journal of Contemporary China*, Vol. 24(2015), p. 381.

12 Zheng Wang, "The Nine-Dashed Line: 'Engraved in Our Hearts'", *The Diplomat* (2014.8.25), https://thediplomat.com/2014/08/the-nine-dashed-line-engraved-in-our-hearts/ (검색일: 2018.11.30)

군도의 법적 지위에 관해서도 UNCLOS에 근거한다는 입장을 취하는 동시에 분쟁의 복잡성으로 자신의 해역을 정의하지 않으면서 협상할 수 있다는 입장을 택하고 있다. 국제법학자 로버트 스미스(Robert Smith)는 남중국해에 도서로 정의할 지형물은 없으며 암초(reef)라고 정의할 만한 지형물들만 존재한다고 주장한다.[13] 따라서 남중국해에서는 배타적 경제수역(Exclusive Economic Zone, EEZ)과 같은 광범위한 해역에 관한 권리 주장은 국제법적으로 수용되기 힘들다는 결론이다. 이런 맥락에서 베트남은 2009년 유엔대륙붕한계위원회에 대한 제출서(베트남 개별 제출 및 말레이시아와 공동 제출)에서 파라셀 군도와 스프래틀리 군도에 대한 별다른 언급 없이 자신의 연안으로부터의 대륙붕 권한만을 주장하였다. 2009년 대륙붕 관련 베트남의 입장 표명은 필리핀, 말레이시아, 브루나이 등과 마찬가지 방식이었다.[14]

이 같은 베트남의 입장(그리고 중국과 분쟁 중인 여타 국가들의 입장)은 중국의 입장과 충돌할 수밖에 없었다. 중국은 2009년 UN 대륙붕한계위원회에 구단선이 포함된 지도를 공식 제시하면서 구상서(note verbale)를 통해 구단선 내의 지형물, 해역, 해저에 대한 포괄적 주권을 주장하였다. 그러나 중국은 구단선의 의미가 공식적으로 어떤 의미인지, 구단선 내의 어느 지형물을 지칭하는지, 지형물과 연관된 어떤 권한을 주장하는지에 대해서 명확히 밝히지 않았다.[15] 문제는 구단선이 남중국해 내 베트남의 EEZ 영역 내에 대한 권리까지를 주장했다는 점이다. 파라셀에서 중국과 베트남 사이에 중첩된 EEZ의 중간선을

---

13 Robert Smith, "Maritime Delimitation in the South China Sea: Potentiality and Challenges", *Ocean Development & International Law*, Vol. 41, No. 3(2010), p. 227.

14 Hong Thao Nguyen, "Vietnam's Position on the Sovereignty over the Paracels & Spratlys", pp. 196-200.

15 *Ibid.*, pp. 202-204.

둘러싸고 이견이 존재한다는 점을 고려하더라도 중국의 일방적인 구단선 주장은 베트남의 기본 해양주권을 침해하는 것임이 틀림없었다. 필리핀, 말레이시아, 브루나이 등의 경우도 마찬가지였다. 구단선 자체가 남중국해에서 중국의 비합법적 해양권 주장이었다.

2013년 1월 필리핀 정부는 남중국해 문제를 1982년 UNCLOS에 근거하여 15개 항목으로 정리하여 상설중재재판소(네덜란드 헤이그 소재)에 제소했는데, 여기에는 물론 구단선의 비합법성을 주장하는 내용도 포함되었다. 상설중재재판소의 결정이 강제성은 없다고는 하지만 재판소의 존재 자체와 제소 행위는 UNCLOS에 기초하므로 중국에 불리한 법리적 판단이 조심스럽게 예견되었다. 중국 정부는 필리핀 제소에 대한 입장문을 발표하고, 남중국해 주권의 역사성, 필리핀의 국제법 위반(중-필 사이의 양자해결 합의 및 「남중국해 당사국들의 행동에 관한 선언」 위반) 등을 내세우면서 제소에의 참여반대 및 수용 불가를 선언하였다.[16]

베트남은 구단선 문제 등 중요사안에 대해 필리핀과 동일한 입장을 취하면서도 제소에는 동참하지 않았다. 이는 베트남 안보전략 또는 대중국외교의 특성, 협력-갈등의 중첩성을 보여 주는 일면이었다.

그런 가운데 베트남의 해양권에 대한 중국 측의 중대한 침해 행위가 발생하였다. 2014년 5월 베트남 연안으로부터 120해리(nautical miles) 거리에 중국이 海洋石油981(Haiyang Shiyou 981 또는 HD-981) 시추 플랫폼을 설치한 사건이다. 중국은 원래 3개월간의 시추작업 계획을 발표했으나 베트남의 강력한 항의로 2개월 만에 철수하였다. 중국

16 The People's Republic of China, "Position Paper of the Government of the People's Republic of China on the Matter of Jurisdiction in the South China Sea Arbitration Initiated by the Republic of the Philippines"(2014.12.7), http://www.fmprc.gov.cn/mfa_eng/zxxx_662805/t1217147.shtml (검색일: 2018.11.30)

(하이난 섬)과 베트남의 각각 200해리 EEZ가 일부 중첩되어 있기는 하지만 대부분 전문가 중국이 베트남의 해양권을 침해하는 일방적 자원개발 활동이었다고 판단하였다. 이때 베트남의 응우옌떤중(Nuyen Tan Dung) 총리는 처음으로 해양권 방어수단 중의 하나로 "법적 대응"의 가능성을 언급하였다.[17] 베트남으로서는 HD-981 시추는 1988년 존슨 사우스 암초(Johnson South Reef)에서의 중-베 충돌 사건 이후 가장 중대한 사건이었다. 존슨 사우스 암초 사건에서는 베트남 해군 64명이 사망하고 함선 2척이 침몰했으며, 중국에 점령당하는 등 베트남에 치욕적인 무력충돌 사건이었다. 따라서 HD-981 사건에 대해서 베트남은 항의와 비판으로 대응하는 동시에 2개월 동안 무려 40여 차례에 걸쳐 당, 정부 차원의 대중국 접촉을 통해 결국 철수하게 하였다.[18] 또 7월 중국 측에서는 외교담당 국무위원인 양제츠가 베트남을 방문해 시추 사건이 너무 과장되어 인식되었다고 주장하면서 관계 악화를 방지하는 데 양국이 합의하기도 하였다.[19]

아무튼 HD-981 사건으로 인해 베트남은 미국, 일본, 필리핀 등에 급속히 접근하게 되었다. 예를 들어 베트남공산당 총서기인 응우옌푸쫑(Nguyen Phu Trong)은 2015년 워싱턴을 방문했고, 오바마 대통령은 2016년 5월 베트남을 방문하였다. 또 베트남은 필리핀과 함께 남중국해에서 각각 점유 중인 지형물들에서 해군 교류를 시작하였다. 2014

17 VOA News, "Vietnam Considering Legal Action against China"(2014.5.22), https://www.voanews.com/a/vietnam-considering-legal-action-against-china-reu/1920048.html (검색일: 2018.11.30)

18 Thuy T. Do, "Vietnam's Moderate Diplomacy Successfully Navigating Difficult Waters", East Asia Forum(2015.1.16), http://www.eastasiaforum.org/2015/01/16/vietnams-moderate-diplomacy-successfully-navigating-difficult-waters/ (검색일: 2018.11.30)

19 김석수, "남중국해 분쟁과 베트남의 전략", 『동남아시아연구』 제26권 1호(2016), 17쪽.

년 6월 베트남과 필리핀은 베트남이 점유 중인 사우스웨스트 산호초(Southwest Cay)에서 최초로 신뢰구축을 위한 축구, 배구, 줄다리기, 등대 및 탑 방문 등 여가 행사를 하고, 수색구출, 재난방지, 통신체계 등에서 협력체계를 구축하였다. 2015년 5월에는 필리핀이 점유 중인 노스이스트 산호초(Northeast Cay)에서 그리고 2017년 6월에는 다시 사우스웨스트 산호초에서 동일한 신뢰구축조치를 위한 행사를 거행하였다. 같은 맥락에서 베트남은 2015년 11월 필리핀과 전략적 파트너십을 맺었다.[20] 남중국해 문제를 둘러싼 베트남과 필리핀의 동병상련이었다.

3 상설중재재판소 결정과 베트남의 대중국 헤징

2016년 7월 12일 상설중재재판소는 2013년 필리핀의 제소에 관해 결정(award)을 내렸다. 상설중재재판소가 UNCLOS에 근거하므로 결정은 UNCLOS에 기초한 필리핀의 주장을 대부분 수용하였다. 이 결정은 필리핀의 승리를 의미했을 뿐만 아니라 제소에 동참하지 않았던 베트남, 말레이시아, 브루나이 등 중국과의 분쟁 당사국들에 유리한 결론이었다.[21] 결정의 가장 핵심적 내용은 중국의 구단선이 법적

---

20 Vietnam Chamber of Commerce and Industry, "40 Years of Vietnam-Philippines Relations Towards Comprehensive Cooperation"(2016.7.11), http://vccinews.com/news_detail.asp?news_id=33653 (검색일: 2018.11.30); Prashanth Parameswaran, "What's Behind the Resumed Vietnam-Philippines South China Sea Activity?", *The Diplomat*(2017.6.27), http://thediplomat.com/2017/06/whats-behind-the-resumed-vietnam-philippines-south-china-sea-activity/ (검색일: 2018.11.30)

21 Permanent Court of Arbitration, The South China Sea Arbitration(The Republic of the

근거(legal basis)가 없다는 것으로서 중국이 역사적으로 구단선 내 해양과 자원에 대한 독점적 통제를 행사한 근거가 존재하지 않는다는 지적이다.[22] 더욱이 중국이 매립, 건설 중인 7개의 인공섬은 UNCLOS에 위반하며 해양생태에 악영향을 미친다고 결론지었다.[23] 이 같은 결정은 UNCLOS에서 정의된 암초(rock), 도서(island), 간조노출지(low-tide elevation) 등에 관한 기술에 근거하고 있다. 인간이 거주하지 않는 암초는 12해리의 영해를 가지며, 인간이 거주하는 도서는 영토처럼 12해리 영해와 함께 200해리의 EEZ를 갖게 된다. 반면 간조노출지는 어떤 것도 주장할 수 있는 근거가 되지 못하며, 다만 영토나 암초로부터 12해리 안에 위치한 경우에는 12해리 영해와 EEZ를 계산하는 기점(base-point)이 된다. 그런데 도서를 정의하는 데서 중요한 것은 인위적 거주가 아니라 일정한 공동체를 형성하면서 외부공급이 아닌 자체적 경제활동의 자연적 조건이 갖춰져 있어야 한다는 점이다.[24] 어업활동을 위한 일시적 사용(transient use)만으로 도서라고 정의하기에는 미흡하다는 것이다.[25] 상설중재재판소의 결정은 이 점에 주목하면서 스

Philippines v. The People's Republic of China), Press Release, July 12, 2016, pp. 1-11.

22 상설중재재판소 결정에서 구단선의 법적 근거 없음과 관련 다음에 주목할 것. "The Tribunal... noted that, although Chinese navigators and fishermen, as well as those of other States, had historically made use of the *islands* in the South China Sea, there was no evidence that China had historically exercised exclusive control over the *waters* or their resources. The Tribunal concluded that there was no legal basis for China to claim historic rights to resources within the sea areas falling within the 'nine-dash line'".

23 인공섬을 건설하는 중국의 의도는 구단선을 법적으로 확보하려는 것으로 파악되고 있다. 김석수, "남중국해 분쟁과 베트남의 전략", 10쪽.

24 Bill Hayton, *The South China Sea*, pp. 112-114.

25 스프래틀리 군도에서 일본 사업가들의 비료 사용 목적의 구아노(새 배설물) 수집 작업이나 소규모 어업에 관한 활동은 일시적 사용(transient use)에 해당하며, 도서를 정의하는 데 필요한 경제활동이라고 할 수 없다.

프래틀리에는 도서로 인정할 만한 지형물은 존재하지 않는다고 밝혔다.[26] 중국의 간조노출지 매립작업과 인공섬 건설이 12해리 영해 및 200해리 EEZ의 근거가 될 수 없음이 명확해졌다.[27]

또한 상설중재재판소의 결정은 중국이 필리핀의 EEZ 안에서의 주권 행사를 침해했다고 명시하였다. 구체적인 침해 행위로는 필리핀 EEZ 내에서의 필리핀 측의 어업 및 석유 시추작업 방해, 중국 측의 인공섬 건설, 중국 당국의 자국 어선 어획에 대한 통제 회피 등이었다. 또 필리핀은 중국과 함께 스카보로 사주(Scaborough Shoal)에서의 전통적 어업권(traditional fishery rights)을 가지고 있으나 중국은 필리핀의 이 같은 권리를 방해했다고 기술하였다.[28]

이후 남중국해 분쟁의 전개와 관련 상설중재재판소의 결정은 다음과 같은 의미를 지니고 있다. (1) 남중국해, 특히 스프래틀리 군도에서의 분쟁과 관련 UNCLOS의 법적 권위를 공식적으로 확인해 주었다. 분쟁 당사국인 중국, 필리핀, 베트남, 말레이시아, 브루나이, 대만 등은 물론 싱가포르, 인도네시아, 호주, 일본, 한국 등 관심 국가들 모두 UNCLOS의 서명국들로서 중국을 제외한 이들 국가의 "국제법에 따른 평화적 해결" 주장이 보다 유리하게 받아들여지게 되는 근거가 되었다. 미국은 서명국은 아니나 법에 따른 해결을 줄곧 주장해 왔다. (2) 상설중재재판소의 이번 결정이 국제사법재판소의 권한이라 할

---

26 Permanent Court of Arbitration, The South China Sea Arbitration.

27 남중국해에서 도서 또는 암초라고 정의할 만한 지형물이 5개 정도 존재한다고 보는 소수 의견도 있는데, Phu Lam Island(English: Woody Island/Chinese: Yongxing Dao), Thi Tu Island(English: Thitu Island/Chinese: Dao Zhongye/Pilipino: Pagasa), Ba Binh(English: Itu Aba/Chinese: Taiping Dao), Truong Sa(English: Spratly/Chinese: Nanwei), Hoa Lau(English: Swallow Reef/Chinese: Dan Wan Jiao/Malay: Layang Layang) 등이다. Hong Thao Nguyen, "Vietnam's Position on the Sovereignty over the Paracels & Spratlys: Its Maritime Claims", p. 198 참조.

28 Permanent Court of Arbitration, The South China Sea Arbitration.

수 있는 국가 간 해양 경계선 획정을 담지는 않았지만, 중국이 남중국해에 대한 역사적 권리의 근거로 삼아 왔던 구단선을 "법적 근거 없음"으로 결론지어 최소한 법리적으로는 남중국해 분쟁의 큰 실마리가 마련된 셈이다. 중국의 인공섬 건설도 국제법적 정당성을 상실하게 된 것도 이런 맥락이다. 이상은 중국의 주장을 반박하는 국가들에 유리한 해석이라고 할 수 있다. 하지만 현상을 어떻게 타개하느냐도 중요한 문제이므로 이번 결정이 타 분쟁 당사국들에 분쟁의 해결을 의미하는 것은 아니다. (3) UNCLOS가 상설중재재판소 결정의 근거가 되었던 만큼 남중국해의 지형물들에 대한 영유권 분쟁이 새롭게 전개될 수 있다. 중국, 대만, 필리핀, 베트남 등이 점유해 온 지형물, 이른바 "도서"들이 UNCLOS에서는 도서라고 정의하기 힘들다. 이들 지형물은 200해리의 EEZ 문제는 없다고 하겠으나 이들이 12해리 영해권을 지닌 암초인 경우 영유권 분쟁의 소지는 남아 있다. 특히 중국과 베트남 사이에는 지형물들을 둘러싼 분쟁 소지와 함께 중첩된 EEZ 중간선의 획정 문제가 분쟁의 씨앗으로 남아 있다.

2016년 상설중재재판소의 결정에 대해 베트남은 대중국 헤징을 구사하였다. 베트남 외교부 대변인 레하이빙(Le Hai Binh)은 짤막한 반응을 내놓았는데, "베트남은 중재재판소가 최종 결정을 내놓은 것을 환영한다. … 외교부는 결정 내용에 대한 코멘트를 나중에 내놓겠다"는 정도였다.[29] 중-베 사이의 분쟁 역사를 고려한다면 이 같은 대응은 매우 이례적이었으며 이후 구체적인 코멘트나 대응이 따르지 않았다

29 "Vietnam welcomes the arbitration court issuing its final ruling.... The ministry would issue a more detailed comment on the contents of the ruling at a later time", Truong Minh Vu and Thanh Trung Nguyen, "Vietnam's Need for a Post-Arbitration Policy", Asia Maritime Transparency Initiative (2016.8.18), https://amti.csis.org/vietnams-need-post-arbitration-policy/에서 인용 (검색일: 2018.11.30).

는 점에서 더욱 그러하였다. 이런 베트남의 소극적 반응은 가장 중요한 외교 상대인 중국과의 관계에서 긴장을 초래하지 않으려는 의도였다. 베트남 총리 응우옌수안폭(Nguyen Xuan Phoc)은 재판소 결정이 있었던 2개월 후인 9월 10일부터 15일까지 베이징을 방문하였다. 중-베 양국 지도자들은 무역 증진 노력에 대한 합의, 남중국해 문제를 포함한 정치·안보 문제를 다룬 것으로 알려졌다. 하지만 총리의 베이징 방문은 그다음 달 10월 두테르테 필리핀 대통령의 방문 때와는 달리 중국으로부터 별다른 원조도 뒤따르지 않았다. 두테르테 대통령은 베이징을 방문해 135억 달러 규모의 13건 협력사업을 중국과 계약했고, 90억 달러의 차관 약속을 받았다.

베트남의 헤징은 2017년 1월 공산당 총서기 응우옌푸쫑(Nguyen Phu Trong)과 중국 주석 시진핑의 정상회담에서 잘 드러났다. 공산당 총서기직을 맡은 후 처음으로 중국을 방문한 응우옌 총서기는 시 주석과 공동선언을 발표하고 포괄적 전략 협력 파트너십을 강화시켜 나가기로 약속하였다. 또 같은 해 7월 베이징에서 개최된 일대일로 국제협력 고위급 포럼에 쯔엉떤상(Truong Tan Sang) 베트남 국가주석이 참가하는 등 시진핑 주도의 인프라 연계 사업에 큰 관심을 보였다. 2014년 중국의 HD-981 사건이나 2016년 상설중재재판소의 결정 등에 미루어 본다면, 베트남은 미국, 일본 등과의 안보협력 강화를 통해 대중국 견제 정책을 실현해 나갈 수도 있었을 것이다. 하지만 베트남은 대중 헤징을 통해 양국관계의 긴장 완화와 개선에 힘을 기울이고 있음을 알 수 있다.[30] 이 같은 대중국 헤징은 베트남 내 정치엘리트의 변

---

30 Minh Quang Nguyen, "The Resurgence of China-Vietnam Ties", *The Diplomat*(2017.1.25), http://thediplomat.com/2017/01/the-resurgence-of-china-vietnam-ties/ (검색일: 2018.11.30)

동과 병행하고 있는 것으로 보인다. 2016년 1월 12차 공산당대회에서 지도부 구성은 친서방파가 위축되고 친중파가 부상한 것으로 알려졌다. 물론 친중파의 부상이 대중관계의 회복의 원인이라고 보기보다는 대중국 헤징과 상호작용한 것으로 보는 것이 옳을 것이다.

4 베트남의 대중국 헤징: 인과의 깔때기

1) 국제 정세 인식의 변화: 협력–갈등의 중첩성

베트남 대외정책, 특히 대중국 정책의 근간은 정세 인식이다. 베트남의 대중국 헤징은 냉전 종식 후 정세 인식의 변화라는 맥락에서 분석해야 한다. 남중국해 관련 베트남의 대중정책은 사회주의권 와해에 즈음한 1991년의 베-중 국교정상화 그리고 이후의 세계경제에의 편입이라는 큰 변화 속에서 이해해야 한다. 베트남은 과거 냉전기 적대적 대외관계의 후과에 대한 교훈, 국제 정세에 대한 새로운 분석, 그리고 중국 부상에 따른 세력 전이의 가능성 등을 바탕으로 대중정책을 취하고 있다. 베트남으로서는 남중국해 문제가 베-중 관계를 저해하거나 더욱이 대외정책 전체가 되어서는 안 된다는 정세 인식을 가지고 있다. 이에 대한 이해는 인과의 깔때기의 맨 뒤쪽 넓은 부분에 관한 분석이라고 할 수 있다.

냉전기 중국과 베트남은 사회주의 혁명의 동지이면서도 인도차이나반도에서의 영향력 또는 헤게모니를 둘러싸고 갈등을 빚었다. 중국은 베트남전쟁 동안 소련과 함께 북베트남에 대해 군사적·경제적 지원을 아끼지 않았다. 또한 중국은 베트남전의 종결을 위한 협상, 즉 파리평화협정(1973. 1. 27. 체결)을 위해서도 북베트남을 지원했는데, 1971~1972년 미중관계의 개시기 중국의 대미 주요 의제는 미군철수에 바탕을 둔 베트남전의 종결이었다. 당시 아시아 지역에서의 미군철수 또는 미국의 역할 축소는 미국, 중국, 그리고 베트남의 이익이 합치하는 사안이었다. 베트남전 종식을 위한 파리평화협정이 약속대로 실현되리라고 믿었던 정치지도자들은 별로 없었을 것에도 말이다. 결국, 북베트남군은 남베트남 민족해방전선의 도움을 받으며 1975년 4월 30일 사이공을 함락함으로써 사회주의 통일을 이룩하였다.

베트남의 통일은 중국에 새로운 도전이 되었다. 지정학적으로 미국의 영향력이 사라진 인도차이나에서 베트남이 그 공백을 메우게 될 것인가가 첨예한 질문이 되었으며, 이는 미-소 양극체제에서 장차 중국의 국제적 위상 및 영향력과 연관되는 문제이기도 하였다. 베트남전 종전에 즈음하여 베트남의 인도차이나 패권 가능성에 대한 중국의 우려를 키신저(Henry Kissinger)는 다음과 같이 기술하였다.

> 한 적대국에 의해 포위된다는 베이징의 악몽이 현실화되는 것처럼 보였다. 베트남 단독으로도 강력하였다. 그러나 베트남이 인도차이나 연방이라는 목표를 달성하면 그것은 인구가 1억에 달하며 태국과 여타 동남아 국가들에 큰 압력을 가하는 입장이 된다. 이런 맥락에서 하노이에 대한 평형추(counterweight)로서 캄보디아의 독립성이 중국의 중요한 목표가 되었다.[31]

---

31 Henry Kissinger, *On China*(New York: Penguin Books, 2012), p. 346. "Beijing's nightmare of encirclement by a hostile power appeared to be coming true. Vietnam alone was formidable enough. But if it realized its aim of an Indochinese Federation, it would approach a bloc of 100 million in population and be in a position to bring significant pressure on Thailand and other Southeast Asian states. In this context, the independence of Cambodia as a counterweight to Hanoi became a principal Chinese objective".

중국 지도부는 이런 정세 인식을 캄보디아의 크메르루주와 공유하면서 양국의 결속을 강화해 나갔다. 중국은 베트남에 대한 전후 지원을 감축, 중단했고, 베트남은 점차 소련에 경도되었다. 1978년에 접어들면서 베트남에 대한 소련의 군사원조(미그기, 미사일, 레이다 등)가 증가했으며, 동년 11월에는 소련과 베트남이 상호방위조약을 체결하였다. 베트남과 캄보디아[당시 국명 캄푸치아(Kampuchea)] 국경 지역에서의 충돌이 잦아지는 가운데 소-베의 군사적 접근은 중-베의 군사적 충돌을 회피할 수 없게 만들었다. 베트남은 1979년 1월 캄보디아를 기습 공격하고 곧바로 프놈펜을 장악하여 헹삼린(Heng Samrin)을 내세운 친베 정부를 세웠고, 이에 대한 응징으로 중국은 1979년 2월 8만 5천 명의 병력으로 베트남 북부 지역을 침공하였다. 중-베 전쟁은 양측 각각 2만~3만 명 정도의 사망자를 낳았다. 전쟁에서 중국은 원래 의도했던 하노이에 대한 응징에 성공하지 못했는바 캄보디아로부터의 베트남군 철수를 이끌어 내지도 못했다는 점에서이다.[32] 그러나 상황은 달라졌다. 1989년 베트남군의 철수 때까지 인도차이나의 정세는 베트남의 무력이 통하는 것처럼 보였지만 다른 한편으로 베트남은 감내하기 힘든 국제적 고립에 직면하게 되었다. 이런 가운데 캄보디아로부터의 베트남군의 철수는 소련 해체에 의한 국제관계의 대변혁 속에서 이루어졌다.

캄보디아 침공 및 점령으로 외교적 고립을 자초했던 베트남은 이미 1986년 제6차 공산당대회에서 "진실을 똑바로 보고 진실을 올바로 평가하며 분명하게 진실을 말해야 한다"는 정신에 기초하여 베트남이

32 Sally W. Stoecker, *Clients and Commitments: Soviet-Vietnamese Relations, 1978-1988*(Santa Monica, CA: RAND, 1989), pp. 6-8.

처한 상황과 사회주의의 성과와 실패를 재평가하는 기회를 얻었다.[33] 이 당대회를 계기로 도이머이라는 대내적 개혁정책의 추진이 결정되었으며, 이후 베트남의 대외관계, 특히 대미관계 개선 노력은 베트남 정치인 중에서 가장 자유주의적이고 지적이었던 응우옌코탁(Nguyen Co Thach) 외교장관을 중심으로 전개되었다.[34] 하지만 베트남의 캄보디아 점령으로 인해 외교적 고립은 지속되었다.

냉전 종식과 함께 1991년 베트남은 가장 먼저 중국과 관계를 정상화했고 1995년 미국과 관계정상화를 이루었다. 그러나 베-중 및 베-미 국교정상화가 적에서 친구로의 이분법적인 극단적 전환을 의미하는 것은 아니었다. 중국은 베트남을 더 이상 냉전기적 이데올로기 동지보다는 국가 대 국가의 관계로 인식하고 대했으며, 이에 대해 베트남도 중국을 과거의 적도 아닌 사회주의 형제도 아닌 새로운 관계를 설정해야 할 필요성을 인식하게 되었다. 베트남에 냉전 종식은 또 다른 고민을 가져왔는데, 세계경제로의 편입 또는 통합에 관한 문제에서이다. 베트남은 약소국으로서 통제를 잃지 않으면서 편입되는 방식, 그렇다고 기다리기만 하지 않은 방식을 탐색하게 되었다. 특히 대중 경제관계에서는 베트남 자체의 개혁개방과 이에 기초한 대중 경제협력의 확대를 기대하면서도 중국 경제로의 편입을 회피해야 한다는 인식이 자리를 잡았다.[35] 이제 베트남의 주된 정세 인식은 협력(cooperation)과 갈등(conflict)의 중첩적 개념에 기초하기 시작하였으며, 이는 1991년 이래 공산당의 주요 문건에서 차츰 드러나게 되

---

33 David W. P. Elliott, *Changing Worlds: Vietnam's Transition from Cold War to Globalization*(Oxford: Oxford University Press, 2012), p. 289.

34 Seth Mydans, "Nguyen Co Thach, Hanoi Foreign Minister, 75", *New York Times* (April 12, 1998).

35 David W. P. Elliott, *Changing Worlds*, pp. 97-100.

었다.[36] 물론 베트남의 중첩적 인식이 특별한 것이라기보다는 지정학적 한계를 인정하면서 국제환경의 변화에 적응하는 인식체계의 전환이라고 할 수 있다. 베트남이 냉전 후기 새로운 국가전략을 모색하는 중요한 계기는 1996년 개최된 8차 베트남공산당대회였는데, 여기서 당 지도부는 베트남 대외정책의 목표로 독립과 주권(independence and sovereignty)의 수호를 설정하고 이를 위한 전략으로서 다양화된, 다자적인(diversified, multilateral) 대외관계 및 세계경제에의 깊은 통합을 모색하기로 결정하였다. 또한 2003년 7월 베트남공산당 9차 중앙위 8차 전원회의 결의안(이른바 결의안 8)은 친구와 적을 구분하는 데 이데올로기를 제거하기로 결정하고, 모든 대외관계를 협력과 갈등의 혼합이라는 점을 강조하였다.[37]

2) 안보 역량: 대외관계 다변화 및 군사협력 강화

베트남의 안보 역량의 강화 노력은 대외관계에서 두드러졌다. 베트남은 미국과의 관계 진전을 추구한 결과 1994년 드디어 미국의 제재로부터 해제되었으며, 종전 20주년을 맞은 이듬해에는 미국과 관계정상화를 이룩하였다. 베-미 간 화해의 상징으로 미국의 클린턴 대통령은 전쟁포로 출신으로 하원의원인 피트 피터슨(Pete Peterson)을 초대 주베트남 대사로 임명하였다. 또한 1995년 베트남은 ASEAN에 가입함으로써 동남아시아 지역공동체의 일원으로서의 다자적 교류를 확대하기 시작하였다. 이 외에도 베트남의 다자적 교류는 AFTA(1996), APEC(1998), WTO(2006) 등의 참여를 통해서도 나타나기 시작하였다.

---

36 Le Hong Hiep, "Vietnam's Hedging Strategy against China since Normalization", *Contemporary Southeast Asia*, Vol. 35, No. 3(2013), p. 342.

37 David W. P. Elliott, *Changing Worlds*, p. 231, p. 237.

〈표 8-1〉 베트남의 파트너십[38]

포괄적 전략적 파트너십 — 중국(2008), **러시아(2012)**, **인도(2016)**
전략적 파트너십 — 러시아(2001), **일본(2006)**, 인도(2007), 한국(2009), 스페인(2009), 영국(2010), 독일(2011), 이탈리아(2013), 태국(2013), 인도네시아(2013), 싱가포르(2013), 프랑스(2013), 필리핀(2015)
포괄적 파트너십 — **호주(2009)**, 미국(2013)

주: 진한 글자는 파트너십의 상승을 표시
일본은 2014년 "광범위" 전략적 파트너십(extensive strategic partnership)으로 표현
호주는 2015년 "향상된" 포괄적 파트너십(enhanced comprehensive partnership)으로 표현

2000년대에 들어서면서 베트남은 다변화된 대외관계 강화를 위해 다양한 형태의 양자적 파트너십을 구축하였다(〈표 8-1〉 참조). 첫째로 주목할 것은 베트남이 P5 국가들 모두와 파트너십이라는 구도하에 외교, 안보, 경제 관계를 개선해 나가고 있다는 점이다. 러시아(2001), 중국(2008) 등 구 사회주의 우호국들로부터 시작해 영국(2010), 프랑스(2013), 미국(2013) 등 서방 강대국과 파트너십을 맺었다. 둘째는 베트

38 "U. S.-Vietnam: From Comprehensive to Strategic Partners?", CSIS Asia Program (March 20, 2014), https://www.cogitasia.com/u-s-vietnam-from-comprehensive-to-strategic-partners/ (검색일: 2019.11.30); 2) Devirupa Mitra, "India and Vietnam Upgrade to Comprehensive Strategic Partnership", *The Wire*(September 4, 2016), https://thewire.in/63957/india-and-vietnam-upgrade-to-comprehensive-strategic-partnership/ (검색일: 2019.11.30); 3) Le Hong Hiep, "Vietnam's Hedging Strategy against China since Normalization", p. 357; Feng Zhongping and Huang Jing, "China's Strategic Partnership Diplomacy: Engaging with a Changing World", *European Strategic Partnerships Observatory The Global Partnerships Grid Series*(June 8, 2014), http://fride.org/download/wp8_china_strategic_partnership_diplomacy.pdf (검색일: 2019.11.30)

남은 중국과의 관계를 중시하면서도 러시아를 이에 못지않은 포괄적 전략적 파트너십으로 상향 조정(2012)하였다. 셋째는 2016년 베트남-인도 포괄적 전략적 파트너십 체결은 지정학적 세력 균형을 의식한 것으로 볼 수 있다. 이 밖에도 베트남은 일본, 호주, 미국 등과 각각 파트너십을 형성함으로써 어느 한 강대국에 편승하거나 또는 밸런싱하지 않으려는 의도를 드러내었다. 이는 대중국 관계와 관련하여 의미 있는 포석이라고 할 수 있다.

이상의 파트너십은 베트남 당국의 3불(Three No) 정책과 맥을 함께하면서도 이를 보완하기 위한 것이라고 볼 수 있다. 3불정책은 원래 1998년 외교백서에서 명기한 것으로 2004년에 다시 확인되었다.[39] 3불은 동맹 불가, 타국에 기지제공 불가, 3국에 반대하는 데 타 국가와 결탁 불가 등이다. 3불은 네가티브한 측면이므로 이를 포지티브한 측면에서 보완할 수 있는 것이 파트너십이다. 물론 파트너십은 동맹보다도 커미트먼트가 훨씬 약하고, 특히 군사적 커미트먼트가 부재하거나 불분명하다는 점이 특징이다.

한편 냉전 종식 후 베트남의 협력-갈등의 중첩적 정세 인식으로의 변화는 물리적 안보 역량을 증강하는 노력을 수반하였다. 역사적·지정학적으로는 물론이고 남중국해 해양권 분쟁과 관련하여 베트남의 군사력 강화는 해군과 공군을 중심으로 이루어졌다. 2004년 국방백서는 방위산업에 역점을 두었는바, R&D 능력을 향상하고 이와 관련 러시아, 벨라루스, 인도, 네덜란드, 우크라이나 등으로부터의 기술 이전을 모색하였다. 2009년 국방백서는 해군 현대화를 중요한 군사정책의 목표로 제시했고, 이에 따라 러시아로부터의 군사 장비 수입을 추진하

---

39 Hong Hiep Le, *Trends in Southeast Asia: Vietnam's Alliance Politics in the South China Sea*(Singapore: Institute of Southeast Asian Studies, 2015), p. 14.

였다. 우선 러시아 지원으로 캄란 만(Cam Ranh Bay)의 잠수함 시설을 정비했으며, 각종 러시아제 군함을 도입하여 해군력을 강화하였다. 베트남의 해군력 강화는 반접근, 지역 거부(Anti-Access/Area Denial 또는 A2/AD) 능력을 향상시켜 파라셀 군도와 스프래틀리 군도에서 자국의 활동 영역을 보장하려는 데 기본 목적이 있었다.[40]

2013년 12월부터 중국의 인공섬 건설, 2014년 5월의 HD-981 사건 등 남중국해에서의 긴장이 상승하면서 베트남은 해안경비대의 감시 및 능력 강화를 더욱 중요하게 여기게 되었는데, 이는 양국 해군 간의 직접 충돌로 인한 전쟁 가능성을 회피하려는 차원에서 그러하였다. 베트남은 해양경비대 전력의 양적 · 질적 열세를 일부분이나마 극복하기 위해 미국 및 일본 등과 군사협력을 통해 함정 도입 추진, 정보감시 능력 향상, 연합훈련 실시를 강화해 오고 있다. 베-미의 경우 2011년 국방협력 양해각서를 체결했으며, 해안경비대의 능력 향상(구체적으로는 대중국 비대칭성 감소)과 국제평화유지활동 참여에의 준비성 제고를 그 목표로 내걸었다. 2014년 10월 미국은 베트남에 대한 무기수출금지(arms embargo)를 부분적으로 해제하고 해외군사원조파이낸싱(Foreign Military Financing)을 통한 무기 및 군사 장비의 도입을 가능하게 만들었다.[41] 2015년 애슈턴 카터(Ashton Carter) 미 국방장관의 베트남 방문 시 1,800만 달러 규모의 FMF를 통한 순시선 제공을 약속하였다. 미-베 간 군사협력은 러시아에만 허락해 왔던 캄란 만의 입항을

---

40 Hong Hiep Le, "Vietnam's Hedging Strategy against China", pp. 333-368.

41 이런 가운데 베트남도 남중국해 전략적 거점 확보 노력을 해 왔다는 점에 주목할 필요가 있다. 베트남은 48~50개 정도의 해양 지형물을 확보하고 있는바 점령 도서, 암초 위의 콘크리트 빌딩, 해저 퇴(堆) 상의 건설물 등 세 가지 형태가 있다. 특히 스프래틀리 섬에는 활주로를 건설하였다. "Vietnam Builds Up Its Remote Outposts", Asia Maritime Transparency Initiative(2017.8.4), https://amti.csis.org/vietnam-builds-remote-outposts/ (검색일: 2019.11.30)

미 해군 함정에도 1년 1회에 한해 허용하는 정도까지 발전하였다.[42]

미국의 대베트남 국방협력은 베-일 협력으로 이어지고 있는바, 일본은 순시선을 원조 형식으로 제공하는 등 해양경비대의 능력 구축을 중심으로 하는 해양 안보협력을 확대하고 있다. 2017년 필리핀에서 개최된 아세안국방장관회의(ASEAN Defense Ministers' Meeting, ADMM) 및 아세안확대국방장관회의(ADDM-Plus)에서 일본의 이츠노리 오노데라(Itsunori Onodera) 방위장관과 베트남의 고수언릭(Ngo Xuan Lich) 국방장관은 이상과 같은 협력을 재확인하였다.[43] 베트남은 2011년에 호주와도 국방협력 양해각서를 체결한 이래 국방 대화를 활성화하고 있으며, 같은 맥락에서 2009년에 합의한 포괄적 파트너십을, 2015년에는 "향상된" 포괄적 파트너십으로 격상하였다.[44]

이상과 같은 군사협력 구도의 변화는 단순히 역내 국가 간의 분쟁 차원에서뿐만 아니라 미국과 중국 양대국 간의 경쟁 차원에서 발생하며 새로운 다자적 파트너십 형성이라는 양상으로 전개되기도 하였다. 2014년과 2015년 남중국에서 중국의 긴장 고조 행위(일방적 HD-981 시추작업 사건, 중국의 대규모 매립 및 인공섬 건설 등)가 있던 시

---

42 Prashanth Parameswaran, "US-Vietnam Defense Relations: Problems and Prospects", *The Diplomat*(2016.5.27), https://thediplomat.com/2016/05/us-vietnam-defense-relations-problems-and-prospects/ (검색일: 2019.11.30); Truong Minh Vu, "Toward a U. S.-Vietnam Strategic Maritime Partnership", Asia Maritime Transparency Initiative (2017.11.2), https://amti.csis.org/toward-u-s-vietnam-strategic-maritime-partnership/ (검색일: 2019.11.30)

43 Prashanth Parameswaran, "The Future of US-Japan-Vietnam Trilateral Cooperation", *The Diplomat*(2015.6.23), https://thediplomat.com/2015/06/the-future-of-us-japan-vietnam-trilateral-cooperation/ (검색일: 2019.11.30)

44 Prashanth Parameswaran, "Why the New Vietnam-Australia Defense Dialogue Matters", *The Diplomat*(2017.11.8), https://thediplomat.com/2017/11/why-the-new-vietnam-australia-defense-dialogue-matters/?allpages=yes&print=yes (검색일: 2019.11.30)

기에, 아시아태평양 지역에 미국을 정점으로 하는 중층적 미니 나토(Mini-NATO)가 형성되는 분위기였다. 2015년 3월 30일 미국, 일본, 호주 3개국의 국방장관은 공동선언을 통해 남중국해의 현상유지 중요성을 강조하는 동시에 ADDM-Plus를 통해 ASEAN과의 안보협력을 강화하기로 다짐하였다. 그리고 같은 해 7월에는 3개국의 군병력이 참여한 가운데 호주의 퀸즐랜드에서 연합군사훈련을 실시하였다. 미니 나토는 위계상으로 미국이 정점에 위치하며 일본과 호주가 중간에 자리 잡으면서 베트남, 필리핀 등 ASEAN 국가들의 협력을 양자적으로 또는 다자적 차원으로 구축하려는 것이었다. 하지만 이상과 같은 새로운 파트너십, 특히 ASEAN과의 협력은 구체적인 성과를 거두기는 용이하지 않았다. ASEAN 자체가 남중국해 문제를 둘러싸고 일치를 보이지 못한 데다가 미국, 일본, 호주 등도 경비 분담과 안보 커미트먼트와 관련해 서로 다른 이해관계를 가지기 때문이다. 역내의 분쟁 당사국들은 자원 활용 등 해양권 문제에 깊은 관심을 보인 반면, 미국은 항해의 자유 및 대중국 견제가 주요 이익이고 일본과 호주는 항해의 자유와 현상유지를 원하면서도 대중관계에서 상이한 이해를 가지고 있다. 이로써 미-일-호-ASEAN의 중층적 미니 나토 같은 동맹관계는 거의 불가능하며 긴밀한 파트너십도 용이하지 않다는 점을 보여 주었다.[45]

3) 경제 역량: 비의존적 발전

경제력은 안보 역량과 직결되며 국가의 독립과 주권을 유지하는 중요한 요소이다. 따라서 베트남은 남중국해 분쟁에 대응하면서도 대중 경

45 Sung Chull Kim, *Partnership within Hierarchy: The Evolving East Asian Security Triangle*(Albany: State University of New York Press, 2017), p. 199.

제관계를 유지해야 하였다. 그러나 베트남은 비대칭성으로 인한 경제적 의존성과 이에 따른 정치적 의존성을 최대한 회피하려 노력해 오고 있다.

베트남의 대중 의존성 회피 노력은 양국 간 무역을 확대하면서도 중국의 과도한 투자를 조심스럽게 견제하는 데서 잘 나타난다. 양국 간 무역은 2010년대 들어서 급격한 증가세를 보인 것이 사실이며, 그 추세는 중국의 여타 주변국들보다 괄목할 만하다. 2015년 중국은 베트남의 최대무역국으로서 무역 규모는 960억 달러에 이르렀고, 제2의 무역상대국인 미국의 450억 달러의 두 배를 상회하였다.[46] 베트남은 대중국 무역에서 적자를 기록하고 있다. 베트남의 수출품은 농산물, 기계-전자, 플라스틱-고무가 과반을 차지하며, 수입품은 기계-전자가 거의 절반에 달한다. 다른 한편 베트남은 중국으로부터의 자본유입(투자 및 지원)에 대해서는 경계하고 있다. 외국인직접투자(foreign direct investment)의 경우 2003~2013년 10년 동안 2,900만 달러에서 21억 6,700만 달러로 약 75배 증가했지만, 규모에서는 미얀마, 캄보디아는 물론 라오스에도 미치지 못한다. 이는 매우 특이한 현상으로서 베트남의 투자 환경이 이들 국가보다 앞서 있다는 점에서 그렇다. 세계은행이 제공하는 Doing Business 국가별 순위(2016년 기준)에서 베트남(90위)은 필리핀(103위), 인도네시아(109), 캄보디아(127), 라오스(134), 미얀마(167)보다 우위이다.[47] 베트남 재정장관 딘티엔둥(Dinh Tien Dung)

---

46 "Vietnam's Foreign Policy after the South China Sea Ruling", ASEAN Studies Program(2017), https://thcasean.org/read/articles/333/Vietnams-Foreign-Policy-After-the-South-China-Sea-Ruling (검색일: 2019.11.30)

47 World Bank, "Doing Business", http://www.doingbusiness.org/~/media/WBG/DoingBusiness/Documents/Annual-Reports/English/DB16-Full-Report.pdf (검색일: 2019.11.30)

이 2014년 6월 밝힌 바와 같이 전체 자본시장에서 중국의 투자자본이 1% 미만이며, 중국의 지원(차관)에 의존하지 않고 있다.[48] 그 대신 한국, 일본, 싱가포르 등이 외국인직접투자를 주도해 왔으며, 최근에 이르러서야 2017년 1분기에 중국이 한국과 싱가포르 다음으로 세 번째 투자 국가를 기록하였다. 그럼에도 베트남은 주요 국영기업은 물론 국가자원에 대한 중국의 투자를 경계한다는 입장인데, 대중국 경제의존으로 인한 중국의 영향력 확대와 안보위협에 대한 우려 때문이다.[49]

베트남의 "무역증대, 투자제한" 위주의 대중 경제관계는 독립과 주권의 견지를 위한 협력-갈등의 중첩적 정세 인식에 기초한 것이며, 세계경제로의 점진적 통합이라는 냉전 후 대외정책의 기조에 부합하는 것이라고 볼 수 있다. 베트남이 대중국 의존성 회피 및 협력 모멘텀 유지의 이중적 의도를 지닌 만큼 중국도 일대일로를 추진하면서도 베트남에 대해 조심스러운 개입정책을 펴고 있는 것으로 보인다. 시진핑에 의해 주도되는 일대일로는 유라시아 대륙에서는 6개의 경제회랑을 기반으로 인프라 구축 및 연계에 중점을 두고 있다.[50] 중국-인도차이나반도 경제회랑은 난닝-하노이-방콕-쿠알라룸푸르-싱가포르의 교통로에 주안점을 두고 있으나 중국과 베트남 사이는 철도를 제외한 채 도로연결 건설만 이루어지고 있다. 이는 베-중 양국의 절제된 협력

---

48 Nargiza Salidjanova and Iacob Koch-Weser, "China's Economic Ties with ASEAN: A Country-by-Country Analysis", *U. S.-China Economic and Security Review Commission*, Staff Research Report(March 17, 2015), p. 30.

49 Voice of Vietnam, "Chinese Investment in Vietnam Is Accelerating", *VOV Online Newspaper*(2016.3.22), http://english.vov.vn/investment/chinese-investment-in-vietnam-is-accelerating-315230.vov (검색일: 2019.11.30)

50 6개 경제회랑은 중국-파키스탄 회랑, 방글라데시-중국-인도-미얀마 회랑, 중국-몽골-러시아 회랑, 유럽-아시아 회랑, 중국-중앙아시아-서아시아 회랑, 중국-중남반도(인도차이나 반도) 회랑 등으로서 주로 철도, 도로, 석유 및 가스 수송관, 광케이블, 산업단지 연결에 초점을 맞추고 있다.

을 반영하는 것이라고 볼 수 있다.

4) 헤징의 선택: ASEAN의 분열, 미국 커미트먼트의 한계

이상에서 논의한 베트남의 중첩적 정세 인식과 경제 및 안보 역량이 대중관계의 맥락을 좌우하는 것이 사실이지만, 남중국해 분쟁 관련 상설중재재판소의 결정 이후 베트남이 다름 아닌 헤징을 선택한 이유에 대한 직접적 설명은 아니다. 여기서는 역으로 베트남의 다른 선택 대안들, 즉 역외 국가와의 제휴 또는 ASEAN을 활용한 대중국 밸런싱이 왜 불가한가를 밝히고자 한다. 예를 들어 베트남이 미국의 남중국해 관여 정책에 편승하여 자신의 해양권을 주장하거나 또는 ASEAN 내 남중국해 연안 국가들과 연대하여 적극적으로 재판소의 결정을 압박외교의 수단으로 활용하면서 중국에 대한 밸런싱을 모색하는 방안을 선택할 수도 있었을 것이다. 그러나 베트남은 편승이나 밸런싱이 헤징보다 위험부담이 크거나 비용이 많이 든다고 판단한 것이다. 구체적으로 헤징 이외의 대안들은 다음과 같은 이유에서 불가능하였다.

첫째, 베트남이 미국의 남중국해 관여에 편승할 수 없었던 이유는 베트남 안보에 대한 미국의 커미트먼트가 결여되었다는 판단 때문이었다. 미국은 항해의 자유가 중요한 목적이었으며 이를 구현함으로써 중국의 남중국해에 대한 영향력 확장을 견제한다는 입장이었다. 해양권 확보를 목적으로 하는 분쟁 당사국들과 이해관계가 달랐다. 미국은 남중국해에서 중국과 분쟁 당사국들 사이의 무력충돌을 원치 않았으며, 국제법에 의거한 분쟁의 평화적 해결을 주장하였다. 미국의 이런 입장은 2013년 7월 ASEAN 지역포럼(ASEAN Regional Forum, ARF)에 참가한 미국의 존 케리(John Kerry) 국무장관이 남중국해 문제를 제기하려는 아세안 국가들을 자제시키는 데서 드러났다. 그는 2002년 11월 「남중국해 당사국들의 행동선언(Declaration on the Conduct of Parties in the South China Sea)」이 서명된 지 11년째임을 상기하면서 당장 행동강령의 채택이 필요하다고 강조했고, 모든 당사국이 본질적 대화를 위해 조용히 대응할 것을 촉구하였다.[51]

베트남은 2014년 HD-981 사건 이후 미국에 남중국해에서 중국군의 활동과 전개에 관한 정보와 군사기술의 공유를 요청하거나 남중국해 문제에 직접 개입할 것을 요구하기도 하였다. 또 양국관계를 전략적 파트너십으로 격상할 것을 제안하기도 하였다. 그러나 미국은 베트남의 인권문제를 제기하면서 이상과 같은 베트남의 요구를 거부하였다.[52]

반면 미국은 분쟁 해역에서 자신이 견지해 온 항해의 자유를 위해 해군과 공군이 참여한 항행의 자유(Freedom of Navigation) 작전을 실시했고, 중국은 이에 대해 강력히 항의하였다. 2014년과 2015년 중국이 남중국해의 여러 지형지물에 대한 매립작업을 공세적으로 전개하자 미국은 2015년 9월의 미중 정상회담 직후 사실상의 군사작전을 감행하였다. 베트남을 포함한 ASEAN 회원국들은 미국의 작전과 중국의 반발을 목격하면서 무력충돌 시의 연루(entrapment) 위험을 의식하게 되었음이 틀림없다. 이 같은 점에서 베트남은 미국의 안보 커미트먼트를 확인할 수 없었을 뿐만 아니라 오히려 미국과의 군사적 연대로 인한 안보 리스크를 의식하지 않으면 안 되었다. 베트남은 미국과의 파트너십 유지와 군사협력의 강화에도 불구하고 자신에 대한 안보

---

51 "Secretary Kerry Stressed the Need for Adopting a Code of Conduct Now, and Encouraged All Parties to Quickly Move towards Substantive Talks", U. S. Department of State, "Secretary Kerry's Participation in the ASEAN Regional Forum Ministerial Meeting", Media Note에서 재인용. https://2009-2017.state.gov/r/pa/prs/ps/2013/07/211503.htm (검색일: 2018.11.30) 참고.

52 김석수, "남중국해 분쟁과 베트남의 전략", 20-21쪽.

를 확약받을 수 없다고 판단했고, 따라서 상설중재재판소의 결정에 대한 미국, 일본, 호주 등의 환영 성명에도 동참하지 않았다.

미국의 커미트먼트에 대한 베트남의 불신은 2017년 출범한 트럼프 행정부가 "미국제일주의"를 내세우면서 과거 행정부가 참여를 추진해 온 환태평양경제동반자협정(Trans-Pacific Partnership, TPP)을 거부하고, 통상압력을 무차별적으로 가한 것과도 무관하지 않다.[53] 베트남은 TPP 참여와 관련 2008년부터 협상을 시작했으며, 2016년 2월 이를 서명하는 등 다자적 경제참여를 적극적으로 추진해 왔다. 트럼프 행정부의 행태는 베트남이 미국에 편승하여 중국을 밸런싱하기보다는 시진핑 주석이 추진하는 일대일로에 동참하도록 자극함은 물론 EU, 러시아 등과도 관계를 더욱 증진하게 했다고 보아야 할 것이다.

둘째, 남중국해 문제를 둘러싼 ASEAN의 내분은 베트남을 포함한 회원국들의 연대 또는 제휴에 근거한 대중국 대응을 불가능하게 만들었다. ASEAN 내부에서 발생한 최초의 중요한 분열은 2012년 7월 외교장관 회의(캄보디아 프놈펜 개최)에서 남중국해 문제를 둘러싼 이견으로 인한 공동성명서 채택의 불발이었다. 주최국인 캄보디아가 중국의 남중국해 관련 영해권 주장에 대한 ASEAN의 집단적 우려 표명을 반대했기 때문이다. 만장일치 원칙을 따르는 ASEAN은 한 국가의 반대만으로도 성명을 채택할 수 없었다. 중국은 냉전기부터 캄보디아의 후견국이었고 중-베 전쟁도 베트남의 캄보디아 침공에 대한 응징이었으며, 냉전 종식 후에도 프놈펜과 정치·경제·군사적으로 강력한

53 2018년 3월 미국은 일본의 주도로 TPP를 수정한 포괄적-점진적 황태평양경제동반자협정(CPTPP)에 대해 기꺼이 협상할 의사가 있음을 표명하였다. "미국, TPP 복귀하나 … '트럼프, 기꺼이 협상할 것'", 『연합뉴스』(2018.3.1), http://www.yonhapnews.co.kr/bulletin/2018/03/01/0200000000AKR20180301005400071.HTML (검색일: 2018.11.30)

연대를 유지해 왔다. 따라서 2012년 회의에서 캄보디아가 ASEAN의 조직적 연대를 반대한 것도 가능한 일이었다. 그러나 캄보디아의 반대가 상설중재재판소의 결정 후 최초로 개최된 2016년 7월의 외교장관 회의에서도 반복되었다는 점에 주목할 만하다. 분쟁 당사국의 하나인 말레이시아의 외교장관이 불참한 이 회의에서는 캄보디아와 라오스가 반대하여 공동성명을 채택했다가 취소하는 사태가 발생하였다. 남중국해 분쟁이 심화되는 시기에 중국은 대캄보디아 군사 및 경제 원조가 증가했으며, 캄보디아는 ASEAN 전체의 일체성보다는 후견국인 중국의 입장을 더 중요시했던 것이다. 남중국해 문제로 인한 ASEAN의 내분 상황에서 주요 분쟁 당사국인 베트남은 대중국 밸런싱을 택할 수 없었다. 베트남의 헤징은 이상과 같은 제약된 상황에서의 선택이었다.

5 결론

남중국해 분쟁을 둘러싼 베트남의 대중정책은 편승이나 밸런싱이 아닌 헤징으로 특징된다. 베트남은 중국과의 분쟁에도 불구하고 2013년 필리핀의 상설중재재판소의 제소에 동참하지 않았고 독자 제소도 하지 않았다. 또 2016년 재판소가 중국의 구단선의 법적 근거 없음을 결정하여 베트남에 유리한 대응 여건이 마련되었음에도 베트남은 대중국 헤징을 취하였다. 남중국해 관련 베트남의 대중국 헤징을 인과론적으로 분석해 보면 냉전 후 협력-갈등의 중첩적 정세 인식에서 비롯됨을 알 수 있다. 베트남은 역사적·지정학적 이유에서 그리고 약소국으로서 협력-갈등의 중첩적 정세 인식을 지니게 되었다. 또 이에 근거하여 국가 주권과 독립의 핵심인 안보 및 경제 역량의 강화를 추구했는데 이들 역량은 기본적으로 역외 국가들과의 파트너십 확대, 외교 및 군사협력이며, 경제발전을 도모하면서도 대중국 경제 의존성을 회피하려는 방향으로 전개되었다. 남중국해 분쟁, 특히 상설중재재판소의 결정과 관련하여 베트남은 부상하는 중국을 둘러싼 불확실성 속에서 그리고 대중 밸런싱이라는 대안의 부적절성 속에서 자국의 위험부담을 줄이고 일정한 보험을 드는 방식의 헤징을 택하게 된 것이다.

이 장에서 설명한 베트남의 헤징은 지속적이고 안정된 정책이라기보다는 강대국 행태에 대한 일시적 대응 행태이다. 약소국인 베트남에는 남중국해 분쟁이 국가 주권 보전을 위한 외교 안보적 시험대이므로 최소한 중-베 간 분쟁 요소만은 격화되지 않도록 헤징을 취할 것이다. 그러나 만일 중국이 우호적인, 타협적인 접근을 해 오면 베트남의 대중국 정책은 편승으로 옮겨 갈 가능성은 있다. 베트남 외교 안보의 주요 상대국인 중국의 영향력 확대는 실크로드 경제벨트와 해상실크로드로 구성된 일대일로의 확장으로 나타나고 있다. 일대일로는 중국의 대전략으로서 새로운 세력 전이의 계기를 형성하면서 중국 대 동남아 관계, 동남아 내의 국제관계에도 큰 변화를 가져오고 있다. 특히 중국의 일대일로는 베트남에 경제적 인센티브가 되므로 협력-갈등의 정세 인식 속에서 일대일로가 어떻게 읽힐지 주목된다. 게임 체인저가 중국인만큼 베트남도 일대일로에 대한 엄밀한 정세 인식을 바탕으로 경제적 이익과 안보 리스크를 동시에 판단하거나 경계하면서 참여할 것으로 보인다.

이상과 같은 베트남의 헤징에 대한 분석은, 국제적 위상과 국가주권 행사와 관련된 매우 구체적이고 중요한 상황(여기서는 국가 주권 행사에 관련된 문제에 대한 국제기구의 결정)에 직면하여 드러나는 중국 주변 약소국들의 행동 패턴을 가늠하게 해 주는 데 기여할 것으로 보인다.

| 참고문헌 |

김석수. 2016. "남중국해 분쟁과 베트남의 전략". 『동남아시아연구』 제26권 1호, 1-37쪽.

Campbell, Angus et al. 1960. *The American Voters*. Chicago and London: University of Chicago Press.

Elliott, David W. P. 2012. *Changing Worlds: Vietnam's Transition from Cold War to Globalization*. Oxford: Oxford University Press.

Goh, Evelyn. 2006. "Understanding 'Hedging' in Asia-Pacific Security". *PacNet* 43.

Goh, Evelyn. 2007. "Great Powers and Hierarchical Order in Southeast Asia". *International Security*, Vol. 32, No. 3(August), pp. 113-157.

Hayton, Bill. 2014. *The South China Sea: The Struggle for Power in Asia*. New Haven: Yale University Press.

Hofferbert, Richard. 1974. *The Study of Public Policy*. Indianapolis, IN: Bobbs-Merrill.

Kim, Sung Chull. 2017. *Partnership within Hierarchy: The Evolving East Asian Security Triangle*. Albany: State University of New York Press.

Kissinger, Henry. 2012. *On China*. New York: Penguin Books.

Korolev, Alexander. 2016. "Systemic Balancing and Regional Hedging: China-Russia Relations". *Chinese Journal of International Politics*, Vol. 9, No. 4, pp. 375-397.

Le, Hong Hiep. 2013. "Vietnam's Hedging Strategy against China since Normalization". *Contemporary Southeast Asia*, Vol. 35, No. 3, pp. 333-368.

Le, Hong Hiep. 2015. *Trends in Southeast Asia: Vietnam's Alliance Politics in the South China Sea*. Singapore: Institute of Southeast Asian Studies.

Lim, Darren J. and Zack Cooper. 2015. "Reassessing Hedging: The Logic of Alignment in East Asia". *Security Studies*, Vol. 24, No. 4, pp. 696-727.

Mydans, Seth. 1998. "Nguyen Co Thach, Hanoi Foreign Minister, 75"(April 12). *New York Times*.

Nguyen, Hong Thao. 2012. "Vietnam's Position on the Sovereignty Over the Paracels

& Spratlys: Its Maritime Claims". *Journal of East Asia and International Law*, Vol. 1, pp. 165-211.

Permanent Court of Arbitration. 2016. *The South China Sea Arbitration* (The Republic of the Philippines v. The People's Republic of China)(July 12), Press Release, pp. 1-11.

Salidjanova, Nargiza and Iacob Koch-Weser. 2015. "China's Economic Ties with ASEAN: A Country-by-Country Analysis". *U. S.-China Economic and Security Review Commission*, Staff Research Report(March 17), p. 30.

Simeon, Richard. 1976. "Studying Public Policy". *Canadian Journal of Political Science*, Vol. 9, No. 4, pp. 548-580.

Simeon, Richard. 1996. "Afterword: 'New' Directions in Canadian Policy Studies". In L. Dobuzinskis, M. Howlett, and D. Laycock (eds.). *Policy Studies in Canada: The State of the Art*. Toronto: University of Toronto Press.

Smith, Robert. 2010. "Maritime Delimitation in the South China Sea: Potentiality and Challenges". *Ocean Development & International Law*, Vol. 41, No. 3, pp. 214-236.

Stoecker, Sally W. *Clients and Commitments: Soviet-Vietnamese Relations, 1978-1988*. Santa Monica, CA: RAND, 1989.

Wilder, Matt. December 2016. "Wither the Funnel of Causality?" *Canadian Journal of Political Science*, Vol. 49, No. 4, pp. 721-741.

Zhao, Suisheng. 2015. "A New Model of Big Power Relations? China-US Strategic Rivalry and Balance of Power in the Asia-Pacific". *Journal of Contemporary China*, Vol. 24, pp. 377-397.

"미국, TPP 복귀하나 … '트럼프, 기꺼이 협상할 것'". 『연합뉴스』(2018.3.1). http://www.yonhapnews.co.kr/bulletin/2018/03/01/0200000000AKR20180301005400071.HTML (검색일: 2018.11.30)

Do, Thuy T. "Vietnam's Moderate Diplomacy Successfully Navigating Difficult Waters". *East Asia Forum*(2015.1.16). http://www.eastasiaforum.org/2015/01/16/vietnams-moderate-diplomacy-successfully-navigating-difficult-waters/ (검색일: 2018.11.30)

Nguyen, Minh Quang. "The Resurgence of China-Vietnam Ties". *The Diplomat*(2017.1.25). http://thediplomat.com/2017/01/the-resurgence-of-china-vietnam-ties/ (검색일: 2018.11.30)

Parameswaran, Prashanth. "The Future of US-Japan-Vietnam Trilateral

Cooperation". *The Diplomat*(2015.6.23). https://thediplomat.com/2015/06/the-future-of-us-japan-vietnam-trilateral-cooperation/ (검색일: 2019.11.30)

Parameswaran, Prashanth. "US-Vietnam Defense Relations: Problems and Prospects". *The Diplomat*(2016.5.27). https://thediplomat.com/2016/05/us-vietnam-defense-relations-problems-and-prospects/ (검색일: 2019.11.30)

Parameswaran, Prashanth. "What's Behind the Resumed Vietnam-Philippines South China Sea Activity?". *The Diplomat*(2017.6.27). http://thediplomat.com/2017/06/whats-behind-the-resumed-vietnam-philippines-south-china-sea-activity/ (검색일: 2018.11.30)

Parameswaran, Prashanth. "Why the New Vietnam-Australia Defense Dialogue Matters". *The Diplomat*(2017.11.8). https://thediplomat.com/2017/11/why-the-new-vietnam-australia-defense-dialogue-matters/?allpages=yes&print=yes (검색일: 2019.11.30)

Vu, Truong Minh. "Toward a U. S.-Vietnam Strategic Maritime Partnership, Asia Maritime Transparency Initiative". Asia Maritime Transparency Initiative (2017.11.2). https://amti.csis.org/toward-u-s-vietnam-strategic-maritime-partnership/ (검색일: 2019.11.30)

Vu, Truong Minh and Thanh Trung Nguyen. "Vietnam's Need for a Post-Arbitration Policy". Asia Maritime Transparency Initiative(2016.8.18). https://amti.csis.org/vietnams-need-post-arbitration-policy/ (검색일: 2018.11.30)

Wang, Zheng. "The Nine-Dashed Line: 'Engraved in Our Hearts'". *The Diplomat* (2014.8.25). https://thediplomat.com/2014/08/the-nine-dashed-line-engraved-in-our-hearts/ (검색일: 2018.11.30)

ASEAN Studies Program. "Vietnam's Foreign Policy after the South China Sea Ruling". https://thcasean.org/read/articles/333/Vietnams-Foreign-Policy-After-the-South-China-Sea-Ruling (검색일: 2018.11.30)

The People's Republic of China. "Position Paper of the Government of the People's Republic of China on the Matter of Jurisdiction in the South China Sea Arbitration Initiated by the Republic of the Philippines"(2014.12.7). http://www.fmprc.gov.cn/mfa_eng/zxxx_662805/t1217147.shtml (검색일: 2018.11.30)

The Wire. "India and Vietnam Upgrade to Comprehensive Strategic Partnership" (2016.9.4). https://thewire.in/63957/india-and-vietnam-upgrade-to-comprehensive-strategic-partnership/ (검색일: 2018.11.30)

"Toward a U. S.-Vietnam Strategic Maritime Partnership". Asia Maritime Transparency Initiative(2017.11.2). https://amti.csis.org/toward-u-s-vietnam-strategic-maritime-partnership/ (검색일: 2018.11.30)

U. S. Department Media Note. "Secretary Kerry's Participation in the ASEAN Regional Forum Ministerial Meeting". https://2009-2017.state.gov/r/pa/prs/ps/2013/07/211503.htm (검색일: 2018.11.30)

U. S. Department of State. "Secretary Kerry's Participation in the ASEAN Regional Forum Ministerial Meeting"(Media Note에서 재인용). https://2009-2017.state.gov/r/pa/prs/ps/2013/07/211503.htm (검색일: 2018.11.30)

U. S. Energy Information Administration. "The Strait of Malacca, a Key Oil Trade Chokepoint, Links the Indian and Pacific Oceans"(2017.8.11). https://www.eia.gov/todayinenergy/detail.php?id=32452 (검색일: 2018.11.30)

Vietnam Chamber of Commerce and Industry. "40 Years of Vietnam-Philippines Relations Towards Comprehensive Cooperation"(2016.7.11). http://vccinews.com/news_detail.asp?news_id=33653 (검색일: 2018.11.30)

"Vietnam Considering Legal Action against China". *VOA News*(2014.5.22). https://www.voanews.com/a/vietnam-considering-legal-action-against-china-reu/1920048.html (검색일: 2018.11.30)

"Vietnam's Foreign Policy after the South China Sea Ruling". *ASEAN Studies Program*(2017). https://thcasean.org/read/articles/333/Vietnams-Foreign-Policy-After-the-South-China-Sea-Ruling (검색일: 2019.11.30)

Voice of Vietnam. "Chinese Investment in Vietnam Is Accelerating". *VOV Online Newspaper*(2016.3.22). http://english.vov.vn/investment/chinese-investment-in-vietnam-is-accelerating-315230.vov (검색일: 2019.11.30)

World Bank. "Doing Business", http://www.doingbusiness.org/~/media/WBG/DoingBusiness/Documents/Annual-Reports/English/DB16-Full-Report.pdf (검색일: 2019.11.30)

제4부

사회주의 베트남의 통제와 시민사회

제9장

통제된 다양성

베트남의 소수민족과 민족학박물관

천경효
(서울대학교 통일평화연구원 선임연구원)

1
서론

베트남은 많은 사람의 귀에 익숙한 것에 비해 실체가 널리, 또 제대로 알려져 있다고 보기는 어렵다. 대개 베트남, 하면 떠올리는 이미지는 손에 꼽을 정도이다. 베트남전쟁과 한국군의 파병, 쌀국수, 아오자이를 입고 전통모자인 농(non)을 쓰고 있는 젊은 여인의 모습, 긴 턱수염의 호찌민, 한때 분단국가였다가 공산화된 인도차이나의 한 나라, 보통 이 정도에서 크게 벗어나지 않는다고 보아도 무리가 아닐 것이다. 하지만 베트남은 그렇게 피상적으로 알려진 것에 비할 수 없을 만큼 복잡한 역사와 역동적인 에너지를 품고 있는 나라이다. 프랑스에 의한 식민지배, 태평양전쟁 중 일본에 의한 점령, 다시 돌아온 프랑스 식민주의자들과의 전쟁과 독립(1946~1954), 베트남전쟁(1955~1975)을 거쳐 베트남 사회주의 공화국이 들어선 후 캄보디아(1977~1991) 및 중국과의 전쟁(1979)까지, 베트남은 일련의 전쟁과 투쟁을 통해 외세의 침입을 이겨낸 나라로서 대단한 긍지를 가지고 있으며, 이는 다른 아시아 국가에서 찾아보기 어려운 종류의 자부심이라고 할 수 있다. 식민통치를 받던 나라에서 사회주의 독립 국가로 자리 잡았고, 1986년 이후로는 사회주의 국가 이념을 유지하는 동시에 도이머이를 통한 경제개방 정책의 성공으로 세계인들이 찾는 동남아의 대표적인 관광지로 변모한 베트남의 정치사회적 궤적을 볼 때, 베트남을 몇 가지 파편적이고 피상적인 이미지로 쉽게 단정 짓는 것이 얼마나 왜곡되고 편협한 시

* 이 글은 『박물관학보』 제34권(2018. 6)에 게재된 필자의 논문임을 밝힌다.

선인가를 생각하게 된다.

베트남의 역동성은 인구통계정보에서도 드러난다. 베트남의 총 인구는 94만 명에 달하며, 2016년 기준 중간연령(median age)이 30.1세로 나타났다.[1] 한국의 중간연령이 41.2세, 중국 37.1세, 일본 46.9세인 것과 비교하면 상당히 "젊은 사회"임을 알 수 있다. 인구학적 정보와 관련하여 많은 사람에게 널리 알려져 있지 않은 부분 중 또 한 가지는 베트남이 여러 소수민족으로 구성된 사회라는 점이다. 사람들이 흔히 떠올리는, 베트남 전통모자인 농을 쓰고 물기 많은 논에서 이모작을 하는 전형적인 베트남인의 모습은 비엣(Viet) 혹은 낀(Kinh) 족이라고 하는 민족의 모습에서 유래한다. 소수민족이라고 하면 56개의 민족을 지닌 중국을 떠올리는 사람이 대부분이지만 베트남 역시 영토 안에 많은 소수민족이 존재하는 나라이다. 베트남 정부에서 표방하는 바에 따르면 베트남은 낀족을 비롯하여 54개의 다양한 민족으로 이루어진 나라이다. 물론 낀족이 전체의 88%를 차지하고 있지만, 54개 민족의 다양하고 풍요로운 문화와 전통으로부터 베트남의 정체성이 나온다는 것이 정부의 공식입장이라는 점은 충분히 흥미롭다.

이 장에서는 베트남의 민족들, 특히 낀족 이외의 소수민족이 이런 공식담론에서 다루어지는 모습의 함의를 베트남의 박물관 전시를 통해 알아보고자 한다. 베트남에 실재하는 54개의 민족 모두를 직접 경험할 수 있는 것은 불가능에 가깝기 때문에 결국 54개 민족의 생활과 문화를 접할 수 있는 통로는 연구와 수집을 통해 재현된 전시를 통한 간접적인 방법뿐이라는 점에서 박물관은 소수민족 이해에 있어 매우 중요하다. 본문에서는 하노이에 있는 민족학박물관(Vietnam Museum of

1 General Statistics Office of Vietnam, http://www.gso.gov.vn/default_en.aspx?tabid=774 (검색일: 2018.9.1)

Ethnology)의 전시 분석을 통해 베트남 사회에서의 지배 담론이 주창하는 민족 분류와 공존이 어떠한 방식으로 관람객에게 전달되고 있는지를 살펴볼 것이다.

2
베트남의 민족집단

1) 베트남의 민족 분류

1979년 3월 2일에 "베트남 민족집단의 명명법에 관한 121호 결정"을 통해 베트남 정부에 의해 공식적으로 인정되고 있는 민족집단은 총 54개이며 명칭은 다음과 같다(〈표 9-1〉 참조).[2] 54개의 민족은 다시 오스트로-아시아(Austro-Asiatic), 오스트로네시아(Austronesian), 타이-까다이(Thai-Kadai), 중국-티베트(Sino-Tibetan), 흐몽-자오(Hmong-Dao)의 5개 어족에 따라 분류되는 것이 일반적으로 통용되는 체계이다.

〈표 9-1〉 베트남 소수민족 분류

	민족 명칭		민족 명칭
1	Kinh (Viet) 낀 (비엣)	13	Ba-na (바나)
2	Tày (따이)	14	Xo-dăng (써당)
3	Thái (타이)	15	Sán Chay (산짜이)
4	Hoa (호아)	16	Co-ho (꼬호)
5	Kho-me (커메)	17	Chăm (짬)
6	Muòng (므엉)	18	Sán Diu (산지우)
7	Nùng (눙)	19	Hrê (흐레)
8	Hmông (흐몽)	20	Mnông (므농)
9	Dao (자오)	21	Ra-glai (라글라이)
10	Gia-rai (쟈라이)	22	Xtiêng (쓰띠엥)
11	Ngái (응아이)	23	Bru-Vân Kiêu (브루-반끼에우)
12	Ê-dê (에데)	24	Thô (토)

2 Margaret B. Bodemer, "Museums, Ethnology and the Politics of Culture in Contemporary Vietnam"(doctoral dissertation, University of Hawaii, 2010), pp. 92-93.

25	Giáy (쟈이)	40	Phù Lá (푸라)
26	Co-tu (꺼뚜)	41	La Hù (라후)
27	Gié-Trêng (지에-뜨리엥)	42	Lu (르)
28	Ma (마)	43	Lô Lô (로로)
29	Kho-mú (커메)	44	Chút (쭛)
30	Co (꼬)	45	Mang (망)
31	Ta-ôi (따오이)	46	Pà Then (빠텐)
32	Cho-ro (쩌로)	47	Co Lao (꺼라오)
33	Kháng (캉)	48	Công (꽁)
34	Xinh-mun (씽문)	49	Bô Y (보이)
35	Hà-Nhì (하니)	50	Si La (실라)
36	Chu-ru (쭈루)	51	Pu Péo (뿌뻬오)
37	Lào (라오)	52	Brâu (브러우)
38	La Chì (라찌)	53	O-du (어두)
39	La Ha (라하)	54	Ro-măm (저맘)

출처: Ito Masako(2013), pp. xvi–xvii의 표를 참조하여 재구성, 발음 표기는 최호림(2011)을 따름.[3]

2) 베트남 소수민족 문제

낀족이 전체의 88%를 차지하므로 나머지 53개의 소수민족이 차지하는 부분은 모두 합쳐 12% 정도라는 것은 어렵지 않은 계산이다. 하지만 12%의 소수민족이 베트남 빈곤층의 30% 이상을 차지한다는 것은 위에서 살펴본 박물관 전시나 설명 어디에도 나타나 있지 않다.[4]

베트남 소수민족은 많은 경우 중부 산악지역이나 접경지역에 거주한다. 이들이 겪는 경제적 궁핍은 급격하게 발달하고 있는 도시경제의 혜택에서 벗어나 있어서 발생하는 단순한 문제는 아니다. 산간지역에서 화전농법에 의존하던 민족을 현대화시킨다는 명목으로 기존 생활양식과 관계없는 정착농으로 만들고, 개발 논리에 따른 토지와 자원 이용 때문에 소수민족들을 전통적으로 삶의 터전으로 삼던 곳에서 소

3 Ito Masako, *Politics of Ethnic Classification in Vietnam*, Translated by Minako Sato. (Kyoto: Kyoto University Press, 2013); 최호림 편, 『동남아시아의 박물관: 국가 표상과 기억의 문화정치(서울: 이매진, 2011).

4 The World Bank, *Country Social Analysis: Ethnicity and Development in Vietnam* (Washington, DC: The World Bank, 2009).

개시키고, 통합정책의 일환으로 낀족을 산간지역과 접경지역으로 유입시키면서 기존의 소수민족에 대해 차별적 지위를 주는 일련의 정책들이 "다양한 54개 민족문화가 어우러져 풍요롭고 조화로운 베트남"의 정부에 의해 행해져 왔다.[5] 소수민족의 언어를 핍박하고 공식 교육에서 베트남어만을 배타적으로 사용함으로써 교육의 기회를 제한했고, 이는 취업과 소득, 생활수준과 건강에 직접적인 영향을 미쳤다. "베트남의 이익을 위한" 정책은 종종 "낀족의 이익을 위한" 정책으로 치환해도 아무 문제가 없었던 것이다.

정치적으로도 소수민족은 차별과 핍박을 받아오고 있다. 산간 고지대와 접경지역에 다수 거주하는 민족들의 특성상 이들을 중앙정부의 완벽한 통제와 관할하에 두는 것은 애초부터 불가능했고, 따라서 안보라는 측면에서 소수민족은 끊임없이 국가로부터 불신과 견제를 받아왔다.[6] 한 예로, 베트남전에서 미군 측에 협조한 바 있다고 여겨지는 데가[Degar, 프랑스에서는 산지인이라는 뜻의 몽타냐르(Montagnard)라고 부르는 집단 중 한 민족]족의 경우 베트남 정부로부터 지속적인 압박을 받아왔고, 이들이 견지하고 있는 기독교 신앙은 종교가 아닌 정치활동으로 간주되어 불법행위로 처리되고 있다. 베트남 내에는 350여 명의 데가 출신 양심수들이 열악한 환경에 수용되어 있으며, 이 문제와 관련하여 국제기구가 인권의 차원에서 산간지역의 소수민족에 대한 조사를 하고자 해도 베트남 정부에 의해 강한 규제를 받고 있는 실정이다.[7] 정치와 경제 문제는 위생과 보건, 교육과 환경과 모두 연결된다.

---

5 Dominique Van de Walle and Eileni Gunewardena, "Sources of Ethnic Inequality in Vietnam", *Journal of Development Economics*, Vol. 65(2001), pp. 177-207.

6 Grant Evans, "International Colonialism in the Central Highlands of Vietnam", *Sojourn*, Vol. 7, No. 2(1992), pp. 274-304.

7 "Ethnic Minorities in Vietnam: Out of Sight", *The Economist*(2015.4.4), https://www.

총체적으로 열악한 상황에 차별과 선입견까지 더해진 상황에서 소수민족이 건강하고 풍요로운 문화를 전승해 가고 있다고 생각하는 것은 어불성설일 것이다.

3 기념과 기억의 공간으로서의 박물관

박물관은 흔히 유물의 수집과 보존, 유물에 관한 연구, 유물을 통한 교육을 통해 지식을 전파하는 기관으로 정의된다. 일견 박물관은 유물들이 박제되어 있는 가치 중립의 진공 공간처럼 느껴지기도 한다. 박물관이 적지 않은 이들에게 지루하고 고루하고 재미없는 곳으로 인식되는 것은 이런 느낌에 기인하는 바가 크다. 하지만 어떠한 유물을 어떠한 목적으로 수집, 보존, 연구하여 어떠한 지식을 누구에게 전파하느냐에 따라 박물관은 특정 담론을 생성하고 재생산하며 동시에 다른 의견을 잠재우는 매우 강력한 힘을 가진 공간이 되기도 한다. 일반적으로 박물관은 유물과 그 유물에 관한 이야기를 통해 과거를 기억하고 현재를 이해하는 도구적 특징을 보이며, 이런 점에서 기념행위(commemorations) 및 정체성의 맥락에서 매우 중요한 장소성을 지닌다.

특정 담론을 통해 특정한 방식으로 역사와 문화를 재현하는 공간으로서의 박물관에 관한 연구는 인류학과 사회학, 문화연구에서 오랜 기간 축적되어 왔다. 토니 베넷(Tony Bennett)은 그의 저서 『박물관의 탄생(The Birth of the Museum)』(1995)에서 박물관의 역사를 검토하

economist.com/asia/2015/04/04/out-of-sight (검색일: 2018.9.1)

며, 근대 이후 등장한 박물관은 이전의 개인 수집품과 소장품 창고와는 다르게 사회지배층이 바람직하게 생각하는 이념과 생활양식이 교육되고 전파되는 공간이라는 중요한 차별성을 보였음을 밝히는 데 푸코의 통치성(governmentality) 개념을 이용하였다.[8] 후퍼 그린힐(Hooper-Greenhill)은 박물관 중에서도 미술관의 전시와 공간을 분석하여 이 공간이 관람객들에게 근대성, 예술성 등에 대한 가치를 인식시키고 교육하는 장으로서 활용되어 결과적으로 부르주아 이데올로기의 사원의 역할을 했음을 지적하였다.[9] 이렇듯 근대의 산물인 공공박물관의 정치성이 주목을 받게 되면서 박물관에서의 재현을 산업주의, 식민주의, 제국주의, 탈식민주의, 민족주의 등과 같은 거시적인 이념의 흐름과 적극적으로 연계하여 분석하는 연구들이 폭넓게 증가했고, 이를 통해 박물관에서 전시되는 물품 자체가 아니라 방문객이 관람을 통해 접하게 되는 박물관 전시 내러티브가 갖는 중요성이 두드러지게 되었다.[10] 에드워드 사이드(Edward Said)의 오리엔탈리즘과 유사한 맥락에서, 서구에 의해 이집트가 재현되는 방식을 통해, 재현이 사실의 충실한 반영이거나 혹은 사실의 왜곡이라는 이분법을 넘어서서 재현의 대상 자체를 구성한다는 점을 조명한 티모시 미첼(Timothy Michell)의 연구가 주요한 예라고 할 수 있다.[11] 서구와 비서구, 식민과 탈식민이라는 이

---

8 Tony Bennett, *The Birth of the Museum: History, Theory, Politics*(London and New York: Routledge, 1995).

9 Eileen Hooper-Greenhill, *Museum and the Shaping of Knowledge*(London and New York: Routledge, 1992).

10 Timothy W. Luke, *Museum Politics: Power Plays at the Exhibition*(Minneapolis: University of Minnesota Press, 2002); Ruth B. Phillips and Christopher B. Steiner, eds., *Unpacking Culture: Art and Commodity in Colonial and Postcolonial Worlds*(Berkeley: University of California Press, 1999).

11 Timothy Michell, *Colonizing Egypt*(Berkeley and New York: University of California Press, 1991).

분법의 연장선상에서 마이클 에임스(Michael Ames)는 박물관의 유리 상자, 즉 전시관에서의 재현이 서구 우월주의와 제국주의 및 글로벌리즘의 시선을 반영하여 구성되는 과정을 검토한 바 있다.[12]

박물관이 지루하고 시공간이 정지한 곳이 아니고 이처럼 권력과 정통성을 차지하기 위한 정치적 노력이 활발하게 이루어지는 곳이라면 서로 경합하는 다양한 목소리를 듣는 것도 이론적으로 가능한 것이 아닐까? 제임스 클리퍼드(James Clifford)의 "접촉지대(contact zone)" 개념은 이에 초점을 맞추어 전시하는 자와 전시되는 자 사이의 역학관계, 그리고 둘 사이의 교류와 대화의 가능성을 타진하는 시도였다.[13] 최근에는 박물관이 태생적으로 지닐 수밖에 없는 정치성이 작동하는 방식을 보다 복합적이고 역동적으로 파악하며, 전시자와 전시되는 자라는 이분법을 넘어서서 전시에 관계된 다양한 주체 간의 상호작용과 그 가능성을 진단하는 연구가 증가하고 있다.[14] 이 장에서 살펴보고자 하는 베트남의 소수민족 박물관에 관한 최호림의 선행연구 역시 박물관 준비 및 건립 단계에 관련된 복수의 단체와 정부기관 사이에서 벌어진 갈등과 경합과정을 상세하게 진단한다는 점에서 유사한 논의의 맥락에 위치해 있다고 볼 수 있다.[15] 다만 이 장에서는 베트남 전공자보다는 박물관 전공자의 시각에서, 박물관의 전시에 보다 초점을 맞추

---

12 Michael Ames, *Cannibal Tours and Glass Boxes: The Anthropology of Museums*(Vancouver: University of British Columbia Press, 1995).

13 James Clifford, *Routes: Travel and Translation in the Late Twentieth Century*(Cambridge: Harvard University Press, 1997).

14 Viv Golding and Wayne Modest, eds., *Museums and Communities: Curators, Collections, and Collaborations*(London and New York: Bloombury Academic, 2013); Richard Sandell and Eithne Nightingale, eds., *Museums, Equality, and Social Justice*(London and New York: Routledge, 2012); A. Raymond, *Silverman Museum as Process: Translating Local and Global Knowledges*(London and New York: Routledge, 2015).

15 최호림 편, 『동남아시아의 박물관: 국가 표상과 기억의 문화정치』.

어 소수민족의 재현 문제를 살펴보고자 한다.

1) 북부 베트남의 박물관 개관

일반적으로 한 나라를 대표하는 대도시들에는 그 나라나 도시, 민족의 역사와 문화를 보여 주는 주요 박물관들이 설립되어 있기 마련이지만 하노이는 다양한 박물관과 기념관들을 빼놓고는 설명하기가 어려울 정도이다. 이는 북베트남의 중심 도시였고 1954년 이래 수도로서 역사적 사건들의 중심에 자리 잡고 있었던 하노이의 지정학적 특성이 반영된 결과이다. 하노이의 중심부에는 역사박물관(1958~), 전쟁사박물관(1956~), 혁명박물관(1959~), 국립미술관(1966~), 여성박물관(1995~), 호아로 감옥 기념관('하노이 힐튼'이라는 별칭으로 잘 알려져 있다), 베트남전 기념관, 레닌 동상과 광장, 호찌민 박물관, 호찌민 묘, 바딘 광장 등이 위치하고 있으며, 이 중 몇몇 박물관들은 이전에 다른 용도로 쓰던 건물들을 이용하고 있기도 하다. 예를 들어 혁명박물관과 전쟁사박물관은 프랑스 식민지기의 공관 건물을, 국립미술관은 가톨릭 여학교 기숙사 건물을, 호아로 감옥 기념관은 프랑스 식민정부가 1896년에 세운 감옥이었던 메종 센트럴(Maison Central) 중 현재 남아 있는 남문 건물을 박물관 건물로 사용하고 있다.

역사박물관, 전쟁사박물관, 혁명박물관과 국립미술관은 베트남이 프랑스 식민지배에서 벗어난 이후 새로 세워지거나 기존의 전시물을 새롭게 정비한 포스트콜로니얼 박물관이라고 할 수 있다. 프랑스 식민지배기의 박물관이나 전시물들이 베트남의 역사를 파편적이고 일관성 없으며 자립하지 못하는 피지배성을 베트남의 특징으로 보여 주는 정치적 도구로 쓰였다면, 포스트콜로니얼 박물관들에서는 반대로 베트남의 유구한 역사와 전통 그리고 외세에 저항하는 일관된 독립 성향을 보여 주려는 목적을 기반으로 하여 전시가 이루어졌다. 또한 이런 포스트콜로니얼기의 박물관들은 사회주의 국가인 북베트남으로 알려진 베트남 민주공화국(Democratic Republic of Vietnam)하에서 정비되면서 외세의 침략에 맞서는 혁명적 단결성이라는 국가정체성을 드높이는 방향으로 관리가 되었다. 최호림이 밝힌 바와 같이 1961년에 개관한 비엣-박 박물관도 이 장에서 다루는 민족학박물관과 유사하게 베트남의 소수민족의 문화를 대상으로 하고 있지만, 소수민족들이 외세의 침략에 저항하여 베트남의 국가정체성을 성립하는 데 기여한 바를 기리는 것에 기본적인 목적을 두고 있다는 점에서 방점이 소수민족보다는 베트남의 저항성과 독립성에 놓여 있다고 볼 수 있다.[16]

이에 비해 이 장에서 주로 살펴보고자 하는 민족학박물관의 경우, 개방개혁정책인 도이머이에 영향을 받은 시기에 건립되었기 때문에 위에서 언급한 박물관들과는 사회적 맥락의 차원에서 차이를 보인다. 식민지배의 종식과 전쟁의 혼란 속에서 내부의 단결력을 정체성으로 삼았던 앞선 시기의 박물관들과는 달리, 어느 정도 사회가 안정을 찾으며 외부와의 교류를 적극적으로 모색하며 세계무대에 서고자 하는 국가적 열망이 바탕이 된 도이머이기의 영향을 받은 민족학박물관은 민족학 연구, 분류체계, 박물관 전시 구성에서 국제적이고 "과학적"인 수준을 유지하고자 하는 목적을 분명히 하며 세워졌다.[17] 또한 베트남 민주공화국 시절에는 소련의 영향을 많이 받아 주로 소련의 학자들로부터 지원과 협력을 받았다면, 민족학박물관은 박물관 건립 준비단계에서부터 미국과 프랑스의 박물관 전문가 및 학자들과의 활발한 교류를 바탕으로 했다는 차이를 보인다. 또한 박물관의 준비과정부터 현

16 최호림 편, 『동남아시아의 박물관: 국가 표상과 기억의 문화정치』, 148-152쪽.

17 Margaret B. Bodemer, *Museums, Ethnology and the Politics of Culture in Contemporary Vietnam*, pp. 149-150.

재의 운영까지 국제적인 교류와 협력에 상당한 무게를 두고 있다. 이런 서구 국가와의 연구와 전시에서의 교류 및 협력은 건립 이후 지금까지도 꾸준하게 지속되며 공동 학술조사와 공동 학술회의 및 연구물 공동 출간 등으로 이어지고 있다.[18]

2) 베트남 민족의 재현: 민족학박물관(Vietnam Museum of Ethnology, VME)의 사례

(1) 연혁

베트남 민족학박물관은 위치상으로 볼 때 관광객들이 주로 찾는 유적이 밀집된 하노이 중심 시가지에서 8km 정도 떨어진 외곽 꺼우지아이구(Cau Giay District)에 자리 잡고 있는데, 이는 가옥과 의례 기념물까지도 소장품으로 아우르는 민족학박물관의 특성 및 개관 연도와 연관이 있어 보인다. 민족학박물관의 설립 인가는 1987년에 이루어졌으나 실제 개관 연도는 1997년으로, 주로 1950년대 후반에 지어진 다른 박물관들에 비해 비교적 최근에 문을 연 편에 속한다. 민족학박물관의 소장품은 약 1만 5천 점의 유물과 2,190개의 슬라이드, 4만 2천 점의 사진 자료와 237개의 오디오테이프 및 373개의 비디오테이프 등을 포함하는 규모이다.[19] 박물관 건물은 따이족 출신의 건축가 하득링(Ha Duc Linh)이 설계했는데, 건물의 외관은 베트남 동선(Dong Son) 시기(1000 BC~100 AD)의 유물인 청동북(bronze drum)의 형태를 본떠서 지

18 Van Huy Nguyen and Laurel Kendall, eds., *Vietnam: Journeys of Body, Mind, and Spirit*(Berkeley and New York: University of California Press, 2003).

19 Huong Le, "Major Case Study: Vietnam Museum of Ethnology", in Rentschler Ruty and Hede Anne-Marie, eds., *Museum Marketing: Competing in the Global Market* (London and New York: Routledge, 2009), p. 51.

〈그림 9-1〉 하노이의 민족학박물관(필자 촬영, 2017년)

어졌다.

민족학박물관은 건물 내부에 전시된 유물과 더불어 외부 전시를 자신들의 주요 특징으로 들고 있는데, 박물관 넓은 외부 정원에는 실물 크기의 베트남의 소수민족의 전통가옥 10여 채와 전통인형극 공연장, 전통공예 교육장 등이 건립되어 관람객들의 눈길을 끌고 있다. 1990년대 중후반 베트남 중심부에서 이 정도 규모의 공터를 하나의 박물관 건립을 위해 단독으로 확보하는 것은 불가능에 가까운 일이었을 것이고, 이는 민족학박물관이 하노이 외곽으로 벗어나 자리하게 된 이유를 부분적으로나마 설명해 준다. 민족학박물관을 찾는 관람객의 연인원은 개관 직후인 1998년에는 3만 7천 명에 머물렀으나 2003년에는 9만 1천 명, 2004년에는 12만 8천 명, 2005년에는 16만 3천 명으로 급격하게 증가해 왔다.[20]

20 *Ibid.*, p. 53.

〈그림 9-2〉 민족학박물관 메인 로비에 설치되어 있는 꼬족의 의례용 기둥(필자 촬영, 2017년)

주 대상 관람객(target audience)의 측면에서도 민족학박물관은 하노이의 다른 박물관들과는 차이를 보인다. 여러 관광지가 밀집해 있는 중심부의 특성상 이곳에 위치한 박물관들에는 베트남을 찾은 길에 박물관에 들른 외국인 관광객들도 적지 않지만, 표면상으로 보기에도 베트남 현지인들의 수가 더 많음을 쉽게 파악할 수 있다. 베트남 국내 관람객들이 하노이 사람들인지, 다른 지역에서 하노이 관광을 온 사람들인지 그 지역적 분포를 명확하게 알아보기는 어렵지만, 단체관광을 온 구성이나 그들이 움직이는 동선을 보자면 하노이 시민보다는 다른 지역에서 온 베트남인이 주류를 이루는 것으로 보인다. 중심 시가지에 위치한 대부분의 박물관이 전시 라벨 등에서 주로 베트남어로만 설명하고 있는 것을 볼 때 외국인보다는 자국민을 주 관람객으로 설정하고 있음을 알 수 있다. 반면 민족학박물관은 모든 유물 라벨과 설명 패널을 베트남어와 영어, 그리고 프랑스어의 삼중언어로 작성해 놓았다는 점에서 자국민뿐만 아니라 외국인을 주 대상 관람객에 포함시키고

〈그림 9-3〉 민족학박물관의 서점과 기념품 가게(필자 촬영, 2017년)

있다는 점이 명확하게 드러난다. 실제로 2017년 초 하노이를 방문하여 민족학박물관에 반나절 정도 머무르며 드나드는 관람객을 관찰했을 때도 외국인 관광객이 주류를 이루고 있음을 쉽게 확인할 수 있었다. 민족학박물관 측에 따르면 전체 관람객의 약 45% 정도가 외국인으로 파악되고 있다.[21]

민족학박물관의 건물은 베트남인이 설계했지만 내부 건축은 프랑스 건축가인 베로니크 돌퓌스(Veronique Dollfus)가 담당하였다. 이 때문에 건물 내부 및 전시의 구성을 보면 서구의 표준적 박물관의 형태를 많은 부분에서 찾을 수 있다. 민족학박물관 입구를 들어서면 바로 왼편에 안내를 담당하는 직원이 "항상"(다른 여러 박물관에서는 안내 테이블이 있더라도 사람이 없어 문의 사항이 있으면 이리저리 사람을 찾아 헤매야 하

21 *Ibid.*, p. 53.

는 것이 보통이다) 앉아 있는 안내 테이블 있고, 그 앞에는 박물관 평면도가 포함된 안내서가 베트남어뿐 아니라 영어와 프랑스어로 작성, 구비되어 있는 점이라든가, 박물관 관람을 마치고 나오는 길에 자연스럽게 들를 수 있도록 기념품 가게와 커피숍, 식당 등이 마련되어 있는 것은 우리가 "일반적"이라고 여기는 박물관의 익숙한 전형을 보여 준다. 하노이 중심 시가지의 많은 박물관에서 영어로 된 안내서나 박물관 평면도를 찾는 것 자체가 어려웠던 경험과 대비되는 민족학박물관의 익숙한 구성과 배치는, 외국인 관람객들을 꾸준한 방문을 가능케 하는 큰 요인으로 작용한다.

(2) 전시의 구성과 함의

민족학박물관에 들어서서 전시의 초입에서 만나게 되는 것은 건물 한 쪽의 넓은 벽 전체를 차지하고 있는, 베트남의 54개의 민족을 일목요연하게 정리해 놓은 도표와 이들의 지역적 분포를 표시해 놓은 베트남 전체 지도이다. 54개의 민족은 앞서 언급한 5개 어족(語族), 즉 오스트로-아시아(Austro-Asiatic), 오스트로네시아(Austronesian), 흐몽-자오(Hmong-Dao), 타이-까다이(Thai-Kadai), 중국-티베트(Sino-Tibetan)에 따라 분류되어 있고, 지역적으로 남 · 북 · 중부 지대로 다시 구분되어 제시된다. 민족마다 실제 인물의 이름이 적힌 사진들이 벽을 빼곡하게 메우고 있으며, 관람객들이 체험형 오디오 기기를 통해 각 인물이 실제로 이야기하는 내용을 들을 수 있게 되어 있다.

도입부를 지나면 54개 민족에 따라 전시가 시작되는데 1층에서 관람객들이 처음 마주하게 되는 전시는, 충분히 예상 가능한 것이지만, 베트남 총인구의 88%를 차지하고 있는 낀족에 관한 것이다. 낀족에 대한 안내 패널은 낀족의 인구 수, 지역적 분포, 역사, 마을 생활, 베트남 공식 표기 문자인 끄옥우(quoc ngu) 등에 대한 설명을 포함하고

〈그림 9-4〉 어구를 가득 실은, 사용되었던 모습대로 전시해 놓은 자전거(왼쪽), 베트남 전통 모자를 만드는 모습의 재현 전시(오른쪽)(모두 필자 촬영, 2017년)

있다. 안내 패널 옆으로 도(do)라고 불리는 대나무로 만든 어구(漁具)를 가득 실은 자전거가 실제 사용되었던 사진과 함께 전시되어 있고, 그 옆에는 베트남 전통모자인 농(non)의 제작과 판매 양식을 마네킹을 이용하여 재현해 놓았다. 케이스를 각종 유물로 가득 차게 채워 놓는 방식의 전시로 이루어진 혁명박물관이나 전쟁사박물관에 비해 민족학박물관은 한 케이스 안에 들어가는 유물 수가 비교적 적은 편이며, 유물마다 명칭, 용도, 제작 지역 등에 대한 상세한 라벨이 붙어 있어 관람객의 이해를 돕고 있다.

낀족에 관한 전시를 지나면 므엉(Muong), 토(Tho), 쭛(Chut) 민족 파트가 나온다. 각 민족에 대한 설명 패널의 내용은 낀족의 것과 크게 다르지 않다. 자연환경과 전통의상, 전통가옥에 대한 설명들로 해당 민족의 생활과 문화를 설명하고 있다. 2층으로 이어지면 따이-타이(Tay-Thai), 까다이(Kadai), 흐멍-자오(Hmong-Dao), 땅-미엔(Tang-Mien), 산지우(Sandiu), 응아이(Ngai), 몽-크메르(Mong-Khmer), 짬(Cham), 호아(Hoa), 크메르(Khmer) 등의 민족이 언어군에 따라 순서대로 전시되는데, 모든 설명 패널은 역시 각 민족의 인구 수, 거주지역, 생활양식, 가옥형태, 전통의복, 주요 작물 등을 기술하고 있다. 설명 패널 뒤에는 각 민족의 가옥형태, 주요 생계수단, 의생활과 관계된 물품들이 실제 생활에서 어떤 방식으로 사용되어 왔는지를 보여 주기 위해 마네킹이나 디오라마, 동영상 등과 함께 전시되어 있어 관람객의 관심을 끌고 있다.

민족학박물관의 전시는 전반적으로 단정하고 정리가 잘 되어 있다는 인상을 준다. 자연광이 잘 들어오는 건물인 데다 전시에 사용된 색감도 밝고, 재현된 모습들은 군더더기 없이 깔끔하고 일견 세련되어 보이기까지 하다. 재현에 사용된 마네킹들은 머리부터 발끝까지 검은 천이나 흰색 천으로 싸여 있고 얼굴의 이목구비는 표현되어 있지 않은 채 화려한 색감의 전통의복을 걸치고 있어 마치 백화점 쇼윈도에 전시된 옷을 구경하는 기분이 들기도 한다. 민족학박물관의 특성상 현존하는 집단의 생활사 유물을 전시하기에 유물 자체의 연식이 그리 오래되지 않은 것이 한 요인이겠지만, 전시와 유지에 학예사들이 공을 많이 들인다는 것을 충분히 짐작할 수 있다. 전시방식은 어찌 보면 박물관학의 고전적인 교과서를 따르고 있다고 할 만큼 예상 가능하게 일목요연하다. 각 민족을 어족으로 나누고, 지역으로 나누어 순서대로 언어적·지리적·문화적 특성을 공평하게 서술하고 있으며, 같은 재질이나 유형의 물건을 한군데 모으는 유형적 전시보다는 모든 물건의 사용 맥락을 최대한 드러내는 맥락적 전시방식을 택하고 있다.[22]

여러 민족에 대한 개별 전시가 끝나고 마지막 파트에 다다르면 민족집단과 관련하여 "변화"라는 주제에 대한 패널이 나온다. 〈변화와 발전〉이라는 제목 아래 담겨 있는 내용은 다음과 같다.

22 *Ibid.*, pp. 21-23.

〈그림 9-6〉 민족학박물관의 전시 모습들(필자 촬영, 2017년)

베트남인들의 사회적·경제적·문화적 생활이 최근 급격하게 변화하고 있다. 많은 지역에서 민족집단들은 경작과 가축 방식을 바꾸고 있고, 농기구를 이용하며 과학적인 기술을 사용하고 있다. 점차 시장경제가 발전하고 있으며, 많은 가구의 생활조건이 호전되었고 일부는 부를 축적하기도 한다. 화전농이었던 민족 중 일부는 한 곳에 정착하여 농사를 짓고 있다.

교육시스템은 나날이 발전하고 있다. 소수민족을 위한 특수학교가 설립되고 습득되는 지식의 정도는 꾸준히 향상하고 있다. 보건시스템은 모든 마을에 다 다다르고 있으며 예방의학과 가족계획은 그 결실을 보고 있다. 문화시설이 확충되었고 민족들의 정신문

> 화도 풍요해지고 있다. 여러 민족의 문화적 정수는 이용되고, 보존되며, 발전되고 있다.

바로 뒤이어 나오는 〈문화 변화의 경향〉의 내용도 살펴볼 필요가 있다.

> 1945년 8월 혁명 이후 민족집단들의 전통문화는 급격하고 심층적인 변화를 겪고 있다. 산업기의 물질문화의 요소들이 증가하여 채택되고 있다. 문화적 상호접촉과 다른 민족집단 및 다른 국가와의 문화적 교류와 영향이 증가하고 있다. 생활양식, 사고방식과 다른 문화적 측면 역시 변화하고 있다. 새로운 영향을 받고 새로운 문화가 생겨남에 따라 전통문화는 부분적으로 퇴색하기도 한다. 모든 지역의 모든 민족집단은 각자의 다른 속도로 변화하고 있다.
>
> 독특한 문화적 정체성을 보존하는 것은 모든 민족집단에 있어서 필수적이다. 베트남은 모든 영역에서 빠르게 발전하며 산업화와 현대화로 나아가고 있다. 하지만 베트남 국가라는 위대한 가족 안에서 모든 집단이 융성함으로써 민족집단들이 어우러진 문화의 정원은 영원히 풍요롭고 다채로운 베트남으로 남을 것이다.

민족학박물관의 전시를 마무리하는 이 두 패널의 내용은 사실상 이 박물관이 추구하는 가치 혹은 이 박물관을 통해 베트남 정부가 알리고자 하는 미션을 함축적으로 드러낸다. 베트남이 현재 급격한 경제·사회·문화적 변화를 겪고 있으나 긍정적인 방향으로 적응해 가고 있으며, 소수민족들의 생활은 이런 큰 흐름 속에서 교육과 문명의 혜택을 더 받는 쪽으로 개선되고 있다. 사회 전 분야에서 여러 변화가 일어나고 있지만 어떠한 경우에도 전통문화는 반드시 보존되어야 한다. 왜

냐하면 베트남 문화의 정수는 54개 민족의 전통문화가 다양하고 조화롭게 어우러지는 데서 나오기 때문이라는 것이 궁극적으로 박물관의 전시를 통해 관람객에게 전달하고자 하는 메시지라고 할 수 있다. 다시 말해 변화 속에서도 베트남의 정체성을 담보해낼 수 있는 다양한 전통문화의 보존이 강조되고 있다. 이런 민족학박물관의 입장은 박물관 개관식에서 박물관장인 반후이(Van Huy) 교수가 했던 연설의 내용과 궤를 같이한다.

> 이 박물관은 유물의 수집과 보관이라는 중요한 업무를 담당할 뿐 아니라, 베트남 국가를 구성하는 형제자매인 54개의 민족의 문화적 정수를 발전시키고, 전통과 국가 정체성에 대한 교육 및 민족 집단의 역사와 문화를 연구하여 과학과 문화의 기반이 되는 기관이다.[23]

문제는, 이렇게 공평한 전시와 공식담론 상에서 모두 "한 가족 안의 형제들"로 여겨지는 54개의 민족의 현실은 박물관이나 정부의 공식입장에서 다루어지는 모습과는 상당한 차이를 보인다는 점에 있다. 실제 일상생활과 채용 같은 사회 부문에서 일반 대중이 소수민족에 대해 갖는 편견과 선입견은 차치하고라도, 정부의 공식 정책상에서 소수민족들에 대한 고려가 균등한 기회 부여와 차별 없는 대우라는 방향으로 나타난 것 역시 그다지 오래된 일이 아니다. 그나마 도이머이 이후 소수민족들에 대한 중앙정부의 압박이 다소 누그러졌다고 할 것이며, 이전까지는 기본적으로 소수민족 정책은 적대적이고 폭압적이

---

23 Margaret B. Bodemer, "Museums, Ethnology and the Politics of Culture in Contemporary Vietnam", p. 148.

었다. 다양한 외세와 연속적으로 전쟁을 치러야 했던 베트남의 입장에서 보자면, 접근과 통제가 쉽지 않은 산악지대와 접경지역에 거주하며 낀족과는 구별되는 자신들만의 전통과 언어를 지니고 있는 소수민족들은 국가안보라는 측면에서 볼 때 언제 다른 세력과 결탁할지 모르는 불안한 대상이었기 때문이다.[24]

54개의 민족집단을 베트남이라는 국가의 울타리 안에 하나의 가족을 이루는 형제자매로 상정하는 담론 역시 비판적으로 바라볼 필요가 있다. 사실상 균등하지 않은 경험을 가진 소수민족들을 가족이라는 수사로 담아내는 것은, 국가로 대변되는 통치의 대상과 영역을 유사 혈연관계로 치환시켜 민족집단 사이에 실재하는 사회적 위계와 역사적 경험의 의미 있는 차이들을 소거하는 매우 강력한 효과를 지닌다. 이와 더불어 민족집단들을 가족 이데올로기로 아우르는 것에서 발생하는 시간성의 왜곡도 중요한 문제이다. 54개의 소수민족이 공식적으로 국가의 통제하에 범주화된 시점은 1979년이지만 민족별로 공동체적 정체성을 지니는 집단으로 형성되고 스스로에게 인식된 시점은 동일하지 않다. 또한 거주하는 지역, 종사하는 업종, 생활양식 등에 따라 민족집단들은 각기 다른 속도와 방식으로 변화와 변동을 겪어 오고 있다. 그럼에도 국가에 의해 분류되고 각자의 "전통"을 지정받는 과정에서 소수민족들은 시간적 진공상태로 대상화되어 파비안(Fabian)이 주창한 "공재성(共在性)의 부정(denial of coevalness)"의 실례를 명확히 보여 준다고 할 수 있다.[25]

국가가 소수민족을 이렇게 대상화하는 시각은 계급적 정체성과

---

24 최호림, "베트남의 소수종족과 국가: 종족분류체계 및 종족정책에 관한 비판적 고찰". 『지방사와 지방문화』 15권 1호(2012), 529-530쪽.

25 Johannes Fabian, *Time and the Other: How Anthropology Makes Its Object*(New York: Columbia University Press, 1983).

동지적 관계를 중시하는 사회주의 체제에서도 꾸준히 이어져 왔으며, 이는 소수민족들이 처한 열악한 경제적 상황에 더해 그들을 향한 차별의 기반을 공고하게 만들어 내었다. 소수민족에 대한 정부의 개선된 공식입장과는 별개로 여전히 소수민족들은 베트남 사회에서 사회적 약자의 위치를 점하고 있으며, 소수민족의 삶을 개선시키고자 하는 국제사회의 여러 가지 노력 중 베트남 정부의 견제 속에 충분한 효과를 거두지 못하는 경우도 적지 않다. 하지만 민족학박물관의 전시를 통해 전달되는 평등과 형제애의 메시지에 감동하고 돌아가는 관람객이라면 이런 역사와 현실을 전시로부터 미루어 짐작하기란 결코 쉽지 않을 것이다.

3
결론: 다민족의 재현과 박물관

베트남을 이루는 다수의 민족과 국가와의 관계에 대한 공식담론은 외견상으로는 단순하고 명확하다. 민족집단의 정체성을 지키는 동시에 베트남의 국가 공동체로 통합하는 것이 그것이다.[26] 하지만 선언으로서의 이념과 현실로서의 실재 사이의 괴리 역시 명확해 보인다. 사실 이 문제는 다문화·다민족 문제를 국가의 경계 안에서 소비하려는 시도 자체에 내재한 것이며, 베트남만의 특수한 사안이라고 보기도 어렵다. 50개가 넘는 민족들로 이루어진 중국과 베트남에서 보다 확연하게 가시화되고 있을 뿐, 구성원의 다양한 전통과 문화를 존중하는 동시에

26 당 응이엠 반 외, 『베트남의 소수민족』, 조승연 역(서울: 민속원, 2013), 28-29쪽.

이를 하나의 국가 정체성 안에 조화롭게 융화시킨다는 것은 아직 그 어느 나라도 성공적으로 달성한 바 없는, 어찌 보면 불가능에 가까운 미션일지도 모른다. 그럼에도 다시금 박물관에서의 다민족 문제와 특히 소수민족의 현실에 대한 재현에 관심을 돌리는 것은, 다민족의 다문화를 존중한다는 명목하에 벌어지는 전통의 재현이 현실을 충실히 반영하지 않는 탈맥락화의 도구로 이용될 뿐 아니라, 나아가 정통성의 보호라는 담론하에 차별을 재생산하는 기제로 악용될 여지가 있기 때문이다.

박물관 전시 도입부에서 마주쳤던 54개의 민족을 지역과 언어와 전통에 따라 깔끔하게 정리한 지도와 도표를 다시 떠올려 본다. 그 사진 속의 소수민족들은 각자 자기가 어디에 속하는지를 알려주는 민족 이름 아래서 모두 환하게 웃고 있었다. 그들은 언제부터 따이족이고 언제부터 믕족이었을까? 그리고 그들은 어디서 어떤 방식으로 살아야 타이족의 정체성을, 호아족의 정체성을 제대로 유지한다고 여겨질까?언제까지 그들은 눙족이고 에데족이라고 충분히 인정받을 수 있을 것인가? 박물관 전시 속에서 그들은 언어적으로, 지역적으로, 전통적으로 분명하게 구획된 범주 속에 깔끔하게 칸칸이 들어앉아 있었다. 그 범주는 단호했고, 어떠한 모호성도, 양가성도, 변동성도 끼어들 여지가 없어 보였다. 정치와 사회적 맥락으로부터 완벽하게 유리된 채, 다른 민족과는 뚜렷하게 구분되는 자신들만의 독특한 전통의 꾸준한 계승을 보여 주는 것 외에는 아무런 다른 할 말이 없어 보이던, 하지만 화사하게 웃고 있던 소수민족들의 모습은 그래서 역설적으로 강한 잔상으로 남았다.

박물관에서 보여 주는 모습을 재현(representation)이라고 한다. 재현은 때로는 재구성(reconstructed)된 모습이기도 하고, 때로는 상상된 것(imagined)이기도 하다. 박물관 속에서 만난 베트남 소수민족의 모습은 그들의 지내 온 과거와도, 지금 애써 살아내고 있는 현재와도, 막연하게 꿈꾸는 미래와도 거리가 있어 보인다. 베트남 사회의 공식담론에서 소수민족들은 체제와 국가 정체성 유지를 위해 충분히 통제 가능할 만큼만 다양성을 가진 동시에, 외국인(그리고 낀족)에게는 위협적이지 않을 만큼만 이국적인 존재들로 존재하고 있다. 현재 경제적으로 문화적으로 베트남은 빠른 속도로 변화를 보이고 있으며, 국제관계 속에서 베트남이 지니는 가능성과 위상은 점점 더 많은 관심을 끌고 있다. 또한 다민족과 다문화에 관한 관심이 국제적으로 높아지면서 소수민족의 인권과 사회권 보장에 대한 논의와 권고도 늘어나는 추세이다. 이런 상황과 위상의 변화가 베트남에 거주하는 소수민족들의 경제적 상황과 정치적 자유, 그리고 문화적 정체성에 가져올 영향의 방향을 정확하게 예측하기는 어렵다. 하지만 베트남의 개방정책이 계속하여 가속화되고 앞으로 국제사회의 책임 있는 일원으로서 베트남의 위치가 확고해짐에 따라, 현재 민족학박물관에서 보이는 것과 같은 수동적이고 박제되어 통제되는 다양성과는 다른 방식의 소수민족들에 대한 전시가 이루어질 수 있을 것이고, 이를 통해 소수민족의 전통뿐 아니라 베트남의 정체성에 대한 깊이 있는 이해와 논의 역시 가능해질 것으로 기대해 본다.

| 참고문헌 |

당 응이엠 반 · 쭈 타이 선 · 르우 훙. 2013. 『베트남의 소수민족』. 조승연 역. 서울: 민속원.

최호림. 2012. "베트남의 소수종족과 국가: 종족분류체계 및 종족정책에 관한 비판적 고찰". 『지방사와 지방문화』 15권 1호, 527-567쪽.

최호림 편. 2011. 『동남아시아의 박물관: 국가 표상과 기억의 문화정치』. 서울: 이매진.

Ames, Michael. 1995. *Cannibal Tours and Glass Boxes: The Anthropology of Museums*. Vancouver: University of British Columbia Press.

Bennett, Tony. 1995. *The Birth of the Museum: History, Theory, Politics*. London and New York: Routledge.

Bodemer, Margaret B. 2010. "Museums, Ethnology and the Politics of Culture in Contemporary Vietnam". Doctoral dissertation. University of Hawaii.

Clifford, James. 1997. *Routes: Travel and Translation in the Late Twentieth Century*. Cambridge: Harvard University Press.

Clifford, James. 2013. *Returns: Becoming Indigenous in the Twenty-First Century*. Cambridge: Harvard University Press.

Evans, Grant. 1992. "Internal Colonialism in the Central Highlands of Vietnam". *Sojourn*, Vol. 7, No. 2, pp. 274-304.

Fabian, Johannes. 1983. *Time and the Other: How Anthropology Makes Its Object*. New York: Columbia University Press.

Golding, Viv and Wayne Modest (eds.). 2013. *Museums and Communities: Curators, Collections, and Collaborations*. London and New York: Bloomsbury Academic.

Hooper-Greenhill, Eileen. 1992. *Museum and the Shaping of Knowledge*. London and New York: Routledge.

Ito Masako. 2013. *Politics of Ethnic Classification in Vietnam*. Translated by Minako Sato. Kyoto: Kyoto University Press.

Le, Huong. 2009. "Major Case Study: Vietnam Museum of Ethnology". In

Rentschler Ruty and Hede Anne-Marie (eds.). *Museum Marketing: Competing in the Global Market*. London and New York: Routledge, pp. 49-56.

Luke, Timothy W. 2002. *Museum Politics: Power Plays at the Exhibition*. Minneapolis: University of Minnesota Press.

Michell, Timothy. 1991. *Colonizing Egypt*. Berkeley and New York: University of California Press.

Nguyen, Van Huy. 2010. *Vietnam Museum of Ethnology: The Making of a National Museum for Communities*. Common Ground Publishing.

Nguyen, Van Huy and Laurel Kendall (eds.). 2003. *Vietnam: Journeys of Body, Mind, and Spirit*. Berkeley and New York: University of California Press.

Phillips, Ruth B. and Christopher B. Steiner (eds.). 1999. *Unpacking Culture: Art and Commodity in Colonial and Postcolonial Worlds*. Berkeley: University of California Press.

Raymond, A. 2015. *Silverman Museum as Process: Translating Local and Global Knowledges*. London and New York: Routledge.

Sandell, Richard and Eithne Nightingale (eds.). 2012. *Museums, Equality, and Social Justice*. London and New York: Routledge.

Silverman, Raymond A. 2015. *Museum as Process: Translating Local and Global Knowledges*. London and New York: Routledge.

The World Bank. 2009. *Country Social Analysis: Ethnicity and Development in Vietnam*. Washington, DC: The World Bank.

Van de Walle, Dominique and Eileni Gunewardena. 2001. "Sources of Ethnic Inequality in Vietnam". *Journal of Development Economics*, Vol. 65, pp. 177-207.

World Bank. 2007. *Understanding Ethnic Minority Poverty in Vietnam, Country Social Analysis Study*. World Bank.

"Ethnic Minorities in Vietnam: Out of Sight". *The Economist*(2015.4.4). https://www.economist.com/asia/2015/04/04/out-of-sight (검색일: 2018.9.1)

General Statistics Office of Vietnam. http://www.gso.gov.vn/default_en.aspx? tabid=774 (검색일: 2018.9.1)

제10장

도이머이 개혁 이후 베트남의 시민사회

정동준
(인하대학교 사회교육과 조교수)

1
서론

얼마 전 베트남의 한 한국계 의류기업에서 노동자들이 대규모 파업을 했다는 기사를 접하였다. 기사를 읽으며 지난 베트남 답사 기간 방문했던 한국의 한 의류기업을 떠올리게 되었다. 우리의 견학에도 아랑곳하지 않고 각자의 자리에서 묵묵히 기계를 돌리던 베트남 직원들, 견학을 마친 시점이 때마침 퇴근 시간이어서 행복한 표정으로 공장을 빠져나오던 그 직원들을 보고 있자니 과거 한국의 경제발전 시기에 많은 공장노동자들의 삶이 이러했겠구나, 하는 생각이 들었고, 베트남에서 한국 기업의 위상에 괜히 뿌듯한 마음이 들기도 하였다. 하지만 그러한 노동자들이 기업의 과도한 노동 요구에 반발하여 집단행동을 하고 있고, 그 결과 노동자 측의 주장이 대폭 반영되는 쪽으로 협상이 진행되고 있다고 하니 그때의 풍경들이 조금은 다른 모습으로 다가왔다. 소속된 노동조합의 허가를 득하지 않고 임의로 행해지는 이른바 '살쾡이 파업'은 오늘날 베트남 노사 관계에서 빈번하게 발생하고 있다. 노동자들의 파업이 2011년 들어 1천여 건을 기록하는 등, 노사 관계에서 노동자의 권리를 주장하고 이를 관철하려는 움직임들이 활발히 일어나고 있는 것이다.[1]

이러한 노조의 파업 외에도 아래로부터의 조직적인 운동을 통해 시민들의 목소리가 정책 결정에 반영되는 일은 오늘날 베트남에서 빈

---

* 이 글은 『동서연구』 제30권 1호(2018)에 게재된 필자의 논문을 수정 보완한 것이다.

1 채수홍, "베트남 살쾡이 파업의 양상과 원인: 남부 빈즈엉(Binh Duong)을 중심으로", 『동남아시아연구』 제23권 3호(2013), 1-48쪽.

번하게 목격되고 있다. 일례로 2007년 봄 베트남의 수도 하노이에서는 도심에 거대 테마파크를 조성하려던 시 당국과 대기업의 계획이 이를 안 수많은 시민의 반대로 무산되었고, 지식인, 언론인, 그리고 지역 시민들로 구성된 시민사회 네트워크를 중심으로 관료와 기업 사이의 결탁과 부정, 개발 목적의 땅 투기 등을 성토하는 대대적인 시위가 벌어졌다.[2] 또한 토지의 개발 과정에서 적절한 보상이 이루어지지 않는 것에 저항하는 시위가 2007년과 2008년 사이에 하노이와 호찌민 등 대도시를 중심으로 수십 건이 발생하기도 하였다.[3] 노조를 비롯한 모든 공식적 조직들이 아직 베트남공산당의 관리하에 이루어지는 일당독재의 베트남 정치체제 특성상 이렇게 공식적 조직을 우회하여 일어나는 베트남 민중들의 정치적 시위는 꽤 새롭게 다가왔다. 오늘날의 북한이나 과거의 소련과 같은 고도로 통제된 전체주의 사회에서는 생각하기 힘든 일들이 오늘날의 베트남에서는 일어나고 있는 것이다.

경제적으로는 '도이머이(Doi Moi)'라고 불리는 1986년의 개혁 이후 자유화를 추진했지만, 정치적으로는 여전히 공산당에 의한 일당지배 체제를 유지하고 있는 베트남, 이런 베트남 사회에서 과연 민중들은 얼마나 이전보다 향상된 정치적 자유를 누리고 있는 것일까? 제도적으로는 정치적 자유화가 진행되지 않았지만 이런 시민들의 시위 등을 통해 볼 때 민중의 수준에서는 어느 정도 정치적 자유의 확대가 일어나고 있는 것으로 보인다. 아래로부터의 정치 공간, 좀 더 일반적으로 시민사회라고 할 수 있는 정치영역은 오늘날 베트남에서 얼마나

2 Cari An Coe, "'Civilized City': How Embedded Civil Society Networks Frame the Debate on Urban Green Space in Hanoi, Vietnam", *Asian Journal of Communication*, Vol. 25, No. 6(2015), pp. 617-635.

3 Andrew Wells-Dang, "Political Space in Vietnam: a View from the 'Riceroots'", *The Pacific Review*, Vol. 23, No. 1(2010), p. 100.

확장되고 있을까? 이런 확장이 그들의 정치에 대한 태도와 행동에는 어떠한 영향을 미치고 있을까? 과연 오늘날 베트남 시민들의 정치적 현주소는 권위주의와 민주주의라는 양극단 사이에서 어디쯤 위치하고 있는 것일까? 짧은 베트남 답사를 하면서 이런 점들이 궁금하게 다가왔다.

베트남의 시민사회를 지난 수 세기 동안 발전해 온 서구 민주주의 국가들의 관점에서 보자면 아직은 미약한 수준이라고 할 수 있다. 서구의 시민사회는 역사적으로 민주주의의 발전과 긴밀한 연관 속에서 다루어져 왔다. 국가-사회관계에 있어 국가 권력에 대항하여 시민들의 자유와 권익을 보호하고, 나아가 권위주의적 질서를 전복하여 민주적 정치체의 수립을 이끄는 동력으로 여겨져 온 것이다. 이런 시각에서 본다면 오늘날 베트남의 시민사회는 분명한 한계가 있다. 시민사회 조직의 형성 및 운영을 비롯해 그 성과물이 사용되는 방식에까지, 모든 과정이 당과 국가의 통제 아래 놓여 있는 것이다. 이를 통해 본다면 베트남 시민사회의 성장은 단순한 시민단체 조직의 양적 성장을 가리킬 뿐 베트남 사회에 정치적 자유를 가져다주는 질적인 성장으로는 이어지지 못하고 있다 할 수 있다.

하지만 이런 환경에서도 시민사회의 성장은 베트남의 정치 공간을 일정 부분 변화시키고 있다. 아무리 국가의 통제 아래 놓인 관변단체라 할지라도 이들의 활동 영역과 참여하는 시민들의 수가 증가함에 따라 각자의 이익을 따라 집단행동을 할 수 있는 정치 공간이 넓어지고 있고, 이를 통해 시민들이 다양한 인적·정보적 교류를 맺고 지역 차원의 정책 결정 과정에 참여함으로써 민주주의의 원리를 간접적으로나마 학습해 가고 있는 것이다. 따라서 후술하듯이 베트남 사례를 연구하는 많은 학자는 체제 안에서 나름의 정치적 변화를 만들어 가고 있는 오늘날 베트남 시민사회의 특수성을 기존의 서구적 관점과는 다른 시각에서 바라보아야 한다고 주장한다.

그렇다면 오늘날의 베트남 시민사회는 어느 수준에 와 있고 얼마나 실질적으로 그들의 정치 공간을 바꾸고 있는가? 시민사회의 영향력에 관한 기존 연구들은 시민사회에 활발히 참여할수록 시민들이 높은 수준의 정치적 참여와 관심을 두게 되고, 나아가 민주적 가치를 함양하게 된다고 주장해 왔다. 과연 베트남의 시민사회 역시 이런 정치적 영향력을 가지고 있을까? 이런 영향력은 다른 국가들과 비교적 관점에서 볼 때 어느 정도인가? 이 장에서는 이런 질문들에 답하고자 한다. 이를 통해 베트남 시민사회의 현주소를 보다 종합적으로 파악하고, 나아가 시민사회의 의미와 역할이 정치적 맥락에 따라 어떻게 달라질 수 있는지를 살펴볼 수 있을 것이다.

2
서구 중심의 시민사회

서구 민주주의 사회를 중심으로 형성되어 온 시민사회의 이론적 흐름은 크게 토크빌(Alexis de Tocqueville)을 지적 원류로 하는 자유주의적(Liberalist) 시각과 그람시(Antonio Gramsci)의 이론에 뿌리를 둔 신(新)그람시적(Neo-Gramscian) 시각으로 나누어 볼 수 있다.[4] 먼저 자유주의적 시각은 시민사회를 국가로부터 분리되어 자율성을 지닌 하나의 독립된 영역으로 보았다. 이런 시각에 따르면 시민사회는 역사적으로

4 Michael Bernhard et al., "Making Embedded Knowledge Transparent: How the V-Dem Dataset Opens New Vistas in Civil Society Research", *Perspectives on Politics*, Vol. 15, No. 2(2017), pp. 342-360.

독재와 권위주의 정권에 항거하며 국가 권력으로부터 개인의 시민적 자유를 수호하는 가운데 성장해 왔다. 이렇게 국가와의 대립적 관계를 통해 성장하게 된 시민사회는 단순히 개인들의 집합체 혹은 공적 영역에 대비되는 사적 영역을 일컫는 말이 아닌, 공식적 제도와 조직을 통해 형성되어 나름의 일정한 경계가 있는 하나의 독립된 영역을 가리킨다.[5] 이렇게 국가로부터 자율적인 제도로서 존재하는 시민사회는 내재적으로 민주적 가치와 문화를 함양하게 되며, 따라서 이런 시민사회의 성장은 곧 그 사회의 민주주의를 촉진하는 동력이 되어 왔다.[6]

그렇다면 시민사회의 어떠한 측면이 민주주의의 발전을 가져오는 데 기여하는가? 먼저 아몬드(Gabriel Almond)와 버바(Sidney Verba)는 시민적 가치를 상호협력과 신뢰의 정신에 근간을 둔 균형 잡힌 정치참여로 정의하면서, 이런 가치를 공유하는 사람들이 많아질수록 시민사회가 성장하게 되고 이런 시민사회의 성장이 민주주의의 발전에 필수적인 요소라고 보았다.[7] 스카치폴(Theda Skocpol), 루시마이어(Dietrich

---

5 Thomas Ertman, *Birth of the Leviathan: Building States and Regimes in Medieval and Early Modern Europe*(Cambridge, [Eng.]; New York: Cambridge University Press, 1997); Marc Morjé Howard, *The Weakness of Civil Society in Post-Communist Europe*(New York, NY: Cambridge University Press, 2003); Dietrich Rueschemeyer et al., *Capitalist Development and Democracy*(Chicago: University of Chicago Press, 1992); Theda Skocpol and Morris P. Fiorina, *Civic Engagement in American Democracy*(Washington, D. C.; New York: Brookings Institution Press, 1999); Alexis de Tocqueville, *Democracy in America*(New York: Library of America [1835, 1840] 2004).

6 Larry Jay Diamond, *Developing Democracy: Toward Consolidation*(Baltimore: Johns Hopkins University Press, 1999); Grzegorz Ekiert and Jan Kubik, *Rebellious Civil Society*(Ann Arbor: University of Michigan Press, 1999); Guillermo O'Donnell and Philippe Schmitter, "Tentative Conclusions about Uncertain Democracies", in Guillermo O'Donnell, Phillippe Schmitter, and Laurence Whitehead, eds., *Transitions from Authoritarian Rule*, Vol. 4(Baltimore: Johns Hopkins University Press), pp. 1-72; Adam Przeworski, *Democracy and the Market*(Cambridge: Cambridge University Press, 1991).

7 Gabriel Almond and Sidney Verba, *The Civic Culture: Political Attitudes and Democracy*

Rueschemeyer), 에반스(Peter B. Evans) 등의 학자들은 이런 시민사회를 보다 제도적 관점에서 이해하려 하였고, 서로의 영역 안에서 자율적으로 존재하는 시민과 국가가 어떻게 서로 능동적인 관계를 맺는지에 주목하면서 역시 시민사회를 민주주의의 중요한 한 축으로 보았다.[8]

이렇게 정치적·제도적 관계 안에서 시민사회를 바라보았던 기존의 연구는 퍼트남(Robert Putnam)에 의해 보다 비공식적·사적 영역으로 내려온다. 그는 일련의 연구를 통해 공식적 조직에 대한 자발적 참여뿐 아니라 비공식적 영역에서의 개인 간 교류가 곧 사회의 발전을 가져오는 바탕이 된다고 보았고, 이러한 '사회적 자본(social capital)'이 발달할수록 민주주의 및 경제발전에 유리하다고 보았다.[9] 잉글하트와 베이커(Ronald Inglehart and Wayne E. Baker) 등은 한발 더 나아가 가치의 관점에서 시민사회의 성장을 이해하려 했는데, 경제발전과 사회구조의 변화로 인해 물질적 생존과 번영을 넘어 삶의 질과 시민적 자유, 그리고 사회적 관용과 신뢰를 추구하는 가치를 함양하게 된다고 주장하였다.[10] 이들은 이런 '탈물질주의적 가치(post-materialistic values)'의 함양이 곧 민주주의의 발전을 측정하는 하나의 척도가 될 수 있음을 강조하였다.

이렇게 국가와 시민사회를 이분법적으로 바라보며 시민사회와

---

in Five Nations (Princeton: Princeton University Press, 1963).

8 Alfred Stepan, "State Power and the Strength of Civil Society in the Southern Cone of Latin America", in Peter B. Evans, Dietrich Rueschemeyer, and Theda Skocpol, eds., *Bringing the State Back In*(Cambridge: Cambridge University Press, 1985), pp. 317-346.

9 Robert Putnam, *Making Democracy Work. Civic Traditions in Modern Italy*(Princeton University Press, 1993); Robert Putnam, *Bowling Alone: The Collapse and Revival of American Community*(New York: Simon and Schuster, 2000).

10 Ronald Inglehart and Wayne E. Baker, "Modernization, Cultural Change, and the Persistence of Traditional Values", *American Sociological Review*, Vol. 65, No. 1(2000), pp. 19-51.

민주주의를 양치시킨 자유주의적 시각과 달리, 신그람시적 시각에서는 시민사회를 국가와 투쟁적 관계에 있으나 독립적으로 존재하기보다는 국가 권력의 통제 아래 그 존재가 구성되는 영역으로 인식하였다.[11] 이들에 의하면 국가는 사회의 이념적 헤게모니를 장악함으로써 그들의 동의를 통해 통치의 권위를 얻고자 하며, 반대로 사회는 이런 국가 권력의 침투에 저항하는 투쟁의 장으로서 존재한다. 이렇듯 신그람시적 시각에서도 국가와 사회는 어느 정도 구분되는 존재로 인식된다. 하지만 양자는 끊임없는 이념과 가치에 대한 투쟁을 통해 서로를 구성하는 존재로, 그 구분은 자유주의적 시각에 비해 모호하다 할 수 있다.[12]

이러한 신그람시적 시각은 기본적으로 국가-사회관계를 맑시스트적으로 바라보나, 사회의 발전을 통한 국가의 전복과 급진적 사회변혁의 가능성을 인정한다는 점에서 고전적 맑시즘과는 차이가 있다. 즉, 이념과 가치의 투쟁을 통해 시민들의 정치 공간과 기회구조가 확대되고, 이것이 어느 정도를 넘어서게 되면 기존의 체제가 무너지는 사회변혁이 일어날 수 있다는 것이다. 시민사회를 투쟁적 사회세력으로 이해한다는 점에서 이런 관점은 이후 틸리(Charles Tilly)와 태로우(Sidney Tarrow) 등에 의해 주창된 '투쟁 정치(contentious politics)'의 지적 흐름과도 연결된다.[13] 신그람시적 시각은 1980년대 이후 제3의 물

11 Antonio Gramsci, *Selections from the Prison Notebooks of Antonio Gramsci*, edited and translated by Q. Hoare and G. N. Smith(New York and London: International Publishers, Lawrence and Wishart, 1971).

12 Joseph A. Buttigieg, "Gramsci on Civil Society", *Boundary*, Vol. 22, No. 2(1995), pp. 1-32; Joseph V. Femia, *Gramsci's Political Thought: Hegemony, Consciousness, and the Revolutionary Process*(Oxford: Clarendon Press, 1981).

13 Sidney G. Tarrow, *Power in Movement: Social Movements and Contentious Politics*, 2nd ed.(New York; Cambridge [Eng.]: Cambridge University Press, 1998); Charles Tilly, *Contention and Democracy in Europe, 1650-2000*(Cambridge, UK; New York: Cambridge

결과 공산주의의 붕괴 등의 사회적 현상에 주목하면서 시민사회와 권위주의 정권의 공존이 종국에는 사회를 자유화, 나아가 민주화시키는 동력으로 작용할 수 있다고 하였다.[14] 즉, 신그람시적 시각에서 시민사회는 국가와의 투쟁적 관계를 통해 구성되면서 사회변혁의 동력이 되는 장으로 정의될 수 있겠다.

3 베트남의 시민사회

베트남 시민사회의 역사적 뿌리는 농경사회와 유교적 질서에 기반을 둔 마을 중심의 네트워크에서 찾을 수 있다.[15] 관개농법을 주로 사용하는 벼농사 중심 농경사회의 특성상 노동은 마을 단위로 이루어졌고, 중국의 영향으로 발전한 유교 사상은 마을의 질서를 잡는 데 기여하였다. 특히 베트남은 그 지리적 특성으로 중국, 프랑스, 미국 등 숱한 외세의 침입을 경험했고, 이런 잦은 전쟁으로 마을 단위의 강한 결속력을 가진 공동체가 형성되었다. 이런 공동체는 자체적인 행정체제와 제도를 가지는 등 하나의 작은 사회를 이루며 지역별로 흩어져 발전

University Press, 2004); Charles Tilly and Sidney Tarrow, *Contentious Politics*(Oxford: Oxford University Press, 2006).

14 Andrew Arato, *From Neo-Marxism to Democratic Theory*(Armonk, New York: M. E. Sharpe, [1981] 1993); Juan Linz and Alfred Stepan, *Problems of Democratic Transition and Consolidation: Southern Europe, South America, and Post-Communist Europe*(Baltimore: Johns Hopkins University Press, 1996); Afred Stepan, *Rethinking Military Politics*(Princeton: Princeton University Press, 1988).

15 Bach Tan Sinh, "Bringing Past Models into the Present: Identifying Civil Society in Contemporary Vietnam", in Gabi Waibel, Judith Ehlert, and Hart N. Feuer, eds., *Southeast Asia and the Civil Society Gaze*(New York, NY: Routledge, 2014), pp. 39-58.

하였다. 프랑스 식민지배 기간에는 반(反)식민 개혁운동 조직을 중심으로 시민사회가 형성되기도 했는데, 이런 시민사회 조직들은 1950년대 베트남이 공산화되면서 베트남 조국전선(The Fatherland Front) 아래의 군중조직(mass organizations)으로 편입되면서 국가조직 통제 아래 놓이게 된다.[16] 개인보다 집단을 중시하는 공산주의 이념과 개인의 자유와 이익을 수호하는 시민사회의 이념은 근본적으로 맞지 않았고, 이로 인해 시민사회는 국가의 지배 아래 종속되며 탄압을 받게 되었다.

현대적 의미의 시민사회가 본격적으로 성장한 것은 1986년 베트남 제6차 공산당대회에서 채택되어 추진되기 시작한 도이머이 개혁 이후이다. 물론 이런 시민사회의 성장은 구체적으로 어떠한 조직을 시민사회로 볼 것인지에 따라 다르게 평가될 수 있다. 서구적 관점과 같이 국가 권력으로부터 독립된 자율성을 지니는 단체만을 시민사회로 본다면 설립 및 운영에 있어 당과 국가의 통제를 받는 베트남의 단체들은 시민사회의 범주에 들어가기 어려울 것이다. 즉, 국가로부터 엄격하게 독립된 자율성을 보장받는 조직이라는 의미에서의 비정부기구(Non-governmental organizations)만을 시민사회로 본다면 베트남에서는 시민사회의 존재 자체가 인정되지 않을 수 있다. 하지만 베트남 사회가 개방되고 외국 자본이 들어옴에 따라 다양한 형태의 기업 및 직능조직, 국가의 재원에 의존하지 않는 비정부단체, 그리고 지역단위의 공동체 조직 등이 다양하게 나타나기 시작하였다.[17, 18]

16 Ingrid Landau, "Law and Civil Society in Cambodia and Vietnam: A Gramscian Perspective", *Journal of Contemporary Asia*, Vol. 38, No. 2(2008), pp. 244-258.

17 이화용 · 한재광, "국제개발협력과 개발도상국의 시민사회: 공여국의 베트남 시민사회 지원을 중심으로", 『시민사회와 NGO』 제15권 1호(2017), 329-368쪽; 최호림, "베트남의 시민사회와 NGO: 현황과 평가", 『민주주의와 인권』 제8권 2호(2008), 267-307쪽; Tu Phuong Nguyen, "Rethinking State-Society Relations in Vietnam: The Case of Business Associations in Ho Chi Minh City", *Asian Studies Review*, Vol. 38, No. 1

즉, 법과 제도를 넘어 실질적인 의사결정 과정에서의 자율성의 측면으로 본다면 베트남 시민단체들은 어느 정도의 자율성을 누리고 있는 것으로 조사되고 있다.[19] 이렇듯 자율성을 이분법이 아닌 정도의 문제로 보았을 때 수많은 종류의 베트남의 공식적·비공식적 단체들이 시민사회의 영역에 들어갈 수 있는 것이다. 이렇게 시민사회의 개념을 베트남의 맥락에 맞게 확대하여 볼 경우 베트남의 시민사회는 도이머이 이후 급속한 성장을 보이고 있다. 공식적인 통계수치가 존재하지는 않지만 베트남 국내의 비정부기구를 관리하는 '베트남과학기술단체연맹(Vietnam Union of Science and Technology Associations, VUSTA)'에 속한 관련 단체만 2018년 현재 400개를 넘어섰고,[20] 외국계 비정부기구를 관리하는 '베트남우호연맹(Vietnam Union of Friendship Organizations, VUFO)'에는 2010년 800개가 넘는 외국계 비정부기구가 등록되어 있다.[21]

이러한 공식적 차원의 조직뿐 아니라 범위를 보다 넓혀 비공식 차원의 모임과 네트워크까지를 시민사회의 영역으로 본다면 더욱 활발한 활동이 일어나고 있다. 이들은 특히 기존에 있던 마을을 중심으로 지역단위의 네트워크를 형성하며 풀뿌리 수준에서 발전해 가고 있다.[22] 또한 아직 제한적이기는 하지만 기업과 정부에 대항하여 자신들

(2014), pp. 87-106.

18 베트남공산당은 2006년 4월 제10차 전국대표회의에서 당 산하의 군중조직 외에도 다른 사회조직과 비정부기구가 존재할 수 있다고 인정하였다.

19 Andrew Wells-Dang, *Civil Society Networks in China and Vietnam: Informal Pathbreakers in Health and the Environment*(New York, NY: Palgrave Macmillan, 2012).

20 "Introduction of VUSTA", http://www.vusta.vn/en/about/ (검색일: 2018.2.19)

21 Thiem H. Bui, "The Development of Civil Society and Dynamics of Governance in Vietnam's One Party Rule", *Global Change, Peace and Security*, Vol. 25, No. 3(2013), pp. 77-93.

22 Cari An Coe, "'Civilized City'", pp. 617-635; Andrew Wells-Dang, "Political

의 목소리를 내는 시위와 노동쟁의가 각 지역의 차원에서 활발히 일어나는 등 시민적 권리와 자유를 수호하기 위한 투쟁으로서의 시민사회의 모습 또한 나타나고 있다.[23]

하지만 앞서 말했듯이 이런 단체들은 여전히 당·국가와 긴밀하게 연결되어 있다. 전직 관료 등 당정의 고위인사들이 시민사회의 조직과 운영에 적극적으로 개입하고 있으며, 이런 당정의 흡수(cooptation) 전략으로 인해 많은 시민사회 조직들은 풀뿌리적이기보다는 엘리트적인 측면을 보이고 있다.[24] 시민사회의 역할 역시 보다 진취적인 개혁을 요구하는 정치적 목소리는 배제된 채 주로 보건, 환경, 자원을 중심으로 한 사회적 서비스를 제공하는 차원에 그치고 있다.[25]

경제개혁을 통해 신흥세력으로 떠오르고 있는 베트남의 자본가 계층 역시 서구의 부르주아 집단처럼 국가로부터 자율적으로 존재하는 집단은 아니다. 기업의 설립과 운영이 여전히 많은 부분 국가 관료에 의해 이루어지고 있고, 기업의 성공을 위해서는 당정과의 관계를 잘 맺는 것이 어떤 것보다 중요한 요인으로 작용하고 있기 때문이다. 베트남의 사회경제적 중산층 역시 주로 고위 관료나 국가가 통제하고 있는 외국계 기업에 종사하는 특혜 집단이라는 점에서 이들 역시 국가 권력의 영향력 아래 놓여 있다고 할 수 있다.[26]

Space in Vietnam", pp. 93-94.

23 Andrew Wells-Dang, "Political Space in Vietnam", pp. 93-112; 채수홍, "베트남 살쾡이 파업의 양상과 원인", 1-48쪽.

24 Thiem H. Bui, "The Development of Civil Society", pp. 77-93.

25 이화용·한재광, "국제개발협력과 개발도상국의 시민사회", pp. 329-368; Tu-Anh Hoang, "Civil Society Organizations' Roles in Health Development in Vietnam: HIV as a Case Study", *Global Public Health*, Vol. 8, No. 1(2013), pp. 92-103; Dung Kim et al., "NGOs as Bridging Organizations in Managing Nature Protection in Vietnam", *Journal of Environment and Development*, Vol. 25, No. 2(2016), pp. 191-218.

또한 서구의 시민사회 조직처럼 이들의 경계와 권한에 대한 명확한 법적 기준이 마련되어 있지 않다. 물론 도이머이 이후 어느 정도 시민사회의 성장을 용인하는 법적 완화 조치가 있었지만, 여전히 이들을 체계적으로 관리하고 통제하는 법적 틀은 마련되어 있지 않은 실정이다.[27] 이런 법망의 미비로 인해 실제 많은 조직이 공식적으로 등록되지 않은 채 운영되고 있으며, 이로 인해 비영리 단체를 표방하지만 실상은 공적 이익이 아닌 사적 이익을 도모하는 등 책임성의 문제가 야기되고 있기도 하다.[28]

이렇듯 베트남의 시민사회를 서구의 관점, 특히 자유주의적 시각으로 바라보면 분명한 한계가 있다. 우선 국가와 시민사회를 이분법적으로 분리하여 볼 수 없다. 베트남의 시민사회 조직은 국가로부터 분리된 자율적 집단이 아니다. 물론 어느 정도의 자율성을 가지고 움직이기는 하지만 근본적으로 조직의 설립부터 운영까지 모든 과정이 국가의 통제와 허가 아래 놓여 있다. 그뿐 아니라 실제로 시민사회의 주요 운영 과정에 당정의 관료들이 직·간접적으로 참여하고 있다는 점에서 국가와 시민사회 간의 경계가 매우 불분명하다고 할 수 있다. 또한 국가 시스템의 미비로 인해 당정이 하지 못하는 많은 공공 정책과 활동들을 지역단위의 민간단체들이 수행해 줌으로써 베트남의 국가-사회관계는 대립적이라기보다는 상호보완적 관계로 볼 수 있다.[29]

---

26 Martin Gainsborough, "Political Change in Vietnam: In Search of the Middle-Class Challenge to the State," *Asian Survey*, Vol. 42, No. 5(2002), pp. 694-707.

27 Ingrid Landau, "Law and Civil Society in Cambodia and Vietnam", pp. 244-258; Bach Tan Sinh, "Bringing Past Models into the Present", pp. 39-58; Steven Lux and Jeffrey Straussman, "Searching for Balance: Vietnamese NGOs Operating in a State-Led Civil Society", *Public Administration and Development*, No. 24(2004), pp. 173-181.

28 Steven Lux and Jeffrey Straussman, *Ibid.*, pp. 173-181.

29 Ingrid Landau, "Law and Civil Society in Cambodia and Vietnam", pp. 244-

이렇듯 기존의 이론적 틀로 보면 베트남 시민사회는 아직 미비한 수준이라 할 수 있다. 하지만 그럼에도 불구하고 분명한 아래로부터의 변화들이 베트남 사회에서도 일어나고 있다. 즉, 아직은 정권 내부에서 일어나고 있는 변화이기는 하지만 크고 작은 시민사회 조직의 성장으로 베트남 시민들의 정치 공간이 넓어지고 있고, 특히 지역 차원의 의사결정 과정에서는 과거에 비해 훨씬 적극적으로 이들의 목소리가 반영되고 있는 것이다.[30] 물론 이런 변화가 서구의 투쟁 정치에서 말하는 조직적 차원의 반정부 운동을 가리키지는 않는다. 즉, 체제 자체의 변화보다는 체제 안에서 가치와 지배구조를 변화시키는 정도의 움직임이 나타나고 있다고 보는 것이 타당하다.[31] 또한 명확한 제도와 조직을 갖춘 영역(domains)으로서의 시민사회보다는 국가 안에서 일어나고 있는 '시민사회적 활동(civil society actions)'에 보다 주목하면서[32] 국가와 사회, 그리고 시민사회 조직들이 서로 어떠한 관계를 맺으며 네트워크를 형성해 나가는지 그 과정에 주목해야 할 필요가 있다.[33] 즉, 오늘날 베트남의 시민사회는 서구와 같이 국가로부터 독립성을 가지고 국가 권력에 저항하며 체제 변화를 이끌어 내고 있다고 할 수는 없으나 체제 안에서의 다양한 활동을 통해 나름의 정치적 공간과 기회를 창출해 내고 있고, 이것이 새로운 국가-사회관계를 만들어 가고 있다고 볼 수 있다.

258; Bach Tan Sinh, "Bringing Past Models into the Present", pp. 39-58; Andrew Wells-Dang, *Civil Society Networks in China and Vietnam: Informal Pathbreakers in Health and the Environment.*

30 Andrew Wells-Dang, "Political Space in Vietnam", pp. 93-112.

31 Tu Phuong Nguyen, "Rethinking State-Society Relations in Vietnam", pp. 87-106.

32 Jorg Wischermann, "Governance and Civil Society Action in Vietnam: Changing the Rules from Within: Potentials and Limits", *Asian Politics and Policy*, Vol. 3, No. 3(2011), pp. 383-411.

33 Andrew Wells-Dang, *Civil Society Networks*.

4
다른 나라와의 비교로 본 베트남 시민사회

베트남 시민사회의 양면적 모습은 최근 번하드(Michael Bernhard)와 그의 동료들[34]이 개발한 비교 시민사회 지표인 '핵심 시민사회 지표(Core Civil Society Index, 이하 핵심지표)'와 '시민사회 참여지표(Civil Society Participation Index, 이하 참여지표)'를 통해 실증적으로도 드러난다. 시민사회는 그 이론적 중요성에도 불구하고 개념상의 모호함과 측정의 어려움으로 인해 국가 간 그리고 시계열적 비교를 위한 객관적 지표가 부족하였다. 저자들이 논문에서 잘 정리했듯이 일부 국가 간 비교 자료들이 존재하고 있긴 하나 많은 국가와 시기별 정보가 누락되어 있어 일관된 지표로 사용하기 부적절하다.[35] 또한 시민사회를 측정하는 내용적 측면에서도 서구 중심의 이론적 입장만이 반영되어 이외의 지역이 가지는 맥락의 특수성들이 반영되지 못하였다. 핵심지표와 참여지표는 이런 두 가지 측면에서 기존 자료의 한계를 보완하고자 개발되었다.

두 시민사회 지표는 'Varieties of Democracy(이하 V-Dem) 데이터'를 원자료로 사용하여 구성되었다. V-Dem 데이터는 전 세계 177개국을 대상으로 1900년부터 현재까지[36] 매년 선거와 법치 등 여러 민주주의 영역과 관련된 총 350개의 문항들을 각 지역 전문가들의 평가

34 Michael Bernhard et al., "Making Embedded Knowledge Transparent", pp. 342-360.

35 *Ibid.*, pp. 344-346.

36 2017년 7월 현재 가장 최신 자료는 7.1 버전으로 2016년까지 조사되었다. V-Dem 자료 및 방법론에 대한 보다 자세한 사항은 홈페이지(https://www.v-dem.net/en/)를 참조하기 바란다.

를 통해 점수화하고 있다. 서로 다른 국가와 시기 간의 비교를 위해 동일한 항목과 기준을 적용하고 있지만 그 평가는 각 지역의 전문가들에 의해 이루어지도록 함으로써 세계적 기준(global standards)과 지역적 지식(local knowledge)이라는 두 마리 토끼를 모두 잡고자 하고 있다. 두 시민사회 지표가 이런 자료를 기반으로 만들어졌기 때문에 지표의 적용 범위 및 내용에 있어 여타 시민사회 지표들과 차별된다고 할 수 있다. 또한 두 지표는 시민사회가 갖는 개념의 미묘한 뉘앙스를 보다 정확히 포착하고자 하였다. 기존의 시민사회 지표들은 주로 시민들의 자발적인 조직 활동 참여 정도만을 측정했고, 그 조직 자체가 얼마나 국가의 통제 아래 놓여 있는지에 대해서는 고려하지 않았다. 하지만 본 지표는 시민사회를 '시민사회에 대한 국가의 통제 정도'를 측정하는 핵심지표와 '시민들의 자발적 조직 참여 정도'를 의미하는 참여지표로 나누어 측정함으로써 시민사회 개념의 미묘함을 보다 정확히 포착하고자 하였다.

보다 구체적으로 핵심지표의 구성에는 '시민사회 조직의 설립 인허가에 대한 국가의 통제 정도', '시민사회 조직에 대한 국가의 탄압 정도', '시민들의 자발적 시민사회 조직 참여 정도' 등의 세 가지 문항이 사용되었고, 참여지표의 구성에는 마찬가지로 '시민들의 자발적 시민사회 조직 참여 정도', '정책 결정 과정에서 시민사회 조직의 참여 정도', '여성의 시민사회 참여 보장 정도', 그리고 '당 후보 공천과정이 당 중앙집권적인지, 분권적인지' 등의 네 가지 문항이 사용되었다. 두 지표 모두 0(매우 낮은 시민사회 수준)과 1(매우 높은 시민사회 수준)의 범위를 가지도록 표준화되었다.[37]

37 지표에 대한 보다 자세한 사항은 해당 논문을 참조하기 바란다.

사실상 민주주의와 시민사회의 수준이 높은 나라에서는 두 가지 지표 모두 높게 나타나고, 그렇지 못한 나라에서는 두 가지 모두 낮게 나타난다는 점에서 두 지표는 매우 높은 상관관계를 보인다.[38] 〈그림 10-1〉에서도 나타나듯이 조사된 대부분 국가, 대부분 기간에서 두 지표는 거의 일치하게 움직이며, 일부 구간에서 핵심지표가 참여지표를 웃도는 모습을 보여 준다. 즉, 시민들의 사회적 참여가 그 사회의 전반적인 시민사회 수준과 비슷하거나 그에 미치지 못하는 것이 일반적인 패턴이라고 할 수 있다. 하지만 베트남의 경우는 이와 사뭇 다른 양상을 보인다. 그림에서 보듯이 베트남이 공산화된 이래 참여지표가 핵심지표보다 항상 더 큰 폭으로 높은 수준을 나타내고 있는 것이다. 이런 점은 특히 도이머이 개혁이 시작된 1986년 이후에 두드러지게 나타나는데, 국가의 통제가 고려된 시민사회 수준은 0.4에 못 미치는 낮은 수준을 보인 반면 시민들의 자발적 참여는 0.7을 상회하는 등 상당히 높은 수준을 보이고 있다.

이 그래프는 기술한 베트남 시민사회의 양면적 특징을 잘 포착해 주고 있다. 즉, 국가에 의한 통제의 측면에서 보자면 베트남의 시민사회는 아직 미비한 수준이라 할 수 있다. 시민사회의 목적을 국가의 권력으로부터 개인의 가치와 자유를 보호하는 것으로 보고 시민사회의 형식을 국가로부터 독립된 자율성을 지닌 제도의 영역으로 본다면 베트남 시민사회는 핵심지표가 보이듯 낮은 수준에 머물러 있는 것이 맞다. 그러나 아래로부터의 활발한 활동을 통해 체제 내에서 나름의 변화들을 만들어 내고 있는 베트남의 특수성을 고려한다면, 비교적 높은 수준을 보인 참여지표의 그래프가 이런 시민들의 역동성을 잘 반

38 피어슨 상관관계(Pearson's correlation) 검정을 통해 본 결과 두 지표의 전체적인 상관관계는 0.91로 매우 높게 나타났다.

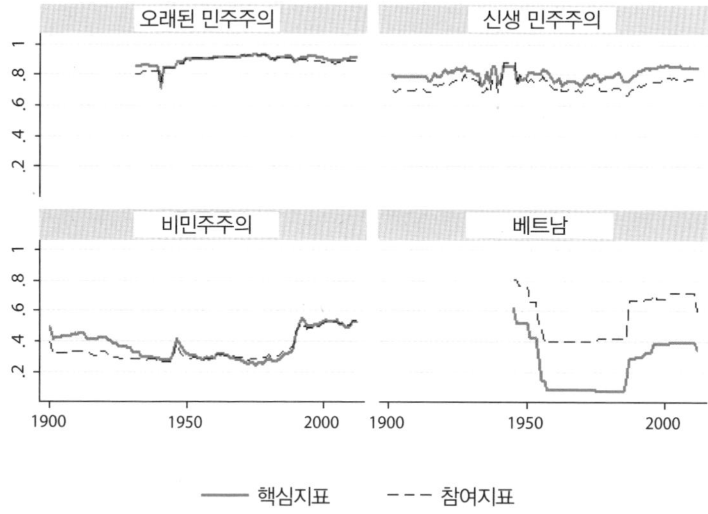

〈그림 10-1〉 정치체제별[39] 시민사회 핵심지표와 참여지표, 1900~2012

영하고 있다고 할 수 있다. 이와 같이 실증 자료를 통해 보더라도 오늘날 베트남의 시민사회는 서구의 시민사회와는 다른 이중적 양상을 보이고 있음을 알 수 있다.

그렇다면 이런 베트남의 시민사회는 얼마나 실질적으로 시민들의 정치태도와 행동에 변화를 가져오고 있는가? 시민사회가 정치 공간에 미치는 영향력은 시민사회의 개념에 대한 다양한 논의들만큼이나 많이 연구되어 온 주제이다. 일반적으로 서구 사회에서의 시민사회는 민주주의와의 관계 속에서 다루어져 왔고 그 관계란 대부분 시민사회는 민주주의의 발전에 긍정적이며 민주주의의 성숙을 위해 필수

39 민주주의를 구분하는 지표로는 Polity 지수를 사용, 6점부터 10점까지를 얻어 민주주의로 분류된 지 조사 시점을 기준으로 연속 30년을 넘긴 국가들을 오래된 민주주의로, 30년 이하의 국가들을 신생 민주주의로, 그리고 민주주의로 분류되지 못한 국가들을 비민주주의로 구분하였다.

적이라는 가정에 기초하고 있다.[40] 민주화를 이룬 이후 민주주의 공고화를 어떻게 이룰 것인지를 연구한 린쯔와 스테판(Linz and Stepan)의 연구[41] 또한 시민사회는 민주주의의 공고화에 긍정적 기여를 할 수 있는 것으로 보았다. 마찬가지로 다이아몬드(Diamond)[42]는 시민사회의 성장을 통해 시민들이 정치에 대해 더 많은 관심을 가지고 활발히 참여하게 되고, 이런 과정에서 자신들의 이익을 수호하기 위해 국가의 권력을 제어함으로써 민주주의의 발전에 기여하게 된다고 하였다.

하지만 한편에서는 이렇게 시민사회를 민주주의와 등치시키는 것에 대한 비판의 목소리도 지속해서 제기되고 있다. 특히 시민사회의 성격이 얼마나 민주주의의 가치와 정신에 합치하는지에 따라, 그렇지 않을 경우 시민사회가 오히려 민주주의의 발전에 해가 될 수 있다는 것이다.[43] 또한 바이마르 공화국 시기 독일의 발전된 시민사회가 오히려 나치 정권의 근간이 되었다는 버만(Berman)의 연구[44]에서 보듯이 시민사회가 속한 정치적 맥락이 비민주적일 경우 시민사회는 민주주의의 발전에 해가 될 뿐 아니라 오히려 반민주적 정권의 기반으로 이용될 수 있다. 즉, 시민사회의 성장과 시민들의 자발적 참여가 반드시

---

40 Larry Jay Diamond, *Developing Democracy*; Marc Morjé Howard, *The Weakness of Civil Society in Post-Communist Europe*.

41 Juan Linz and Alfred Stepan, *Problems of Democratic Transition and Consolidation*.

42 Larry Jay Diamond, *Developing Democracy*.

43 Ayhan Akman, "Beyond the Objectivist Conception of Civil Society: Social Actors, Civility and Self-Limitation", *Political Studies*, No. 60(2012), pp. 321-340; Sheri Berman, "Civil Society and the Collapse of the Weimar Republic", *World Politics*, Vol. 49, No. 3(1997), pp. 401-429; Morris Fiorina, "Extreme Voices: A Dark Side of Civic Engagement", in Theda Skocpol and Morris Fiorina, eds., *Civic Engagement in American Democracy*(Washington DC: Brookings Institution Press, 1999), pp. 395-425; Cas Mudde, "Civil Society", in Stephen White, Judy Batt, and Paul Lewis, eds., *Developments in Central and East European Politics*(Durham: Duke University, 2007), pp. 213-228.

44 Sheri Berman, "Civil Society and the Collapse of the Weimar Republic", pp. 401-429.

민주주의의 발전으로 이어지는 것은 아니며, 그 시민사회 조직의 성격과 사회적 분위기에 따라 오히려 역의 관계가 나타날 수 있는 것이다.

이러한 점을 고려할 때 시민사회의 정치적 영향력은 행동과 의식, 두 가지 차원으로 나누어 생각해 볼 수 있다. 첫째로 시민사회의 성장이 정치적 참여를 유도할 것인지의 문제이다. 다양한 모양의 공식적·비공식적 시민사회 조직과 네트워크에 자주 참여할수록 더 많은 정보와 지식을 얻게 되고 이를 통해 정치에 대해 보다 많은 관심을 끌게 된다. 또한 이익을 공유하는 동질적 집단과의 교류를 통해, 자신들의 이익을 극대화하기 위해 시위와 노동쟁의, 투표 등 정치과정에 보다 적극적으로 참여하게 될 것이다. 이런 과정을 통해 시민사회는 정치참여에 긍정적인 영향을 끼치게 되고, 이런 정(正)의 관계는 그 시민사회의 성격과 상관없이 동일하게 나타날 것을 예상해 볼 수 있다. 둘째로 시민들의 민주적 가치에 어떠한 영향을 미치는가의 문제이다. 앞서 시민사회의 순기능을 주장했던 학자들의 의견에 따르면 시민사회에 활발히 참여할수록 민주적 가치를 함양하고 민주주의 체제를 수호할 것으로 예상할 수 있다. 하지만 이는 시민사회의 성격이 얼마나 민주적이냐 하는 것에 따라 다른 결과를 낳을 수 있다. 즉, 시민사회의 성격이 비민주적이고 극단주의적이거나 비민주적 정치체제 속에서 시민사회가 성장함으로써 그러한 활동을 통해 민주적 가치를 배울 수 없다면 양자 간의 정의 관계를 기대하기 힘들 것이다.

그렇다면 베트남의 시민사회는 시민들의 정치참여와 민주적 가치에 어떠한 영향을 미쳤는지를 '세계가치설문(World Value Survey, 이하 WVS)' 자료를 사용하여 다른 국가집단과의 비교적 관점에서 간략하게나마 살펴보았다. 시민단체 참여에 대한 설문이 이루어졌던 제4차 조사결과만 사용했고, 표본에는 오래된 민주주의 6개, 신생 민주주의 12개, 베트남을 포함한 비민주주의 10개 등 총 28개 국가가 포함되었다. 분석에 사용한 변수로는 먼저 본 분석의 핵심 독립변수라고 할 수 있는 개인 수준의 시민사회 정도는 기존 국가 간 비교연구의 선례[45]를 따라 WVS 설문에서 제시하는 15개의 자발적 시민사회 조직[46] 중 총 몇 개 조직에 회원으로 가입되어 있는지를 조사, 0점부터 15점까지의 변수로 구성하였다.

정치참여의 정도는 정치에 관한 관심과 정치적 활동 참여, 두 가지 변수를 사용하였다. 먼저, 정치적 관심은 "당신이 얼마나 정치에 관심이 있다고 보는가?"라는 질문에 4점 척도(1점: 전혀 관심 없다~4점: 매우 관심 있다)로 답변한 문항을 사용하였다. 정치적 참여는 탄원서 서명, 보이콧 참여, 시위 참여, 노동쟁의 참여, 건물, 공장 등의 점거 등 총 5개의 변수를 종합, 각각의 정치활동을 한 적이 있는 경우 1점을 부여하여 총 0점에서 5점까지의 값을 갖는 변수를 구성하였다. 다음으로, 고려할 종속변수인 민주적 가치는, 시민들이 민주주의 체제를 얼마나 가치 있게 여기는지(민주체제 인식) 혹은 권위주의를 얼마나 받아들이는지(강한 지도자 인식)를 통해 측정하였다. 이를 위해 "민주주의 역시 문제가 있을 수 있으나, 다른 어떤 정치체제보다 낫다"라는 4점 척도의 문항(1: 전혀 그렇지 않다~4점: 매우 그렇다)과 "의회와 선거로부터 자유로운 강한 지도자를 갖는 것이 좋은 통치의 방식이다"에 대한, 역시 4점 척도의 문항(1: 매우 나쁜 방식이다~4점: 매우 좋은 방식이다)을 사용

45 Michael Bernhard and Ekrem Karakoc, "Civil Society and the Legacies of Dictatorship", *World Politics*, Vol. 59, No. 4(2007), pp. 539-567; Marc Morjé Howard, *The Weakness of Civil Society in Post-Communist Europe*; Grigore Pop-Eleches and Joshua Tucker, "Associated with the Past? Communist Legacies and Civic Participation in Post-Communist Countries", *East European Politics and Societies and Cultures*, Vol. 27, No. 1(2013), pp. 45-68.

46 WVS 설문에서 조사한 15개 시민단체는 다음과 같다. 노인복지단체, 종교단체, 교육/예술/문화단체, 노조, 정당, 지역정치단체, 인권단체, 환경/동물보호단체, 직능단체, 청소년단체, 스포츠/레크리에이션 단체, 여성단체, 평화단체, 건강 관련 단체, 기타 단체.

〈표 10-1〉 주요 변수의 국가집단별 통계

변수	오래된 민주주의			신생 민주주의			비민주주의 (베트남 제외)			베트남		
	표본수 (명)	평균	표준편차	표본수 (명)	평균	표준편차	표본수 (명)	평균	표준편차	표본수 (명)	평균	표준편차
시민단체 참여 (0~15)	26,031	**1.61**	1.95	35,748	**0.87**	1.53	14,985	**1.09**	1.78	1,000	**2.33**	2.61
정치적 관심 (1~4)	23,873	**2.37**	0.96	34,327	**2.30**	0.93	27,168	**2.36**	0.98	980	**3.17**	0.82
정치적 참여 (0~5)	25,458	**1.06**	1.10	36,719	**0.52**	0.93	21,246	**0.39**	0.77	1,000	**0.09**	0.33
민주체제 인식 (1~4)	23,796	**3.40**	0.68	36,881	**3.23**	0.72	22,882	**3.16**	0.84	783	**2.90**	0.73
강한 지도자 인식 (1~4)	23,819	**1.92**	0.99	36,597	**2.19**	1.02	23,930	**2.07**	0.99	962	**3.85**	0.37

하였다.

〈표 10-1〉은 변수들의 평균값과 표준편차를 국가집단별로 보여주고 있다. 표에서 나타난 바와 같이 시민단체 참여 정도는 오래된 민주주의 집단이 신생 민주주의 또는 비민주주의 집단보다 높게 나타났다. 민주주의가 성숙하고 시민들이 자발적으로 자신들의 이익과 관심을 따라서 모이고 행동하는 것에 익숙해진 사회에서 시민단체의 참여에 보다 적극적일 것이라는 것을 예상해 볼 수 있다. 하지만 이런 시민사회의 참여 정도는 같은 집단 내에서도 국가 간에 매우 큰 편차를 보였다. 예를 들어 오래된 민주주의라 하더라도 미국(1999년)의 경우 3.24를 기록했지만, 같은 해 영국은 0.60의 참여 수준을 보였다. 하지만 어느 집단과 비교하더라도 베트남의 시민단체 참여는 전반적으로 매우 높은 수준을 보였다. 베트남 시민들은 평균 2.33개의 단체에 참가하고 있는 것으로 나타났는데, 이는 오래된 민주주의의 평균치를 웃

도는 것이다. 이런 결과는 시장경제로의 전환 이후 성장하고 있는 베트남의 시민사회 조직에 많은 시민이 활발하게 참여하고 있음을 잘 보여 주는 결과라 할 수 있다. 이런 베트남 사회의 변화는 정치에 관한 관심에서도 잘 드러나고 있다. 1부터 4까지의 척도로 측정한 정치에 관한 관심 정도에서 베트남은 평균 3.17이라는 높은 수치를 기록, 다른 비민주주의 국가들(2.36)은 물론 신생 민주주의(2.30)와 오래된 민주주의 집단(2.37)보다 높은 수준을 보였다. 즉, 시민사회 조직의 성장과 함께 베트남 시민들이 정치적 문제에도 많은 관심이 있다는 것이 드러난 것이다.

하지만 눈에 띄는 것은 이런 시민사회 조직에의 참여와 정치에 관한 관심이 정치과정에 대한 적극적인 참여로 이어지지는 않았다는 점이다. 정치 행동에 대한 참여를 나타내는 변수에 있어서는 평균 0.09점을 기록하여 비민주주의 국가들의 평균(0.39)보다도 훨씬 낮은 수준을 보인 것이다. 즉, 정치에 관해 관심은 많이 가지고 있으나 이것이 곧 적극적으로 자신들의 의사를 정치적으로 표현하는 것까지는 이어지지 않고 있는 것이다. 이와 마찬가지로 민주적 가치의 측면에서도 베트남은 다른 국가들에 비해 상대적으로 낮은 수준을 보였다. 민주주의 체제에 대한 긍정적 인식에서 베트남은 2.9라는 낮은 수치를 기록했는데, 이는 베트남 시민들이 민주주의가 가장 나은 정치체제라는 인식을 그다지 강하게 공유하고 있지 않음을 의미한다. 강한 지도자를 통한 통치를 긍정적으로 바라보는 문항에서 이런 태도는 더욱 두드러졌는데, 다른 국가들이 2점 안팎의 비교적 부정적인 시각을 보인 반면 베트남은 3.85를 기록, 대부분 응답자가 강한 지도자를 통한 통치를 매우 긍정적으로 바라보고 있는 것으로 나타났다. 즉, 의회와 선거라는 아래로부터의 민주적 방식을 무시해서라도 강한 지도자를 통해 효율적인 통치가 가능하다면 이것을 좋은 통치의 방식으로 생각하고 있는 것이다.

따라서 이런 결과를 통해서만 본다면 베트남 시민사회의 성장이 반드시 그에 참여하는 시민들의 정치참여와 민주적 가치의 제고로 연결되는 것은 아님을 알 수 있다. 시민단체의 성격 및 운영 자체가 민주적이지 못하고 또한 민주적 절차를 통해 이들의 목소리가 정책 결정 과정에 반영되지 않을 경우 아무리 시민사회에 적극적으로 가담한다 할지라도 이것이 그들의 정치적 행동과 민주주의에 대한 의식은 변하지 않을 수 있는 것이다.

5 결론

이상의 내용을 정리하면 서구 사회를 중심으로 정립된 기존의 시민사회 이론은 베트남의 특수한 사례를 설명하기에 유용한 분석 틀을 제공하는 한편 동시에 일정한 한계를 지닌다고 할 수 있다. 베트남의 시민사회가 국가라는 틀 안에서 발전하고 있다는 점에서 기존 서구의 관점으로는 높은 수준의 시민사회라고 할 수 없다. 과거 18, 19세기 유산계급의 성장이 왕정의 전복을 통해 민주주의의 발전을 이끌었고, 제2차 세계대전 이후 시민들의 정치적 · 경제적 권리의 신장이 많은 권위주의와 독재정권을 무너뜨리며 민주화의 물결을 일으켰던 것과 같은 역할을 오늘날 베트남의 시민사회에 기대하기엔 무리가 있다.[47] 하지

47 Carlyle A. Thayer, "Vietnam and the Challenge of Political Civil Society", *Contemporary Southeast Asia*, Vol. 31, No. 1(2009), pp. 1-27; Andrew Wells-Dang, "Political Space in Vietnam", pp. 93-112.

만 기술했듯이 체제 내에서 일어나고 있는 다양한 활동이 이들의 정치적 기회를 신장시킴으로써 국가와 사회의 관계가 재정립되고 있고, 이런 시민사회의 성장이 시민들의 정치 행동과 태도에도 일정 부분 영향을 미치는 등 기존의 이론들이 포착하지 못하는 베트남 시민사회만의 특징들도 분명히 존재하고 있다.

이러한 점을 통해 볼 때 베트남 시민사회를 바라보는 두 이론, 즉 서구 중심적 이론과 사례 중심적 이론은 모두 일정한 적실성을 가진다고 할 수 있다. 여전히 국가의 통제 아래 시민사회 조직의 설립과 운영이 좌우되기는 하지만 그러한 아래로부터의 조직과 활동이 베트남 시민들의 정치적 기회를 확장시켜 가고 있는 것이다. 물론 단순히 시민단체의 양적 성장과 제한된 기회의 확대만으로 현재 베트남 사회가 민주주의로 나아가고 있다고 말할 수는 없다. 지역 차원에서 베트남 시민들의 정치적 권리가 이전에 비해 신장되고 있기는 하지만 여전히 일당독재 체제는 건실히 유지되고 있고, 오히려 그러한 시민사회가 억눌린 정치적 목소리를 표출할 수 있는 대안적 공간이 되어 줌으로써 체제에 대한 불만을 완화시켜 주는 작용을 하고 있다. 즉, 적절히 통제된 상황에 일정한 수준의 정치적 자유화를 허용함으로써 권력의 정당성을 유지하고 자신들의 정권을 지속해 가고 있는 것이다.

하지만 그렇다고 베트남 시민사회를 마냥 부정적으로 볼 필요는 없다. 비록 현재에는 시민사회에 참여하는 것이 체제의 전복으로 이어질 것을 기대하기는 어려우나 이를 통해 자신들의 목소리가 정책에 반영되는 경험을 반복함으로써 이해관계의 조직화와 집단적 의사결정이라는 민주적 가치를 배워 나갈 수 있다. 그리고 이를 통해 당장 체제의 전복을 꾀하지는 않더라도 권위주의적 질서를 조금씩 바꾸어 나가며 정치적 자유를 신장시키는 동력으로 작용할 수는 있다. 이런 정치적 자유화가 민주화를 담보하지는 않지만, 자유화 없이는 민주화도 없다는 점에서[48] 충분히 의미 있는 변화라고 할 수 있다. 본 분석 결과는 이러한 긍정적인 미래상을 일부 제시해 주고 있다고 할 수 있다.

따라서 이런 아래로부터의 시민적 동력을 베트남 정권이 어떻게 통제하고, 양자 사이의 관계가 어떻게 정의되어 가는가에 따라 향후 베트남 정치체제의 변화를 예상해 볼 수 있을 것이다. 지금과 같이 베트남공산당과 국가가 공권력과 정보의 우위를 앞세워 시민사회를 잘 통제해 간다면, 체제 내의 작은 변화들을 통해 권위주의 체제가 갖는 약점을 보완함으로써 오히려 체제 유지와 공고화에 기여할 수 있다. 하지만 이런 변화들이 쌓여 국가에 대한 시민의 저항이 임계치를 넘어서게 된다면 돌이킬 수 없는 정치적 격변으로 이어질 수도 있다. 베트남 정부가 그들이 당면한 사회경제적 문제들을 제대로 해결하지 못하여 체제에 대한 불만이 축적되고 권력의 정당성이 약화된다면, 반대파의 성장과 권력 내부의 분열을 통해 체제 변화가 일어날 가능성도 배제할 수 없는 것이다.[49] 시민사회의 성장이 앞으로 어떠한 정치적 변화를 가져올지, 국가-사회관계가 어떤 식으로 구성될지는 향후 계속하여 흥미롭게 관찰해 보아야 할 부분이라고 할 수 있다.

이렇게 베트남의 시민사회가 향후 어떠한 정치적 변화를 가져올지는 북한을 생각해 볼 때도 매우 중요한 문제라고 할 수 있다. 물론 현재의 북한은 베트남과는 비교할 수 없을 정도로 통제된 일당체제이고, 경제적으로도 개혁과 개방이 거의 이루어지지 않았다는 점에서 단순 비교는 힘들다. 하지만 김정은 정권이 들어선 이후 매우 초보적 수

48 Guillermo O'Donnell and Philippe Schmitter, "Tentative Conclusions about Uncertain Democracies", pp. 1-72; Adam Przeworski, *Democracy and the Market*.

49 Juan Linz, "Crisis, Breakdown, and Reequalibration", in Juan Linz and Alfred Stepan, eds., *The Breakdown of Democratic Regimes*(Baltimore: Johns Hopkins University Press, 1978), pp. 3-124.

준으로나마 경제적 자유화 조치가 이루어지고 있고, 이를 통해 차츰 자본주의적 질서에 눈을 뜨고 시장을 경험하는 집단이 커지고 있다. 현재 베트남과 중국식의 사회주의 개혁 모델이 향후 민주화와 같은 정치적 변화로 이어지게 된다면, 오늘날 북한에도 섣불리 정치개혁을 주문하기보다는 사회경제적 교류를 확장함으로써 이를 통해 아래로부터 변화의 움직임이 나타나도록 유도하는 방식을 취할 수 있을 것이다. 즉, 지난 보수정부 기간을 통해 거의 중단되다시피 한 사회문화적 교류협력을 재개하고 이를 전폭적으로 지지할 정치적 명분이 생길 수 있는 것이다. 따라서 오늘날 베트남의 시민사회와 향후 이것이 가져올 변화는 단순히 그들만의 문제를 넘어 북한과 한반도의 통일에도 중요한 정치적 함의를 지니고 있다고 할 수 있다.

| 참고문헌 |

이화용 · 한재광. 2017. "국제개발협력과 개발도상국의 시민사회: 공여국의 베트남 시민사회 지원을 중심으로". 『시민사회와 NGO』 제15권 1호, 329-368쪽.

채수홍. 2013. "베트남 살쾡이 파업의 양상과 원인: 남부 빈즈엉(Binh Duong)을 중심으로". 『동남아시아연구』 제23권 3호, 1-48쪽.

최호림. 2008. "베트남의 시민사회와 NGO: 현황과 평가". 『민주주의와 인권』 제8권 2호, 267-307쪽.

Akman, Ayhan. 2012. "Beyond the Objectivist Conception of Civil Society: Social Actors, Civility and Self-Limitation". *Political Studies*, No. 60, pp. 321-340.

Almond, Gabriel and Sidney Verba. 1963. *The Civic Culture: Political Attitudes and Democracy in Five Nations*. Princeton: Princeton University Press.

Arato, Andrew. 1993[1981]. *From Neo-Marxism to Democratic Theory*. Armonk, New York: M. E. Sharpe.

Berman, Sheri. 1997. "Civil Society and the Collapse of the Weimar Republic". *World Politics*, Vol. 49, No. 3, pp. 401-429.

Bernhard, Michael et al. 2017. "Making Embedded Knowledge Transparent: How the V-Dem Dataset Opens New Vistas in Civil Society Research". *Perspectives on Politics*, Vol. 15, No. 2, pp. 342-360.

Bernhard, Michael and Ekrem Karakoc. 2007. "Civil Society and the Legacies of Dictatorship". *World Politics*, Vol. 59, No. 4, pp. 539-567.

Bui, Thiem H. 2013. "The Development of Civil Society and Dynamics of Governance in Vietnam's One Party Rule". *Global Change, Peace and Security*, Vol. 25, No. 3, pp. 77-93.

Buttigieg, Joseph A. 1995. "Gramsci on Civil Society". *Boundary*, Vol. 22, No. 2, pp. 1-32.

Coe, Cari An. 2015. "'Civilized City': How Embedded Civil Society Networks Frame the Debate on Urban Green Space in Hanoi, Vietnam". *Asian Journal of*

Communication, Vol. 25, No. 6, pp. 617-635.

De Tocqueville, Alexis. [1835, 1840] 2004. *Democracy in America*. New York: Library of America.

Diamond, Larry Jay. 1999. *Developing Democracy: Toward Consolidation*. Baltimore: Johns Hopkins University Press.

Ekiert, Grzegorz and Jan Kubik. 1999. *Rebellious Civil Society*. Ann Arbor: University of Michigan Press.

Ertman, Thomas. 1997. *Birth of the Leviathan: Building States and Regimes in Medieval and Early Modern Europe*. Cambridge, [Eng.]; New York: Cambridge University Press.

Femia, Joseph V. 1981. *Gramsci's Political Thought: Hegemony, Consciousness, and the Revolutionary Process*. Oxford: Clarendon Press.

Fiorina, Morris. 1999. "Extreme Voices: A Dark Side of Civic Engagement". In T. Skocpol and Morris Fiorina (eds.). *Civic Engagement in American Democracy*. Washington DC: Brookings Institution Press, pp. 395-425.

Gainsborough, Martin. 2002. "Political Change in Vietnam: In Search of the Middle-Class Challenge to the State". *Asian Survey*, Vol. 42, No. 5, pp. 694-707.

Gramsci, Antonio. 1971. *Selections from the Prison Notebooks of Antonio Gramsci*. Edited and translated by Q. Hoare and G. N. Smith. New York and London: International Publishers, Lawrence and Wishart.

Hoang, Tu-Anh. 2013. "Civil Society Organisations' Roles in Health Development in Vietnam: HIV as a Case Study". *Global Public Health*, Vol. 8, No. 1, pp. 92-103.

Howard, Marc Morjé. 2003. *The Weakness of Civil Society in Post-Communist Europe*. New York, NY: Cambridge University Press.

Inglehart, Ronald and Wayne E. Baker. 2000. "Modernization, Cultural Change, and the Persistence of Traditional Values". *American Sociological Review*, Vol. 65, No. 1, pp. 19-51.

Kim, Dung et al. 2016. "NGOs as Bridging Organizations in Managing Nature Protection in Vietnam". *Journal of Environment and Development*, Vol. 25, No. 2, pp. 191-218.

Landau, Ingrid. 2008. "Law and Civil Society in Cambodia and Vietnam: A Gramscian Perspective". *Journal of Contemporary Asia*, Vol. 38, No. 2, pp. 244-258.

Linz, Juan. 1978. "Crisis, Breakdown, and Reequalibration". In Juan Linz and Alfred Stepan (eds.). *The Breakdown of Democratic Regimes*. Baltimore: Johns Hopkins University Press, pp. 3-124.

Linz, Juan and Alfred Stepan. 1996. *Problems of Democratic Transition and Consolidation: Southern Europe, South America, and Post-Communist Europe*. Baltimore: Johns Hopkins University Press.

Lux, Steven and Jeffrey Straussman. 2004. "Searching for Balance: Vietnamese NGOs Operating in a State-Led Civil Society". *Public Administration and Development*, No. 24, pp. 173-181.

Mudde, Cas. 2007. "Civil Society". In Stephen White, Judy Batt, and Paul Lewis (eds.). *Developments in Central and East European Politics*. Durham: Duke University, pp. 213-228.

Nguyen, Tu Phuong. 2014. "Rethinking State-Society Relations in Vietnam: The Case of Business Associations in Ho Chi Minh City". *Asian Studies Review*, Vol. 38, No. 1, pp. 87-106.

O'Donnell, Guillermo and Philippe Schmitter. 1986. "Tentative Conclusions about Uncertain Democracies". In Guillermo O'Donnell, Phillippe Schmitter, and Laurence Whitehead (eds.). *Transitions from Authoritarian Rule*, Vol. 4, Baltimore: Johns Hopkins University Press, pp. 1-72.

Pop-Eleches, Grigore and Joshua Tucker. 2013. "Associated with the Past? Communist Legacies and Civic Participation in Post-Communist Countries". *East European Politics and Societies and Cultures*, Vol. 27, No. 1, pp. 45-68.

Przeworski, Adam. 1991. *Democracy and the Market*. Cambridge: Cambridge University Press.

Putnam, Robert. 1993. *Making Democracy Work. Civic Traditions in Modern Italy*. Princeton: Princeton University Press.

Putnam, Robert. 2000. *Bowling Alone: The Collapse and Revival of American Community*. New York: Simon and Schuster.

Rueschemeyer, Dietrich et al. 1992. *Capitalist Development and Democracy*. Chicago: University of Chicago Press.

Sinh, Bach Tan. 2014. "Bringing Past Models into the Present: Identifying Civil Society in Contemporary Vietnam". In Gabi Waibel, Judith Ehlert, and Hart N. Feuer (eds.). *Southeast Asia and the Civil Society Gaze*. New York, NY: Routledge, pp. 39-58.

Skocpol, Theda and Morris P. Fiorina. 1999. *Civic Engagement in American*

Democracy. Washington, D. C.; New York: Brookings Institution Press.

Stepan, Alfred. 1985. "State Power and the Strength of Civil Society in the Southern Cone of Latin America". In Peter B. Evans, Dietrich Rueschemeyer, and Theda Skocpol (eds.). *Bringing the State Back In*. Cambridge: Cambridge University Press, pp. 317-346.

Stepan, Alfred. 1988. *Rethinking Military Politics*. Princeton: Princeton University Press.

Tarrow, Sidney G. 1998. *Power in Movement: Social Movements and Contentious Politics*. 2nd ed. New York; Cambridge [England]: Cambridge University Press.

Thayer, Carlyle A. 2009. "Vietnam and the Challenge of Political Civil Society". *Contemporary Southeast Asia*, Vol. 31, No. 1, pp. 1-27.

Tilly, Charles. 2004. *Contention and Democracy in Europe, 1650-2000*. Cambridge, UK; New York: Cambridge University Press.

Tilly, Charles and Sidney Tarrow. 2006. *Contentious Politics*. Oxford University Press.

Wells-Dang, Andrew. 2010. "Political Space in Vietnam: A View from the 'Riceroots'". *The Pacific Review*, Vol. 23, No. 1, pp. 93-112.

Wells-Dang, Andrew. 2012. *Civil Society Networks in China and Vietnam: Informal Pathbreakers in Health and the Environment*. New York, NY: Palgrave Macmillan.

Wischermann, Jorg. 2011. "Governance and Civil Society Action in Vietnam: Changing the Rules from Within: Potentials and Limits". *Asian Politics and Policy*, Vol. 3, No. 3, pp. 383-411.

"Introduction of VUSTA", http://www.vusta.vn/en/about/ (검색일: 2018.2.19)

찾아보기

집필진 소개

채수홍

서울대학교 인류학과에서 학사와 석사, 미국 CUNY(The City University of New York Graduate School and University Center)에서 박사학위를 받았다. 전북대학교 교수를 역임한 후 현재 서울대학교 사회과학대학 인류학과 교수로 재직 중이며, 사회과학연구원 신흥지역연구사업단장과 인류학과 BK21 플러스 사업단장을 맡고 있다. 1994년부터 베트남에서 현지연구를 진행하고 있는 지역 전문가로서 대표 저서로 *Wounded Cities*(공저), *Labor in Vietnam*(공저), 『맨발의 학자들』이 있다. 대표 논문으로 "The Political Processes of the Distinctive Multinational Factory Regime and Recent Strikes in Vietnam", "Candlelight Protest and the Politics of the Baby Stroller Brigades", "호치민 개혁과정에 대한 정치경제학적 연구", "한인 공장매니저의 초국적인 삶" 등이 있다.

김병로

성균관대학교 사회학과를 졸업하고 미국 인디애나 주립대학교에서 석사학위를, 뉴저지 주립대학교(럿거스)에서 사회학 박사학위를 받았다. 통일연구원 북한연구실장, 아세아연합신학대학교 교수를 거쳐 현재 서울대학교 통일평화연구원 HK교수로 재직 중이다. 저서로 『다시 통일을 꿈꾸다: 한반도 미래전략과 '평화연합' 구상』, 『북한, 조선으로 다시 읽다』, 『북한 김정은 후계체제: 구축과정 · 엘리트 · 정책 · 안정성』(공저), 『탈사회주의 체제전환과 북한의 미래』(공저), 『북한-중국 간 사회 · 경제적 연결망의 형성과 구조』(공저) 등이 있다.

김성철

캘리포니아 대학교(얼바인)에서 정치학 박사학위를 받고, 통일연구원 선임연구위원 겸 통일정책연구실장, 북한연구실장(1992~2003), 위스콘신 대학교 방문교수(2002~2003), 히로시마시립대-히로시마 평화연구소 교수(2003~2012)를 거쳐 현재 서울대학교 통일평화연구원 HK교수로 재직 중이다. 핵, 동맹관계, 중국 주변국에 관한 주제로 연구하고 있다. 최근 저서로 *Partnership within Hierarchy: The Evolving East Asian Security Triangle*, *North Korea and Nuclear Weapons: Entering the New*

Era of Deterrence(편저) 등이 있으며, 논문으로 "Endangering Alliance or Risking Proliferation: US-Japan and US-Korea Nuclear Energy Cooperation Agreements", "Dynamics of Nuclear Power Policy in the Post-Fukushima Era: Interest Structure and Politicisation in Japan, Taiwan and Korea"(공저) 등이 있다. 아시아 최초의 평화연구 저널인 *Asian Journal of Peacebuilding*의 공동편집장으로 일하고 있다.

백지운

연세대학교 중어중문학과를 졸업하고 동 대학원에서 "근대성 담론을 통해 본 梁啓超의 계몽사상 재고찰"로 박사학위를 받았다. 중국 칭화대학교, 일본 게이오대학교, 대만 텅하이대학교에서 수학했다. 현재 서울대학교 통일평화연구원 HK교수로 재직 중이며, 동아시아 탈/냉전과 평화에 관해 연구하고 있다. 저서로 『양안에서 통일과 평화를 생각하다』(공편), 『중국 일상 속 북한 이미지』(공편), 『혁명후/기: 인간의 역사로서 문화대혁명』(역서), 논문으로 "일대일로(一帶一路)와 제국의 지정학", "後冷戰時代「和解」與民族主義的糾葛—閱讀《色,戒》和《南京!南京!》", "East Asian Perspective on Taiwanese Identity" 등이 있다.

서보혁

한국외국어대학교에서 정치학 박사학위를 받고, 국가인권위원회 전문위원, 이화여자대학교 평화학연구소 연구교수, 서울대학교 통일평화연구원 HK연구교수 등을 거쳐 현재 통일연구원 인도협력연구실장으로 재직 중이다. 비교평화연구회 회장, 북한연구학회 부회장이다. 최근 저서로 『한국 평화학의 탐구』, 『대북 제재 현황과 완화 전망』(공저), 『한국인의 평화사상』(공편), 『분단폭력: 한반도 군사화에 관한 평화학적 성찰』(공편), 『평화운동: 이론 · 역사 · 영역』(공저), *North Korean Human Rights: Crafting a More Effective Framework* 등이 있다.

이찬수

서강대학교 화학과를 졸업하고 같은 대학 종교학과에서 불교학과 신학으로 각각 석사학위를, 칼 라너(Karl Rahner)와 니시타니 케이지(西谷啓治)를 비교하여 박사학위를 받았다. 강남대학교 교수, (일본) 코세이가쿠린 객원교수, 난잔대학 객원연구원 등을 지냈으며, 현재 서울대학교 통일평화연구원 HK연구교수로 재직 중이다. 저서로 『평화와 평화들』, 『다르지만 조화한다』, 『종교로 세계 읽기』, 『인간은 신의 암호』, 『일본정신』, 『아시아평화공동체』(편저), 『한국인의 평화사상 I · II』(공편) 등 다수가 있으며, 논문으로 "平和はどのように構築されるか: 減暴力と平和構築", "Disaster: The Otherization of Nature, the Reification of Human Beings, and the Sinking of MV of Sewol", "비전, 반군국주의, 비핵화로서의 평화: 일본 평화 개념사의 핵심" 외 여러 편이 있다.

정동준

서울대학교 외교학과를 졸업하고 미국 플로리다 대학교(University of Florida)에서 정치학(비교정치) 박사학위를 받았다. 서울대학교 통일평화연구원 선임연구원을 거쳐 현재 인하대학교 사회교육과 교수로 재직 중이며, 동유럽 탈사회주의 체제전환, 비교민주주의, 선거와 정당, 시민사회, 정치태도 등을 주제로 연구하고 있다. 주요 논문으로 "Does Partisanship Hurt Electoral Accountability? Individual-and Country-Level Comparisons of Western and Post-communist Democracies", "Irrationalizing the Rational Choice Model of Voting: The Moderating Effects of Partisanship on Turnout Calculi in Western and Post-communist Democracies", "라트비아와 에스토니아의 민족 건설과 소수인종 보호: 유권자들의 투표행동을 중심으로" 등이 있다.

조동준

서울대학교 외교학과를 졸업하고 펜실베이니아 주립대학교 정치학과에서 국제기구 연구로 박사학위를 받았다. 서울시립대학교 국제관계학과 교수, 서울대학교 통일평화연구원 부원장을 역임했다. 현재 서울대학교 정치외교학부 교수로 재직 중이며, 국제기구 안에서 정치활동, 국제분쟁, 핵무기 확산의 영향 등을 연구하고 있다. 주요 논문으로 "Bargaining, Nuclear Proliferation, and Inter-state Dispute", "'인류공동의 유산'의 국제제도화 과정: 심해저 관리를 중심으로" 등이 있다.

천경효

캐나다 브리티시 컬럼비아 대학교에서 인류학으로 박사학위를 받았으며, 성균관대학교 동아시아 학술원, 건국대학교 인문학연구원을 거쳐 현재 서울대학교 통일평화연구원 선임연구원으로 재직 중이다. 최근 논문으로 "전쟁과 여성인권 박물관과 공공기억", "Site for Multivocality: Locating Overseas North Korean Defector" 등이 있다.

최규빈

한동대학교 국제어문학부를 졸업하고 영국 맨체스터 대학교(University of Manchester)에서 국제개발학 석사학위를, 영국 리즈 대학교(University of Leeds)에서 국제정치학 박사학위를 받았다. 현재 서울대학교 통일평화연구원 책임연구원으로 재직 중이며, 주요 관심 분야는 남북관계, 대외정책, 경제제재, 경제지원, 인도주의 등이다. 최근 논문으로 "남북한 주민의 주변국 인식 비교", "North Korean Refugees in South Korea: Change and Challenge in Settlement Support Policy" 등이 있다.